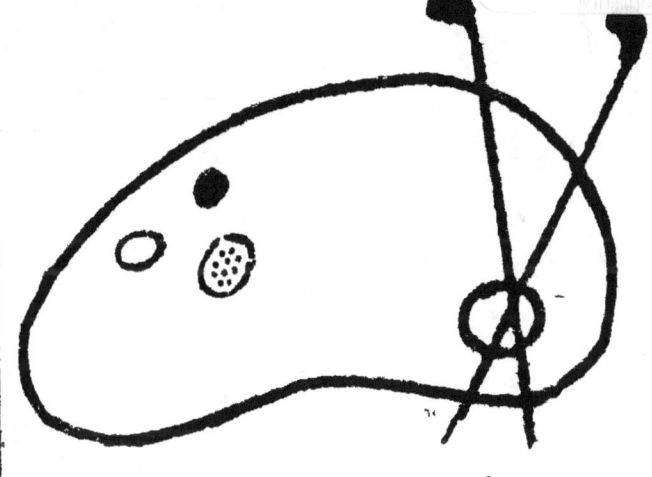

Couvertures supérieure et inférieure
en couleur

RECTO ET VERSO

Consumo della Concettina

14780

UNE

AMBASSADE PERSANE

SOUS LOUIS XIV

DU MÊME AUTEUR

Une Ambassade turque sous le Directoire,
  1 volume in-8º écu avec neuf gravures hors texte . . . . 5 fr.

L'AMBASSADEUR DE PERSE A VERSAILLES

D'après une estampe de la *Gazette de France*.

MAURICE HERBETTE

UNE

AMBASSADE PERSANE

SOUS LOUIS XIV

D'APRÈS DES DOCUMENTS INÉDITS

AVEC TREIZE PLANCHES HORS TEXTE

PARIS
LIBRAIRIE ACADÉMIQUE
PERRIN ET Cie, LIBRAIRES-ÉDITEURS
35, QUAI DES GRANDS-AUGUSTINS, 35
1907

Tous droits de reproduction et de traduction réservés pour tous pays.

UNE AMBASSADE PERSANE
SOUS LOUIS XIV

INTRODUCTION

C'est un étrange et piquant roman d'aventures que l'histoire de l'ambassade de Mehemet Riza Beg, envoyé du chah Hussein [1] auprès de Louis XIV.

Plus méfiants que le roi de France lui-même, moins enclins que le vulgaire à se contenter des affirmations des gazettes, les grands personnages du temps, les courtisans les plus renseignés, des

---

1. Hussein Mirza, chah de Perse, succéda à son père Abbas II en 1694. Sous son règne peu brillant, l'Afghanistan se constitua en Etat indépendant. A la suite d'une révolte de la tribu des Ghilzai, l'armée persane fut battue à Gulnabad (1722); Ispahan, assiégé, dut capituler (22 oct. 1722) et Hussein abdiqua en faveur de Mahmoud.

écrivains illustres, ont cru pouvoir mettre en doute le caractère diplomatique de cette mission vraiment « extraordinaire » et l'identité de celui qui s'en acquitta.

Madame, duchesse d'Orléans, s'est ainsi étonnée « qu'on ne voulût pas convenir que l'ambas-« sadeur de Perse eût été un fourbe [1]. » D'après Saint-Simon, « cette ambassade fut toujours équi-« voque et même quelque chose de plus. Ce « qu'on crut en démêler le mieux, fut qu'un « ministre d'une des provinces de Perse, comme « qui dirait un intendant du Languedoc, avait « envoyé ce prétendu ambassadeur pour des « affaires de négoce entre des marchands et que « pour se faire défrayer, il contrefit l'ambassa-« deur de Perse ; que Pontchartrain [2], dont cette « ambassade regardait le département, ne vou-« lut pas dévoiler la friponnerie pour amuser le « roi et lui faire sa cour en lui laissant croire que « le sophy lui envoyait un ambassadeur [3]. »

Qualifié par ailleurs de vulgaire aventurier

---

1. *Correspondance complète de Madame, duchesse d'Orléans*, traduction G. Brunet, Paris 1857, 2 vol. in-12. Lettre du 1ᵉʳ octobre 1717, t. 1, p. 324.
2. Pontchartrain (Jérome Phélypeaux, comte de) 1674-1747, conseiller au parlement (1692), devint, en 1693, secrétaire d'État en survivance de son père à qui il succéda au département de la Marine et de la maison du roi en 1699. Prévôt et maître des cérémonies des ordres du roi (1709). Il se démit de sa charge de secrétaire d'Etat en novembre 1715.
3. Note de Saint-Simon sur le *Journal du marquis de Dangeau*, du 4 novembre 1711. Paris 1854, 18 vol. in-8°, t. 15, p 273.

produit pour tirer Louis XIV de sa mélancolie en lui rappelant sa grandeur passée [1], soupçonné d'avoir été un simple jésuite portugais désireux de mystifier la Cour [2], Mehemet Riza Beg n'a guère été mieux traité par Montesquieu.

« Il paraît ici, écrit Usbeck à Rustan [3], un per-
« sonnage travesti en ambassadeur de Perse qui
« se joue insolemment des deux plus grands rois
« du monde. Il apporte au monarque des Français
« des présents que le nôtre ne saurait donner à
« un roi d'Irimette ou de Géorgie et par sa lâche
« avarice il a flétri la majesté de deux empires. Il
« s'est rendu ridicule devant un peuple qui pré-
« tend être le plus poli de l'Europe et il a fait
« dire en Occident que le roi des rois ne domine
« que sur des barbares. Il a reçu des honneurs
« qu'il semblait avoir voulu se faire refuser à lui-
« même ; et, comme si la Cour de France avait
« eu plus à cœur la grandeur persane que lui,
« elle l'a fait paraître avec dignité devant un
« peuple dont il est le mépris.

« Ne dis point ceci à Ispahan : épargne la tête
« d'un malheureux. Je ne veux pas que nos minis-

---

1. Duclos, *Mémoires secrets sur le règne de Louis XIV, la Régence et le règne de Louis XV*, Paris 1808, 2 vol. in-8°, t. I, p. 154.
2. V. Fournel, *Les rues du vieux Paris*, Paris 1881, 1 vol. in-8, p. 601.
3. Montesquieu, *Lettres Persanes*, Lettre XCII d'Usbeck à Rustan, de Paris, le dernier de la lune de Gemmadi 2, 1715.

« tres le punissent de leur propre imprudence et
« de l'indigne choix qu'ils ont fait. »

La page est mordante et le jugement sévère. Mais si des documents officiels ou inédits établissent, contrairement à l'avis d'historiens illustres [1], que l'ambassadeur persan fut, à la fois, ambassadeur et persan, rien n'autorise toutefois à réhabiliter sa mémoire.

Par ses aventures, ses allures et ses actes, Mehemet Riza Beg a justifié les doutes les plus méprisants et mérité son fâcheux renom.

Nous y avons gagné les *Lettres persanes*, et lui, l'immortalité.

1. Michelet écrit ainsi (*Histoire de France*, t. XIV, p. 287).
« le même jour, 13 août, le roi fit l'effort de recevoir debout
« un prétendu ambassadeur de Perse et de signer avec lui un
« traité. Cette comédie dont les ministres avaient flatté sa
« vanité l'acheva réellement. »

CHAPITRE PREMIER

L'AMBASSADEUR ET L'AMBASSADE

Agé d'une cinquantaine d'années, de taille plutôt petite, Mehemet Riza Beg ne ressemblait guère, en dépit des affirmations des flatteurs, au bon roi Henri IV. Ses joues décharnées, son nez très busqué et sa barbe naturellement noire qu'il teignait d'une couleur rougeâtre, lui donnaient un air un peu sauvage et rébarbatif que n'adoucissait pas le vif éclat de ses yeux.

Ce physique ingrat, antipathique, mettait instinctivement en défiance : le caractère du personnage achevait de lui aliéner les cœurs.

Jamais ambassadeur ne se montra plus difficile et ne causa plus de soucis : avec de tels agents les relations diplomatiques perdraient un de leurs charmes, la courtoisie, et deviendraient singulièrement délicates. Par ses emportements furieux et subits qui le mettaient dans des états où il ne connaissait plus rien ni personne, Mehemet Riza Beg a trop souvent désespéré les malheureux courtisans attachés à son

service. Son humeur atrabilaire, ses superstitions, son avarice, et il faut l'avouer aussi, sa couardise, lui ont valu, de la part de Saint-Simon, les épithètes de « bas, insolent et extravagant » [1].
« Il est fier, rude, brusque, fantasque, écrit un
« contemporain [2], inconstant dans ses résolutions,
« ne voulant écouter ni la raison ni le bon sens,
« les règles de la politique ni celles de la bien-
« séance. Il est bouffi d'orgueil, méprisant. En
« un mot c'est un homme si extraordinaire que
« n'eût été le respect que l'on doit à son carac-
« tère et l'obéissance aux ordres de S. M. Très
« Chrétienne, il est à présumer qu'on ne l'aurait
« pas accablé d'honneurs, de présents, et de
« bienfaits. »

Si peu flatté qu'il soit, le portrait était sans doute fidèle car Madame, duchesse d'Orléans, ne marquait pas pour le modèle une bien vive admiration. « C'est la tête la plus folle qu'on puisse
« jamais voir, écrivait-elle le 7 février 1715, à
« la raugrave Louise du Palatinat. Devient-il de
« méchante humeur, il grince des dents, tire son
« sabre et son poignard et veut tout mettre à
« bas [3]. »

---

1. Note de Saint-Simon sur le *Journal de Dangeau, op. cit.*, t. 15, p. 273.
2. *Journal historique sur les matières du temps*, dit *Journal de Verdun*, t. XXII, février 1715.
3. *Lettre de la duchesse d'Orléans à la raugrave Louise du Palatinat*, Band 107 des litterarischen Vereins in Stuttgart, p. 517. Lettre écrite de Versailles le 7 février 1715.

Comment, dès lors, ajouter foi aux dithyrambes de quelques gazetiers qui, déjà victimes du devoir professionnel, crurent devoir se montrer pleins d'indulgence et proclamer l'ambassadeur « un très honnête homme, très poli, de beaucoup « d'esprit, même de génie, soutenant dignement « le caractère dont il était revêtu et représentant « comme il convenait l'illustre successeur du « grand Cyrus [1]. »

Malgré ces affirmations courtoises, il est certain que la désignation de Mehemet Riza Beg ne fut pas heureuse, car la personnalité de l'ambassadeur a failli compromettre les résultats d'une mission sur laquelle le souverain persan avait fondé certains espoirs.

Si les circonstances ne permirent pas, en effet, au chah Hussein de choisir lui-même son représentant et s'il fut amené à confier ce soin à un simple gouverneur de province, l'envoi d'un ambassadeur à la Cour de France a été du moins le résultat d'un acte politique réfléchi et l'exécution d'un projet ancien que les événements avaient, bon gré mal gré, fait longtemps ajourner.

En 1699, un missionnaire français, l'abbé Gaudereau [2], fut, à son départ pour les Indes, informé

---

1. *Quintessence des modes*, N° 20, 11 mars 1715.
2. Gaudereau (abbé), d'abord missionnaire aux Indes et en Perse, était curé de Notre-Dame et chapelain du château à Amboise lors de l'arrivée en France de Mehemet Riza Beg. Après la mort de l'interprète Dipy, survenue à Charenton en

par le grand vizir, du désir qu'avait le monarque persan de se mettre en rapport avec le roi de France. L'ambassade devait avoir pour but apparent de demander à Louis XIV son amitié et d'établir entre les deux nations un commerce réciproque. En réalité le chah souhaitait l'envoi d'une escadre française pour l'aider à s'emparer de Mascate et il offrait lui-même le concours de vingt mille hommes. La ville une fois prise aux Arabes, on eût fait un égal partage de ce qui s'y trouvait et les Persans eussent occupé les deux forts du côté de la terre, tandis que les Français eussent pris possession des deux autres qui commandaient la mer. En outre le roi de Perse se montrait disposé à nous donner le port de Benderaï situé non loin de Bender Abbas, des maisons à Chiraz, Ispahan et Tauris, ainsi qu'à nous accorder l'exemption de tout droit de douane dans son pays [1].

L'ouverture de la succession d'Espagne, la guerre qui en résulta, retardèrent la réalisation de ces desseins. En 1704, le roi de Perse fut néanmoins tenté de les reprendre par l'intermédiaire d'un sieur Jean Billon de Cansevilles [2]

---

janvier 1715, on fit venir Gaudereau pour assister l'ambassadeur. La situation que lui valut cette marque de confiance suscita beaucoup de jalousies ainsi qu'on le verra par la suite.

1. Affaires Étrangères, Perse, t. 3, f⁰ˢ 386 sqq.
2. Billon de Cansevilles était un marchand habile et M. de Ferriol, ambassadeur de France à Constantinople, songea à utiliser sa réelle influence en Perse.

venu pour recueillir divers renseignements d'ordre commercial. Il fit savoir ainsi que « mécon-
« tent des services des Anglais et des Hollandais,
« il désirait demander à l'empereur des Français
« des secours contre ses ennemis en payant comp-
« tant toutes les avances qu'il faudrait faire, et
« qu'il était résolu à envoyer un ambassadeur au
« roi pour traiter de toutes choses avec Sa
« Majesté. »

Billon de Cansevilles fut choisi pour accompagner le futur ambassadeur et il fut entendu qu'il indiquerait lui-même les présents, d'une valeur de 300.000 écus, qu'il y aurait lieu de porter à Louis XIV. Cinq personnes furent désignées pour composer l'ambassade et parmi elles, l'intendant de la province d'Asterabad, Mirza Ahmet. A cette nouvelle, les Anglais, les Hollandais, se livrèrent à mille intrigues ; ils firent remarquer que le roi de France n'avait pas envoyé d'ambassadeur pour féliciter le sophy[1] de son avènement, et

---

1. « Un corps fort ancien est celui des sophys, ordonnés à
« la garde de la personne du roi, qui a été institué par le
« cheikh Sophy. Ce corps n'est que de deux cents hommes qui
« portent le bonnet de Souahy en tête et pour armes, le sabre,
« le poignard et une hache qu'ils portent sur l'épaule. »
Voyages du chevalier Chardin en Perse et autres lieux de l'Orient, Paris 1811, 10 vol. in-8°, t. 5, p. 309.

« Ces sophys sont une espèce d'ordre religieux et militaire
« institué par le cheikh Sophy à qui ils jurèrent fidélité et
« attachement inviolable ; leurs successeurs contractaient les
« mêmes engagements à l'égard des rois de la dynastie des
« sophys. Ils avaient la garde particulière du roi et des por-
« tes du palais. Les sophys jouirent longtemps d'une grande

finalement, en l'achetant, amenèrent Mirza Ahmet à décliner la mission sous prétexte que ses soixante ans lui interdisaient d'entreprendre un aussi long voyage. Le projet fut donc encore une fois abandonné.

Cependant la Cour de France commençait à se préoccuper davantage de l'Orient et de la Perse en particulier, comme en témoignèrent les missions confiées au sieur Fabre, de Marseille [1], et au sieur Michel [2] qui signa un traité à Ispahan (1708). A ce moment le chah Hussein voulut encore dépêcher un ambassadeur à Louis XIV, mais Michel

---

« considération, mais, dans les derniers temps de la dynastie « des sophys, leurs mœurs dépravées et leurs débordements « les perdirent dans l'opinion publique et détruisirent tout le « crédit qu'on leur avait accordé. Ils se virent réduits à remplir « les fonctions d'huissiers, de portiers et de bourreaux. Néan « moins tous les grands seigneurs de la Cour faisaient partie « de cet ordre et le roi lui-même en était le grand-maître. » « C'est à la cause de cela, dit le missionnaire Sanson, que les « étrangers le nomment le grand sophy. » *État présent de la Perse*, p. 41-42.

Note de Langlès, t. 5, p. 309 de l'ouvrage de Chardin.

1 La mission de Jean-Baptiste Fabre, associé à Marie Petit, a été contée par M. Maulde de la Clavière, dans les *Mille et une nuits d'une ambassadrice de Louis XIV*. Paris, 1 vol. in-12. Fabre était Marseillais. Il partit pour la Perse en 1705 et mourut en août 1706.

2. Michel, né en 1678 à Marseille, arriva à Constantinople en 1703, fut utilisé par M. de Ferriol pour une mission auprès de Rakoczi et revint à Constantinople en 1705. A la nouvelle de la mort du sieur Fabre, il partit pour la Perse sur l'ordre de M. de Ferriol pour continuer l'ambassade. Il rejoignit Marie Petit, la laissa à Tauris et atteignit seul Ispahan, où il conclut un traité avec le chah. De retour en France on le nomma consul général à Tunis.

l'en détourna pour épargner à la France épuisée d'inutiles dépenses.

Les concessions faites aux Français ayant provoqué le vif mécontentement des Anglais, des Hollandais et aussi des Arméniens soucieux de maintenir leur prépondérance commerciale, de grands efforts furent par la suite tentés auprès du chah pour le décider à révoquer le traité de 1708. L'arrivée à Érivan de M. de Gallisson [1], évêque d'Agathopolis et coadjuteur de l'évêque de Babylone, son voyage à Ispahan, déjouèrent momentanément ces manœuvres qui recommencèrent dès la mort du prélat. Un missionnaire des Missions étrangères, le jésuite Richard [2], qui se trouvait à Érivan, accourut alors à Ispahan pour défendre les intérêts français et il y était encore quand un courrier de M. des Alleurs [3], ambassadeur du roi de France à Constantinople, apporta la nouvelle de la défaite des ennemis de Louis XIV

1. Gallisson (abbé de) docteur en Sorbonne, sacré en 1708, partit en 1709.
2. Le missionnaire jésuite Richard a joué un rôle important pendant le séjour en France de Mehemet Riza Beg et il sera souvent cité, parfois à son désavantage, au cours de cette relation de l'ambassade persane. Il n'a pas été possible malheureusement d'identifier ce personnage qui retourna d'ailleurs en Perse.
3. Des Alleurs (Pierre-Puchot, comte de Clinchamp, marquis), 1643-1725. Il servit d'abord dans l'armée, enseigne au régiment des gardes (1672), colonel (1691), major général de l'infanterie et brigadier (1693). Il débuta à Berlin dans la diplomatie et fut employé auprès de divers princes, notamment de l'électeur de Cologne (1701-03), de Rakoczi en Hongrie et du sultan (1709-1716). Maréchal de camp (1702), lieutenant-général en 1707.

à Marchiennes, à Denain, et de la levée du siège de Landrecies. Ces victoires changèrent complètement les dispositions de la Cour de Perse : on se reprit à discuter, dans presque chaque conseil, l'envoi d'une ambassade à Versailles.

La réalisation de ce projet présentait, d'ailleurs, des difficultés d'ordre matériel et politique. Une distance qui paraissait considérable à cette époque, séparait Ispahan de Versailles [1], puis il fallait compter que la Porte ottomane, prenant ombrage de l'établissement de rapports officiels réguliers entre la Perse et l'Occident, empêcherait par tous les moyens, même par l'assassinat, un ambassadeur persan de traverser son empire. Enfin l'hostilité certaine des Anglais et des Hollandais ne pouvait manquer de se manifester de toutes manières.

Averti par ses ministres des dangers qui résulteraient d'une divulgation prématurée de ses desseins, le chah renonça à choisir lui-même son envoyé. Par l'intermédiaire de l'abbé Richard [2] qui rentrait en France, il fit remettre au khan d'Érivan [3] les lettres et le trésor destinés au futur ambassadeur et laissa à ce gouverneur,

---

1. Pièces justificatives, p. 356. Voir les itinéraires entre la France et la Perse dressés d'après les indications des voyageurs.
2. A. E. Perse, t. 3, fos 172 sqq.
3. Les « khans » étaient les gouverneurs des provinces : les principaux d'entre eux portaient le titre de beglerbeg ou sci-

qu'on ne pouvait guère soupçonner d'une telle mission, le soin de choisir l'ambassadeur destiné à la Cour de Versailles.

Pour obéir aux ordres de son souverain l'invitant à désigner l'un des plus grands personnages de la province d'Érivan, le khan fit appel à Mirza Sadek, chef de la justice et commandant de la cavalerie du pays. Les risques de l'ambas-

gneur des seigneurs. Le khan d'Érivan, province frontière, était beglerbeg.

D'après Chardin (*op. cit.*, tome 2, p. 161) Érivan était une grande ville, mais laide et sale, sans beaux bâtiments. Située dans une plaine entourée de montagnes, elle possédait une forteresse ovale, ayant quatre mille pas de tour et huit cents maisons environ. Cette forteresse se composait de trois murailles de terre ou de briques d'argile à créneaux flanquées de tours et munies de remparts fort étroits. Elle s'étendait au nord-ouest sur le bord d'un précipice escarpé de plus de trois cents toises de profondeur et au bas duquel coulait le Zengui. Deux mille hommes en constituaient la garnison. Les portes de la forteresse étaient revêtues de fer, munies de barrières, de herses et de corps de garde fortifiés. Le palais du khan était dans la forteresse sur le bord du précipice.

L'air qu'on respire à Érivan est bon, ajoute Chardin, mais un peu épais et très froid. L'hiver y est rigoureux et long. D'après les Arméniens, Érivan remonte à la plus haute antiquité. Noé y avait habité avant le déluge. Sous le règne d'Amurat III, en 1582, les Turcs s'emparèrent de la ville et bâtirent la forteresse. Les Persans l'occupèrent en 1604, la perdirent peu après, la reprirent en 1635, la reperdirent en 1721. Le fameux Nadir chah sut la reconquérir encore en 1734. Un an plus tard les Turcs s'y installaient et devaient la conserver jusqu'en 1769, date à laquelle les Persans purent à nouveau s'en rendre maîtres. Conquise en 1827 par les Russes, elle est restée sous leur domination depuis lors.

C'est aujourd'hui le chef-lieu du gouvernement de l'Arménie russe et son importance commerciale et stratégique est réelle par sa position à l'entrée de la haute vallée qui mène à Tiflis. La forteresse existe encore et le climat est toujours aussi rude. Les jardins et vergers y sont célèbres.

sade effrayèrent Mirza Sadek et un cadeau opportun de 10.000 écus fit agréer son refus.

Il fallait, dès lors, trouver un suppléant dont le rang fût encore suffisamment élevé et le khan investit Mehemet Riza Beg du périlleux honneur de se rendre auprès de Louis XIV.

Le seigneur Mehemet Riza Beg, ainsi promu à la dignité d'ambassadeur du roi des rois, n'y était guère préparé. C'était le « kalender »[1] de la province d'Érivan, le troisième personnage local, dont le rôle consistait à percevoir les impôts pour le compte du gouverneur. Il semblait jouir d'un certain crédit et possédait une assez nombreuse clientèle personnelle, mais son fâcheux caractère le rendait peu propre à ses nouvelles fonctions.

Quoi qu'il en fût, Mehemet Riza Beg ne songea pas à décliner l'ambassade. Étant trop avare pour consentir au même sacrifice que Mirza Sadek, ou trop religieux pour se soustraire aux volontés du Très-Haut, ou simplement curieux de connaître l'Occident, il commença même immédiatement ses préparatifs de départ.

De son côté le khan d'Érivan, dans le dessein de diviser les risques, ne négligea rien pour

---

1. Ce titre de « kalender » et cette explication des fonctions de Mehemet Riza Beg furent donnés par Marie Petit, le 7 mars 1715, lorsqu'on crut devoir l'interroger sur le compte de l'ambassadeur. Marie Petit déclara, à cette occasion, avoir connu à Érivan, l'envoyé persan. A. E. Perse, t. 3, f°ˢ 12 sqq.

assurer la sûreté de l'ambassadeur et le transport des présents envoyés par son maître au roi de France. Il choisit à cet effet un Arménien nommé Agobjan, le plus riche marchand de la province, dont la femme, les enfants et les biens, devaient servir d'otages et lui confia la garde et les clefs du trésor que Mehemet Riza Beg remettrait lui-même à Louis XIV. Ces cadeaux furent soigneusement cachés dans des balles de soie, et le 15 mars 1714, précédant de peu l'ambassadeur, Agobjan quittait Érivan.

CHAPITRE II

AVENTURES DE MEHEMET RIZA BEG EN TERRITOIRE OTTOMAN

Nanti de ses instructions, accompagné d'une suite d'une vingtaine de personnes, dont un mollah et un astrologue, Mehemet Riza Beg s'achemina vers Kars quelques jours après Agobjan. Malgré toutes les précautions le secret de sa mission se trouva dévoilé, un mauvais plaisant ou un jaloux s'étant avisé d'inscrire sur les murs d'Érivan : « tel jour partira pour la France Mehemet Riza Beg en qualité d'ambassadeur de Perse. » Le fâcheux effet de cette révélation ne manqua pas de se produire dès l'arrivée de l'ambassadeur à Kars.

Cette ville, très forte avec ses trois remparts, était alors sous la domination ottomane et située à la frontière turco-persane même. L'entrée d'une caravane persane nombreuse, les bruits qui avaient pris naissance à Érivan et qui s'étaient répandus rapidement de proche en proche, éveillèrent la méfiance des douaniers. Sans le secours d'un beau-frère d'Agobjan, le riche marchand arménien Agabab, Mehemet Riza Beg ne se fût pas tiré d'affaire. Agabab représenta en effet l'ambassadeur comme un pèlerin allant à La Mecque, et menaça de ne plus faire passer ses chameaux et ses marchandises par Kars si l'on n'avait égard à sa caution. Les douaniers cessèrent donc leurs vexations, restituèrent les bagages du Persan et n'hésitèrent pas, chose plus surprenante encore, à rendre les cinquante tomans, ou mille écus, avec lesquels Mehemet Riza Beg avait tenté d'endormir leur vigilance.

Cette désagréable aventure inspira l'idée à l'ambassadeur de se donner désormais pour un Turc. Il prit le turban vert, le titre d'émir, le nom de Chirvanli émir, de la province de Chirvan et, à la faveur de cette transformation, gagna sans encombre Erzeroum où il retrouva Agobjan.

A peine entré dans la ville, il fut l'objet d'une étroite surveillance car le pacha de Kars l'avait secrètement signalé au grand douanier d'Erzeroum et des espions étaient venus à sa rencontre. Grâce aux démarches d'Agabab dont il était toujours accompagné, et à certaines largesses opportunes, Mehemet Riza Beg réussit cette fois encore à sortir d'embarras. Il lui fallut, dans le même but, céder en partie aux exigences pécuniaires du gouverneur de Tokat, ville qu'il traversa ensuite, et prendre les précautions les plus sévères pour échapper aux attaques de troupes armées entre Tokat et Smyrne.

Ayant atteint ce port sain et sauf et avec tous ses bagages, il espérait pouvoir s'y embarquer pour la France avec l'aide du consul, M. de Fontenu [1]. Agobjan, usant de ruse, put parvenir au consulat, y porter les balles de soie contenant les lettres de créance de l'ambassadeur et les présents destinés au roi. Un bateau était en partance pour Marseille, M. de Fontenu feignit d'acheter les balles de soie et les fit passer à bord avec un domestique. Mehemet Riza Beg, pourtant très désireux de quitter Smyrne, hésita à prendre passage sur le même navire. L'arrestation d'Agobjan effectuée peu après par ordre du grand douanier dont la méfiance grandissait, l'appréhension d'être retenu également de force, et l'espoir que l'ambassadeur de France à Constantinople trouverait une meilleure combinaison que le consul pour le faire sortir de Turquie,

---

1. Fontenu (Gaspard de), (1663-1754), écrivain principal des galères en 1691, commis ordinaire (1695), consul à Livourne (1704), à Smyrne (1707).

Fils d'un maître d'hôtel du roi, François de Fontenu, et de Marguerite Lemaire, il avait deux frères, l'un chanoine de Sainte-Geneviève et l'autre, l'abbé de Fontenu, membre de l'Académie des Inscriptions.

Il fut désigné pour gérer l'ambassade à Constantinople pendant la maladie de M. de Ferriol, mais il s'en dispensa, ayant la preuve certaine du bon état de santé de l'ambassadeur. Il reçut la même mission pendant la maladie du comte d'Andrezel (1728).

Il se retira en France en 1731.

déterminèrent l'envoyé du chah à quitter subitement Smyrne. Il y tergiversait depuis près d'un mois. Après un voyage assez pénible de onze jours, il se trouva dans les environs de Brousse où, caché dans un bois avec sa suite, il attendit une semaine le retour de l'émissaire qu'il avait dépêché à l'ambassadeur de France, M. des Alleurs. Ce haut personnage, déjà prévenu par M. de Fontenu du séjour à Smyrne de Mehemet Riza Beg, avait d'ailleurs reçu une lettre du khan d'Érivan l'avisant de l'envoi de l'ambassade du chah. Il témoigna donc peu de surprise en voyant paraître (le 14 juin 1714) le messager du pèlerin-diplomate : il chargea son interprète Padéry [1] d'aller à Brousse afin de saluer en son nom l'ambassadeur persan et lui signaler les dangers d'un séjour sur les bords du Bosphore. Les autorités turques ne manqueraient pas en effet de se méfier, chercheraient à se renseigner et perceraient presque sûrement le mystère dont Mehemet Riza Beg s'entourait. Des précautions particulières semblaient d'autant plus nécessaires que de Smyrne on avait donné l'éveil et que le consul

1. Padéry, Arménien catholique, servait la France en Orient depuis 1695, en qualité d'interprète, notamment à Constantinople, Andrinople, Athènes et au golfe de Négrepont. Il avait déployé beaucoup de zèle à expédier en France, malgré la défense de la Porte, des navires chargés de blé. Il devint consul à Chiraz en 1719 et obtint du chah en 1722, la ratification du traité signé à Versailles par Mehemet Riza Beg. Il rentra en France en 1726.

de France avait eu les plus grandes difficultés, après le départ de la caravane persane, pour faire relâcher et laisser embarquer pour Marseille, le malheureux Agobjan.

Avec un entêtement dont il devait par la suite multiplier les preuves, Mehemet Riza Beg ne voulut rien entendre. Il persista dans son intention de passer par Constantinople avec tous ses gens et demanda qu'on lui trouvât une maison isolée située aux environs de la ville où il attendrait la première occasion sûre de s'embarquer pour la France. Il fallut, bon gré mal gré, lui donner satisfaction. Une maison convenable fut choisie à Orta Keuï [1], offrant toutes les garanties possibles, car elle appartenait à une Française, la veuve Louise Bérot. L'ambassadeur du roi promit en outre de fréter un bâtiment grec qui conduirait les Persans près de Tenedos, non loin du port de Troie. Un bâtiment français, *La Vierge de Grâce*, les y recevrait pour les emporter en France.

Le 22 juin, tout étant ainsi réglé, Mehemet Riza Beg arrivait à Scutari; on le conduisait aussitôt dans la maison du Bosphore et il faisait annoncer sa visite à M. des Alleurs pour le lendemain. Le soir même il était arrêté par les gens du chaouch bachi ou grand prévôt, du bostandji

---

1. Orta Keuï est situé au pied de la colline d'Yldiz Kiosk.

bachi ou grand jardinier et du grand douanier.
Amené tout d'abord chez ce dernier avec son
secrétaire, ou « akond », et son principal officier,
il y subit un premier interrogatoire. Transféré
ensuite chez le chaouch bachi, puis chez le reis
effendi, il dut encore répondre à maintes questions de divers grands dignitaires de la Porte.
On lui soutint qu'il était bien un ambassadeur
du roi de Perse et qu'il allait en France. Il
écouta patiemment ses interlocuteurs et leur
répondit d'un air simple et ingénu qu'il n'était
nullement ce qu'ils croyaient, que le roi de Perse
avait trop de sujets illustres par leur naissance
et par leur dignité pour l'honorer de la qualité
d'ambassadeur. Se sentant toutefois vivement
pressé, il affirma sous serment qu'il n'était ni
marchand, ni ambassadeur, mais un simple
pèlerin, un fidèle mahométan, un musulman
zélé, et qu'il se rendait à La Mecque pour accomplir, s'il le pouvait, le vœu qu'il avait fait de voir
le tombeau du Prophète avant de mourir. Malgré
son éloquence il ne convainquit personne : il fut
remis entre les mains du chaouch bachi qui
reçut l'ordre de le garder avec ses compagnons.
Le lendemain on perquisitionnait dans la maison
de la veuve Bérot, on fouillait ses hardes, ses
papiers, et on conduisait ses domestiques dans
les prisons de la douane. Mais les mesures avaient
été si bien prises après l'alerte de Smyrne qu'on

ne trouva rien de compromettant : des visites corporelles n'eurent pas davantage de résultat car le secrétaire de l'ambassadeur avait eu l'heureuse idée d'enterrer, la veille, le sceau de son chef dans la chambre où on les avait enfermés. Ce qui désola le plus Mehemet Riza Beg ce fut l'obligation de déchirer et d'avaler une lettre de change de 10.000 pistoles que le khan d'Érivan lui avait donnée à valoir sur le compte d'Agabab et dont il devait toucher le montant à Constantinople.

M. des Alleurs se montra chagriné de ces incidents dont Padéry l'avait instruit. Il invita son interprète à se tenir au courant de tout ce qui concernait l'ambassadeur persan, et Padéry ne négligea rien pour s'acquitter de cette mission. Se déguisant de toutes manières, tantôt en juif, tantôt en arménien, tantôt en esclave, il s'introduisit chez les hauts dignitaires de la Porte, se mêla à leurs domestiques et s'y prit si bien que chaque jour on lui contait, comme à un homme sans conséquence, toutes les circonstances d'une affaire dont on ne le croyait pas fort curieux. Tantôt on lui disait que le Persan prisonnier du chaouch bachi était reconnu pour un espion et que son procès était fait, tantôt qu'on allait l'exiler ou l'envoyer aux galères. On lui affirma un jour qu'on était sûr de l'identité du pseudo-pèlerin, que ce personnage était convaincu d'avoir voulu traverser les Etats du grand seigneur sans faire part de sa mission à la Porte, et qu'il ne pouvait éviter la mort méritée par son attentat. Le péril devenait extrême pour Mehemet Riza Beg. Padéry trouva le moyen de s'aboucher avec un des domestiques de l'ambassadeur qui avait la permission de sortir pour acheter les provisions nécessaires à son maître. Il eut avec lui plusieurs entretiens et apprit de sa bouche les traitements cruels dont l'envoyé du chah et ses compagnons étaient les victimes. Par son intermédiaire il réussit enfin à faire passer à Mehemet Riza Beg une lettre de M. des Alleurs qui proposait à son infortuné collègue de révéler la vérité à la Porte et de réclamer sa mise en liberté en raison de sa qualité d'ambassadeur du roi de Perse auprès du roi de France. Contre toute attente, et mieux inspiré peut-être que M. des Alleurs, Mehemet Riza Beg préféra continuer à dissimuler sa personnalité réelle et à jouer son rôle de pèlerin. Il marqua cependant quelque inclination à profiter des bonnes dispositions de l'ambassadeur de France, et suggéra que des cadeaux bien placés pourraient améliorer sa situation et même provoquer son élargissement.

Padéry était tout indiqué pour ce genre de négociation. Habile, intelligent, il sut répandre dans Constantinople des bruits favorables au Per_san, et, par ses soins, l'on répéta bientôt dans la ville que le prisonnier du chaouch bachi était bien un pèlerin. Le chaouch bachi, sensible à certains arguments sonnants et trébuchants, s'employa lui-même avec zèle à accréditer cette version et, sur ses instances, le grand vizir l'autorisa à relâcher Mehemet Riza Beg. Il fut toutefois entendu que le chaouch bachi continuerait à faire surveiller les Persans jusqu'au moment où il pourrait les mettre sous la garde des conducteurs du prochain pèlerinage à La Mecque, et qu'après avoir vu le tombeau du Prophète, le pieux Mehemet Riza Beg serait renvoyé directement en Perse par Damas. Le chaouch bachi, tout heureux de cette solution, s'empressa d'en porter la nouvelle à son prisonnier. L'ambassadeur accueillit son libérateur avec de grandes démonstrations de joie et les accompagna de quelques nouveaux présents, — sans oublier le kiaïa du grand vizir et certains autres hauts fonctionnaires de la Porte ottomane. Les 30.000 écus avancés — à fonds perdus — par des Alleurs trouvèrent donc leur emploi.

Relâché après quarante jours de détention, Mehemet Riza Beg s'occupa aussitôt de retirer ses bagages des mains rapaces des douaniers et d'entrer secrètement en pourparlers avec l'ambassade de France pour régler sa conduite future. La perspective d'aller à La Mecque n'excitait chez lui, en dépit de sa piété, aucun enthousiasme; mais son embarras était réel car il avait dû donner caution valable et sûre pour lui-même et pour sa suite dans la personne de deux riches marchands persans établis à Constantinople.

Le lendemain de sa sortie de prison (6 août 1714), et en s'entourant de mille précautions, il se risquait à venir rendre visite à M. des Alleurs. Après les compliments d'usage, le représentant de la Cour de France lui demanda si les difficultés qu'il avait eu à surmonter jusqu'à Smyrne, et les mauvais traitements qu'il avait endurés à Constantinople n'avaient pas un peu refroidi son empressement de passer en France. Mehemet Riza Beg répondit qu'il était prêt à s'y rendre en chemise, sur une planche pourrie. Il ajouta — et cette explication éclairait sa fermeté d'âme — qu'il y allait de tous ses biens et de sa tête s'il ne s'acquittait de son ambassade, et qu'au surplus, il avait, pour son compte, 40.000 écus d'effets en France qu'il ne voulait pas abandonner.

Il ne restait à des Alleurs qu'à lui faciliter le voyage. Il lui exposa donc qu'il avait retenu depuis longtemps un navire français, la *Vierge de Grâce*, pour le conduire à Marseille et qu'en vue de le soustraire à la vue des douaniers chargés de visiter les navires aux Dardanelles, il avait fait établir une cachette à fond de cale. L'ambassadeur, bien que sensible à cette attention, manifesta beaucoup de répugnance à livrer ses cautions et même le chaouch bachi aux vengeances du vizir et proposa de s'embarquer sur le navire qu'on lui destinait à Payas, près d'Alexandrette. Il quitterait de cette façon Constantinople avec la caravane des pèlerins, ainsi qu'il l'avait promis, et saurait trouver le moyen de s'en échapper le moment venu. Cette combinaison n'était pas sans présenter des dangers car l'ambassadeur de France n'ignorait pas que le grand vizir avait donné des ordres pour faire périr le Persan au cours du voyage. Il s'inclina néanmoins devant les scrupules de Mehemet Riza Beg, se réservant de le faire accompagner de loin par un homme sûr. On convint également qu'un certain nombre de domestiques de l'ambassadeur seraient conduits en grand mystère, avec une partie des bagages, aux îles des Princes et qu'ils s'y embarqueraient avec Padéry, à bord de la *Vierge de Grâce,* pour aller chercher leur maître à Payas.

L'utilité de cette conférence se trouva démontrée par les événements car, dès le lendemain, Mehemet Riza Beg était confié aux chefs de la caravane en partance pour La Mecque. Quatre jours plus tard (11 août) Padéry, qui avait reçu toutes les instructions utiles avec les fonds nécessaires, ainsi que des lettres officielles pour les consuls des Échelles, quittait le Bosphore sur la *Vierge de Grâce*. Après des escales aux Dardanelles, à Mytilène (17 août), à Chypre (24 août), il arrivait à Payas, le 27 août, et se décidait, en présence des vexations des douaniers turcs, à aller attendre l'ambassadeur non loin d'Alexandrette.

Cependant Mehemet Riza Beg cheminait, bon gré mal gré, avec la caravane des pèlerins, désespérant de pouvoir jamais tromper la vigilance des espions dont il se sentait environné. La ruse devait le sauver. Il témoigna d'abord un zèle éclatant pour la religion, une louable vénération pour le Prophète et une ardeur extrême pour arriver à La Mecque. Cet étalage de bons sentiments ne tarda pas à impressionner les pèlerins et les gardes. Tantôt il les séduisait par l'éloquence et la ferveur de ses discours, tantôt il les comblait de présents, et l'on ne s'entretint plus que du détail de ses vertus.

Tous ces efforts ne devaient pas rester inutiles. On jugea qu'un homme aussi généreux ne pouvait avoir de mauvais desseins, et on le laissa libre, au bout de peu de temps, de faire dresser ses tentes où bon lui semblait. Mehemet Riza Beg en profita pour changer, soir et matin, sa place dans la caravane, par souci, disait-il, de la commodité de ses voisins.

Après quarante-deux jours de marche, la troupe des pèlerins arriva en vue d'Alexandrette (18 septembre 1714). L'ambassadeur fit installer son campement le plus près possible de la mer et désireux de savoir si la *Vierge de Grâce* était là pour le recevoir, il s'avisa d'un curieux stratagème. Il s'assura d'avance du concours d'un des gens de sa suite et régla avec lui la comédie qu'il allait jouer. Il feignit ainsi d'avoir perdu un joyau précieux, enrichi de diamants de grand prix, simula une violente colère et, en le menaçant des plus effroyables tortures, accusa son compère de l'avoir volé. Ainsi qu'il y était résigné, ce domestique supporta stoïquement la bastonnade et prit la fuite du côté de la mer. On le vit courir en tous sens comme un furieux, protestant de son innocence, hurlant son désespoir et prenant à témoin le ciel de son infortune. Il réussit de cette manière à gagner le rivage sans avoir éveillé aucun soupçon et aperçut Padéry que l'homme de confiance, préposé par M. des Alleurs à la protection occulte de l'ambassadeur persan, avait déjà averti du voisinage de la caravane. On le vit de loin s'entretenir en gesticulant avec un étranger, sans doute pour lui confier son malheur, et le quitter en levant les bras au ciel comme si toutes les oreilles fussent restées sourdes à ses cris.

Entre temps, le courroux de Mehemet Riza Beg s'était apaisé : le bijou soi-disant perdu avait été retrouvé et le Persan avait gracié son serviteur. Il le fit appeler, en apparence pour lui octroyer son pardon, et il apprit de sa bouche que tout était préparé pour la fuite et que, le le vent étant bon, Padéry le pressait de s'embarquer le soir même.

Entre la première et la seconde prière de la nuit, Mehemet Riza Beg avertit tous ses gens : on abandonna les tentes et les bagages et l'on gagna, dans le plus profond silence, l'endroit où Padéry attendait avec la chaloupe de la *Vierge de Grâce*.

Dès que les Persans furent montés à son bord, le commandant du navire, le capitaine Étienne Decuges, donna l'ordre de mettre toutes voiles dehors et de cingler vers l'Europe.

Près de six mois avaient été employés à effectuer le trajet d'Érivan à Alexandrette. Mehemet Riza Beg avait, malgré tout, échappé aux dangers qui l'avaient menacé, mais le souvenir qu'il gardait de ses aventures ne devait pas l'encourager, le moment venu, à rentrer en Perse par les États du sultan.

CHAPITRE III

D'ALEXANDRETTE A MARSEILLE

La première semaine de la traversée se passa sans incidents. L'ambassadeur et ses dix-huit compagnons ne souffrirent pas de la mer et firent honneur à la chère du bord. Survint alors une grosse tempête qui incommoda fort Mehemet Riza Beg et le détermina à descendre à terre. On lui objecta les dangers qu'il courait en territoire turc, ainsi que la défense formelle de M. des Alleurs de l'y exposer. Toutes les représentations restèrent inutiles, et il fallut (le 29 septembre) toucher la côte asiatique dans la rade de la Fenigo [1]. On en profita pour prendre de l'eau. Padéry toutefois pressa le départ à la nouvelle que des vaisseaux de guerre ottomans croisaient dans les parages. Cette précaution était justifiée : la *Vierge de Grâce* découvrait le lendemain quatre navires du grand seigneur. Le vent contraire augmentait encore les périls de cette rencontre :

1. Probablement la baie de Fineka voisine du golfe d'Adalie.

Padéry, le capitaine Decuges, le pilote et le maître d'équipages, tinrent conseil et décidèrent de manœuvrer pour se soustraire à la visite des bâtiments ottomans. La *Vierge de Grâce*, feignit jusque vers la chute du jour, de les vouloir approcher, n'en essuya pas moins quelques coups de canons mal pointés, puis enfin, profitant d'un vent propice, réussit à s'échapper à la faveur de la nuit. Elle relâchait à Modon le 1er octobre, et Padéry y renouvela ses approvisionnements en poulets, légumes, farine et ingrédients divers pour le pain spécial de l'ambassadeur [1]. Du 8 au 12 du même mois Mehemet Riza Beg se reposa à Malte où il trouva le meilleur accueil. Après une nouvelle escale dans la baie sarde de Porto-Conte le 21, Marseille apparut enfin à l'horizon. L'ambassadeur s'installa le même jour (23 octobre) aux Infirmeries, y fut salué par deux officiers de l'intendant général des galères, M. Arnoul [2], et s'in-

---

1. Le pain des Persans, à en croire Chardin, était mince et comme des galettes (*op. cit.*, t. 4, p. 50). On semait sur le pain des graines dormitives, telles que la graine de pavot, la graine de sésame, ou de l'anis et du fenouil.

2. Arnoul (Pierre), fils de Nicolas Arnoul, 1651-1719, fut reçu chevalier de Malte de minorité en 1668, commissaire de la marine au département de Toulon (1670), contrôleur-général de la marine de Ponant (1672), intendant des galères de France et des fortifications de Provence (1673), intendant de la marine et des fortifications après son père (1675), révoqué en 1679, replacé au Havre (1680), fit ensuite les fonctions d'intendant de la marine et d'intendant de justice, police et finances à Rochefort, La Rochelle, Brouage, etc., intendant des fortifications en Picardie (1689), inspecteur général des

quiéta aussitôt du sort d'Agobjan qu'il avait laissé prisonnier à Smyrne. Moins malheureux que Mehemet Riza Beg, l'Arménien embarqué avec six Persans, par les soins de M. de Fontenu, consul de France, à bord du pinque *Notre-Dame du Rosaire,* patron Jean Tesseire, était arrivé à bon port, le 12 juillet, avec tous les présents destinés au roi. Pour complaire à l'ambassadeur, Agobjan fut autorisé à pénétrer immédiatement aux Infirmeries et à apporter avec lui cinq ballots appartenant à son maître. Cette double prévenance provoqua, à vrai dire, un fâcheux incident qui prouva, mieux encore que les récits de Padéry, l'irritabilité du Persan. Mehemet Riza Beg ayant en effet constaté que ses colis avaient été ouverts, entra dans la plus vive colère. Il reprocha avec véhémence à Agobjan d'avoir laissé les intendants de la Santé effectuer la visite de ses affaires. Puis se tournant vers quelques Français qui étaient présents il leur fit traduire le discours suivant : « Lorsque vos envoyés, quels qu'ils soient, vien-
« nent en Perse chargés de toutes sortes de mar-
« chandises, s'avise-t-on jamais de les visiter ?
« j'ai perdu tout mon équipage, j'ai exposé ma
« vie cent fois pour m'acquitter d'une commis-

---

classes de tout le royaume (1692), remplit des missions particulières en Espagne en 1702 et 1703, intendant général des galères et du commerce à Marseille (1710). (Cabinet des titres, dossier bleu 744, Arnoul.)

D'après une estampe du temps. (*Collection de l'auteur.*)

« sion aussi dangereuse ; il ne me reste que cinq
« petits paquets qu'on a eu encore bien de la
« peine à apporter ici et on les ouvre ! On aura
« sans doute ouvert les présents : je veux qu'on
« me les apporte. »

Le prévôt des galères, qui assistait à la scène,
se hâta d'en rendre compte à l'intendant, et
M. Arnoul, pour calmer l'ambassadeur, lui envoya
ses excuses en lui promettant une enquête. Il se
refusa toutefois à laisser entrer les présents aux
Infirmeries et prit l'engagement de les faire
remettre à Mehemet Riza Beg à l'expiration de
la quarantaine. Les intendants de la Santé invités, d'autre part, à s'expliquer sur la visite des
cinq ballots, protestèrent de leur respect des usages diplomatiques. Force fut à Mehemet Riza Beg
de se calmer et de se déclarer satisfait.

Cet incident minuscule était de mauvais
augure car il révélait le souci jaloux qu'avait de
sa dignité l'envoyé du chah de Perse. Une nouvelle difficulté ne tarda pas au surplus à se produire.

Ayant reçu le surlendemain de son débarquement les consuls [1] de Marseille, l'ambassadeur

---

1. On a désigné sous le nom de *consuls* au moyen âge et jusqu'à la fin de l'ancien régime, les magistrats municipaux de la
plupart des villes du midi de la France. Les consuls étaient
donc les conseillers de la commune. Ils administraient la ville ;
l'un d'entre eux commandait la milice sous l'autorité d'un officier royal.

leur annonça, par l'intermédiaire de l'interprète, son intention d'effectuer une entrée solennelle dans la ville. Tout déférants qu'ils fussent pour le représentant du grand sophy, MM. les consuls ne purent s'empêcher de répondre que l'usage ne comportait d'entrée publique qu'à Paris. Le Persan s'obstina dans son projet. Les consuls, après en avoir conféré avec M. Arnoul, présentèrent encore une fois leurs objections au cours d'une nouvelle audience, et ils obtinrent au moins un changement de date qui évita deux cérémonies analogues dans la même journée : l'entrée de la reine d'Espagne[1] et celle de Mehemet Riza Beg. D'accord avec l'ambassadeur, la date du 28 octobre fut définitivement choisie.

Ce court délai fut utilisé par l'intendant pour préparer la maison de M. de Cartigny, inspecteur général de la marine et des galères, où l'ambassade devait être logée. On y renouvela les rideaux et les portières, on y apporta des chaises et des tabourets en maroquin ou en moire rouge avec bois doré. En vue d'accroître le charme du jardin on y installa deux fontaines peintes en marbre. Ces aménagements confortables ou galants, subirent un triste sort : au dé-

---

1. Élisabeth Farnèse, fille du duc de Parme, deuxième femme de Philippe V, roi d'Espagne et petit-fils de Louis XIV. Elle était en cours de voyage pour aller rejoindre son futur époux.

part de l'ambassadeur il fallut remettre du haut en bas la maison à neuf, recrépir les murs, remplacer tous les carreaux cassés, réparer le mobilier ou le remplacer ; la civilisation persane, et ses conséquences, valurent à l'infortuné M. de Cartigny une somme d'environ 500 livres qui l'indemnisa mal de la perte ou de la disparition de maints objets précieux.

Au jour fixé (28 octobre), l'intendant envoya chercher l'ambassadeur aux Infirmeries par un prévôt des galères, M. de Louvine, le lieutenant Boniface, l'exempt Desmarets et onze archers. Trois carrosses, dont un à six chevaux et deux à quatre chevaux, attendaient sur le port avec M. de Beauvais, commissaire des galères. Le cortège parut assez piteux, car la suite personnelle de Mehemet Riza Beg était composée seulement de Padéry et de deux officiers persans, l'un portant l'épée et l'autre la grande pipe de l'ambassadeur [1]. On passa sous le balcon de la reine

1. « La manière de prendre du tabac en Perse, dit Chardin,
« est inconnue dans nos pays. Comme l'air y est plus chaud et
« plus sec qu'en Europe et en Turquie, et que les esprits sont
« plus subtils, le tabac les entêterait, s'ils le prenaient comme
« nous, parce qu'ils en prennent continuellement. Ils en font
« passer la fumée dans une bouteille d'eau. Ils appellent ces
« sortes de pipes *galyoun*. La bouteille est surmontée d'un
« godet de terre ou de métal en haut d'une canule, qui entre
« dans la bouteille pleine d'eau. Au-dessous il y a une platine
« comme il y en a à de certains chandeliers, et la canne ou
« pipe par laquelle on tire la fumée donne dans cette canule.
« Lorsqu'on veut fumer, on mouille un peu le tabac qui est
« dans ce godet et broyé fort menu afin qu'il ne brûle pas si

d'Espagne qui prit plaisir à considérer le spectacle et, au milieu de la curiosité déçue des Marseillais, on atteignit la maison de l'inspecteur général de la marine et des galères. Pour honorer l'envoyé du chah Hussein on plaça à la porte une garde de quatre archers.

Trois jours plus tard (31 octobre), les badauds purent se dédommager de leur déconvenue.

On devait prendre en cérémonie dans la maison du sieur de Gaudemar, où Agobjan logeait depuis son arrivée, les présents du roi de Perse et les apporter à la résidence de l'ambassadeur. Les carrosses qui avaient servi pour l'entrée publique, plus une chaise magnifique, le prévôt des galères, les archers, les principaux officiers persans, Padéry et l'Arménien Agobjan, traversèrent à nouveau la ville et rapportèrent pompeusement le coffre de fer contenant les cadeaux du grand

« vite. On met dessus deux ou trois petits charbons, et on
« tire la fumée qui entre dans l'eau, y circule, et est tirée
« ensuite à la bouche, non seulement fraîche mais aussi épu-
« rée de ce que le tabac a de plus onctueux et de plus gros-
« sier. On voit qu'en le prenant, ceux qui ont de bons esto-
« macs font faire de gros bouillons et beaucoup de murmure
« dans l'eau, par attraction de l'air. Ces bouteilles sont d'ordi-
« naire pleines de fleurs pour la satisfaction des yeux. On en
« change au moins une fois le jour l'eau qui est toute corrom-
« pue et toute puante des esprits du tabac.

« Les gens de qualité se font porter leur pipe par un homme
« à cheval et souvent ils s'arrêtent en chemin pour fumer ou
« fument à cheval même. Ils ne sortent jamais autrement et
« là où ils font visite on leur met devant eux leur bouteille
« de tabac dès qu'ils sont assis. Chardin (*op. cit.*, t. 3, p. 304
» sqq.).

sophy à l'empereur de France. Mehemet Riza Beg reçut à la porte de sa demeure ce dépôt précieux, se prosterna et pleura de joie à sa vue, et tout heureux de retrouver ce qu'il avait si longtemps cru perdu, fit jeter au peuple par les fenêtres de son appartement la somme de 30 piastres.

Rassuré sur l'issue de son ambassade puisqu'il n'arrivait plus les mains vides, l'envoyé du chah de Perse pouvait désormais s'adonner aux plaisirs. Il s'offrit, en premier lieu, l'agrément de traiter le plus mal du monde un malheureux Turc prêt à rentrer à Constantinople. Sur son ordre un de ses domestiques alla quérir le sujet du grand seigneur et le lui amena.

Marquant alors une vive irritation, il se vengea de la peur qu'il avait éprouvée en Turquie par des injures et des menaces. « Va dire de ma part « à ce chien de Mehemet Aga, le grand doua- « nier, s'écria-t-il, que je n'étais ni marchand ni « pèlerin, mais qu'il m'a néanmoins volé cinquante « mille écus. Qu'il n'oublie pas que si je rentre « en Perse, je ferai crever les yeux à cinq cents « de vos marchands. Avons-nous la paix ou la « guerre avec vous ? Quel mal y avait-il, dès « lors, à ce que je fusse ambassadeur ? M'en- « voyait-on ici pour vous nuire ? J'y viens pour « renouveler l'ancienne amitié qu'il y a entre « l'empereur de France et mon souverain et vous « vous opposez à mon passage, vous m'enfermez

« dans vos prisons, vous tourmentez mes domes-
« tiques et vous pillez mon bien ! Je vous recon-
« nais bien là, misérables fils de pêcheurs. Je
« suis le maître de te faire trancher la tête, mais
« ce ne serait pas juste car tu n'es pas dans nos
« États et je suis sur la terre de nos amis chez
« qui je ne voudrais pas violer les lois de l'hos-
« pitalité qu'ils t'accordent[1]. » Tout tremblant le
Turc protesta de son innocence et de son ignorance des traitements réservés à l'ambassadeur.
Ce ne fut cependant pas sans pousser un soupir
de soulagement qu'il franchit la porte de la maison de M. de Cartigny, ni sans se jurer qu'il ne
reparaîtrait jamais devant un seigneur aussi emporté.

Cet intermède tragi-comique permit à l'ambassadeur de décharger son cœur ; il fut suivi de
distractions d'un ordre plus galant et plus honnête.

L'intendant, M. Arnoul, désireux de complaire
au roi, organisa des festins, des promenades, en
l'honneur de l'ambassadeur. Il lui fit donner des
chevaux harnachés à la mode persane [2] qui servirent à des excursions dans les environs de Marseille et en particulier à Mazargue, où les danses
des villageois charmaient Mehemet Riza Beg.

---

1. *Journal de Verdun*, mars 1715.
2. Le harnachement à la persane consistait dans une sorte de grande housse s'attachant sur le poitrail du cheval.

Le Persan rendit de son côté quelques politesses. Ainsi, le 25 novembre, convia-t-il dans une bastide des alentours de Marseille une vingtaine de personnes de qualité, hommes ou dames. Il se plaça au bout de la table, à la place d'honneur chez les Orientaux, s'assit, les jambes croisées, sur un tapis de Turquie, entouré de grands coussins, ayant sa pipe en forme de serpent devant lui « pour parade et contenance ». On déposa auprès de lui, sur une nappe de soie or et verte avec des broderies cramoisies, un cabaret de Chine sur lequel était placé son pain spécial, sorte de grande galette, puis on lui présenta trois bassins de « pilau [1] ». Il en mangea avec ses

---

[1]. « Comme le pilau est le grand mets des Persans, écrit
« Chardin (*op. cit.*, tome 4, p. 54 sqq.), je rapporterai comment
« on l'apprête. C'est proprement du riz cuit au bouillon de
« viande ou au beurre, de manière que les grains demeurent
« entiers sans se fendre et sans être aussi ni secs ni durs, mais
« si bien cuits qu'en les mettant à la bouche ou en les pres-
« sant entre les doigts ils se mettent en pâte. On fait ce pilau
« de plus de vingt sortes, au mouton, à l'agneau, au poulet. Le
« commun l'assaisonne et le fait ainsi : on fait cuire six ou
« sept livres de mouton, avec une poule ou deux, et après on ôte
« tout le bouillon et toute la viande de la marmite. Ensuite on
« prend du beurre qu'on met au fond et qu'on fait bien rissoler
« et on y jette une couche de riz qu'on fait épaisse d'un pouce.
« On met de l'oignon coupé par tranches, des amandes pelées
« et coupées en deux, des pois secs frits à la poêle, du raisin
« qui n'a pas de pépins, du poivre, du girofle, de la canelle,
« du cardamoje pour servir d'assaisonnement. Par-dessus cela
« on met la viande et puis on remplit la marmite de riz et on
« y jette du bouillon jusqu'à ce qu'il surnage. Le riz cuit en un
« quart d'heure et lorsqu'il est cuit et sec, tout le bouillon
« étant consommé, on fait fondre du beurre tout bouillant, on
« le jette sur ce riz. Après on couvre bien la marmite avec

doigts, de même que de dix à douze autres mets préparés par son cuisinier, toujours sans fourchette, couteau, ou cuiller, et pêle-mêle, goûtant à la fois de la viande, du fromage et des confitures. Le mets le plus exquis se composait d'andouillettes de viande hachée, au sucre, et enveloppées dans des poires cuites au beurre.

Pour honorer ses invités, Mehemet Riza Beg leur fit offrir ses plats dans une porcelaine fine qu'il avait apportée de Perse. Comme marque suprême de politesse il but le premier dans un grand vase rempli de sorbet [1] et donna l'ordre de le faire circuler autour de la table.

L'entremets du repas fut l'entrée d'une douzaine de Marseillaises qui dansèrent des rigodons de Provence au son des tambourins. L'ambassadeur invita à son tour sa suite à exécuter des danses

« un linge mouillé d'eau chaude par-dessus le couvercle, pour
« tenir le riz humide et on le laisse mitonner ainsi, puis on le
« dresse. On assaisonne parfois aussi le pilau de fenouil haché
« menu, de jus de cerises ou de mûres, de sucre, de safran,
« de tamarins. Un des plus délicieux qu'on fasse est celui qui
« se cuit sous la broche. La graisse d'agneau ou de chevreau
« et de poules tombant peu à peu sur le riz, l'imbibe et lui
« donne un goût très agréable. »
Le pilau tel que Chardin le décrit présentait donc une grande analogie avec le pilaff qui constitue de nos jours un mets oriental assez réputé.

1. Le *sorbet* commun, en Perse, était, d'après Chardin (*op. cit.*, tome 4, p. 44), fait avec de l'eau additionnée de sucre ou de sel, de jus de citron ou de jus de grenade, de suc d'ail ou d'oignon : cette sorte de sorbet était appelée *turchy* (aigre, acide) ; on en servait aux repas dans de grandes porcelaines, avec des cuillers de bois creusées et à long manche, pour exciter l'appétit ou étancher la soif des convives.

persanes et les spectateurs convinrent qu'ils n'avaient jamais vu d'entrée d'opéra qui valût celle-là. Au moment de se lever de table, Mehemet Riza Beg changea de vêtement pour faire sa prière, car il lui était défendu par sa religion de prier étant revêtu d'un habit d'étoffe d'or. Il se lava les pieds et les mains devant toute la compagnie, se prosterna et toucha du front un peu de terre de son pays. Son aumônier l'imita, puis l'envoyé persan remonta à cheval pour rentrer à Marseille.

Ces allures étranges, l'originalité de ces manières, suscitèrent bientôt, comme on peut le supposer, une grande curiosité. La maison de M. de Cartigny reçut constamment une foule de visiteurs, et les grisettes de la ville, sûres d'avance d'être bien accueillies, ne furent pas les moins empressées [1].

Tandis que les jours s'écoulaient au milieu des fêtes, qu'Arnoul pour subvenir aux dépenses de l'ambassadeur dépensait quelques milliers de livres empruntées à la Chambre de commerce, la

---

[1]. L'expression grisettes ne s'entendait pas encore, aux xvii⁰ et xviii⁰ siècles, dans un sens aussi particulièrement défavorable qu'au xix⁰. Pour Fléchier, Saint-Simon, Marivaux, Regnard, la grisette était une jeune fille de petite condition, coquette, parfois galante, un peu hardie et se piquant de beaucoup de liberté. Ce surnom était né de ce que cette catégorie de jeunes filles portaient souvent de la grisette, c'est-à-dire un vêtement d'étoffe grise de peu de valeur.

nouvelle du débarquement de Mehemet Riza Beg était parvenue à la Cour de Versailles.

Le dimanche 4 novembre (1714) Dangeau notait dans son journal : « Le Roi envoie M. de « Saint-Olon [1], un de ses gentilshommes ordinai-« res, à Marseille pour y recevoir un ambassa-« deur de Perse que le sophy envoie au roi, — « ambassade qu'on n'est point accoutumé de voir ; « c'est la grande réputation du roi dans les pays « même les plus éloignés qui attire cette ambas-« sade. »

M. de Saint-Olon reçut, avant son départ pour Marseille, des instructions détaillées que le roi approuva et signa à Marly, le 12 novembre, et qui étaient ainsi conçues :

« MÉMOIRE *pour servir d'instruction au sieur* « *de Saint-Olon, commandeur de l'ordre du Mont* « *Carmel et de Saint-Lazare, gentilhomme ordi-* « *naire de la maison du roi, allant par son ordre* « *auprès de l'ambassadeur de Perse qui est arrivé* « *à Marseille, pour le recevoir et pour l'accompa-* « *gner.*

« Sa Majesté avait été informée depuis quelques

---

[1]. François Pidou de Saint-Olon, gentilhomme ordinaire de la chambre, né en Touraine en 1646, mort à Paris, le 27 septembre 1720. Il avait été ambassadeur auprès de la république de Gênes de 1682 à 1684 et chargé, en 1693, d'une mission extraordinaire près du roi de Maroc. L'évêque de Babylone, Louis Marie Pidou de Saint-Olon, était son frère.

« mois de l'arrivée dans les États du grand sei-
« gneur d'un ambassadeur que le roi de Perse
« envoyait auprès d'Elle et des difficultés que les
« officiers de la Porte avaient faites de lui per-
« mettre de s'embarquer pour passer dans le
« royaume. Elle a su depuis qu'elles avaient été
« levées et ayant appris que cet ambassadeur
« était arrivé en Provence, Elle a voulu le faire
« conduire et le faire traiter selon l'usage suivi
« en de pareilles occasions à l'égard des ambas-
« sadeurs des puissances orientales qui sont venues
« auprès d'Elle et pour cet effet Elle a choisi le
« sieur de Saint-Olon, commandeur de l'ordre du
« Mont Carmel et de Saint-Lazare et Elle est per-
« suadée par la connaissance qu'Elle a de sa pru-
« dence et de sa sagesse, aussi bien que de son
« zèle, qu'Elle n'aura pas moins de lieu d'être
« satisfaite de sa conduite en cette occasion,
« qu'Elle l'a été de celle qu'il a tenue dans les
« différents emplois qu'Elle lui a confiés.

« Il partira incessamment pour se rendre à
« Marseille où il trouvera l'ambassadeur du roi
« de Perse et il lui dira qu'aussitôt que Sa Majesté
« a été instruite de son arrivée dans ses États,
« Elle a voulu faire connaître la haute estime
« qu'Elle a pour le roi son maître, en nommant
« un des officiers de sa maison pour accompa-
« gner son ambassadeur, pour lui faire rendre
« dans son royaume les honneurs accoutumés à

« l'égard des têtes couronnées et pour pourvoir à
« tout ce qui peut être nécessaire pour la facilité
« de son voyage. Qu'Elle a bien voulu ordonner
« au sieur de Saint-Olon de lui faire connaître
« que comme Elle avait appris avec peine les
« embarras qu'il avait éprouvés dans son voyage,
« Elle avait été bien aise qu'il les ait surmontés
« et qu'il fût heureusement arrivé ; enfin, qu'Elle
« veut marquer en tout la considération parfaite
« qu'Elle a pour le roi son maître.

« Le sieur de Saint-Olon ne perdra point de
« temps, après son arrivée à Marseille, pour faire
« disposer tout ce qui sera nécessaire pour le
« départ de l'ambassadeur de Perse, et comme
« Sa Majesté donne ses ordres pour faire partir en
« même temps un homme chargé, sous les ordres
« du sieur de Saint-Olon, de faire traiter l'ambas-
« sadeur de Perse dans son voyage et pendant son
« séjour dans le royaume et de pourvoir aux voi-
« tures et aux autres choses nécessaires à cette
« occasion [1], le sieur de Saint-Olon donnera tous
« ses soins pour faire exécuter ce qui est en cela
« de la volonté de Sa Majesté. Il est instruit de ce
« qui s'est pratiqué en de semblables occasions et
« il se servira de la connaissance qu'il en a pour
« régler le traitement de l'ambassadeur du roi

1. Cet homme fut le sieur Morel qui effectivement ne quitta l'ambassadeur qu'au Havre, le 13 septembre 1715.

« de Perse et de sa suite, et pour les voitures
« nécessaires pour son voyage.

« Il lui fera rendre dans les lieux de son pas-
« sage tous les honneurs accoutumés à l'égard
« des ambassadeurs des têtes couronnées ; et
« afin qu'il soit en état de le faire, Sa Majesté
« lui fait remettre un ordre aux commandants et
« autres officiers des lieux de son passage, qui
« explique ses intentions à cet égard.

« Comme les premières relations que l'on a
« reçues du caractère de cet ambassadeur don-
« nent lieu de croire qu'il est vif et peu instruit
« des usages des pays étrangers, il pourrait faire
« naître des incidents sur les choses qui en sont
« le moins susceptibles. Il est de la prudence du
« sieur de Saint-Olon de les prévenir et d'en
« détourner les occasions, soit par des insinua-
« tions faites d'avance, soit en usant des moyens
« qu'il croira propres à empêcher que les pre-
« miers engagements que cet ambassadeur pren-
« drait n'aient aucune suite, et qu'on ne soit pas
« obligé aussi par condescendance pour lui, de
« lui accorder des distinctions qu'il n'est pas en
« droit de prétendre.

« Il rendra compte de son arrivée à Marseille,
« de ses premières conversations avec cet ambas-
« sadeur, de ce qu'il aura remarqué de son carac-
« tère aussi bien que de ce qu'il pourra pénétrer
« par ses discours des ordres dont il peut être

« chargé, du séjour qu'il se propose de faire dans
« le royaume, enfin de tout ce qu'il jugera qui
« pourra intéresser le service de Sa Majesté. Fait
« à Marly, le 12 de Novembre 1714.

signé : Louis.
contresigné : Colbert [1]. »

Dès que M. de Saint-Olon eût pris connaissance de ces instructions royales, il jugea convenable d'adresser par courrier spécial une lettre à Mehemet Riza Beg. Cette marque de politesse pouvait faciliter sa tâche.

« Illustre et magnifique seigneur, écrivait-il à
« Mehemet Riza Beg, la commission dont l'em-
« pereur mon maître m'honore auprès de Votre
« Excellence, me cause une joie trop sensible
« pour n'avoir pas tout l'empressement convena-
« ble à vous la témoigner ; c'est aussi pour y
« satisfaire que je vous prie de trouver bon que
« je prévienne par ce billet ce que je vous ferai
« mieux paraître de vive voix, quand je pourrai
« vous joindre, et de contenter par moi-même
« l'idée que la renommée me fait déjà concevoir
« de votre mérite et des grandes qualités que le
« glorieux caractère dont Votre Excellence est
« revêtu saura bien faire éclater ; c'est à tous ces

---

1. Torcy (Jean-Baptiste Colbert, marquis de Sablé et de) 1665-1746, secrétaire d'État des Affaires étrangères. Il rentra dans la vie privée à la mort de Louis XIV.

« attributs que je ne suis pas moins impatient de
« pouvoir rendre mes hommages que Votre Excel-
« lence le peut être de les recevoir. Je suis fâché
« que l'éloignement, la saison, l'arrivée subite et
« non attendue de Votre Excellence y apportent
« du retardement. Ne vous en inquiétez point
« cependant, seigneur, je vais m'employer de mon
« mieux à l'abréger et à me mettre en état de
« vous donner, par mon attention et par mes soins,
« des marques tant de l'estime que l'empereur
« mon maître fait de votre caractère et de votre
« personne, que du respect avec lequel je
« suis, etc... »

Les ordres du roi étant formels et pressants, Saint-Olon ne s'attarda pas en vains préparatifs de départ. Le 15 novembre déjà, il s'acheminait rapidement vers Marseille sans même attendre que le marquis de Torcy lui eût fait remettre une avance pour régler les dépenses du voyage de l'ambassadeur. Morel, son compagnon, à qui étaient dévolues les fonctions de « maître d'hôtel » de l'ambassadeur, manquait également des fonds suffisants. Rejoints à Lyon par l'interprète Dipy[1], ils constatèrent avec amertume que la Cour et les ministres, si prodigues d'instructions, l'étaient beaucoup moins lorsqu'il s'agissait d'argent.

1. Dipy (Pierre) secrétaire-interprète du roi pour les langues orientales, professeur d'arabe au collège de France. Il exerçait déjà ces fonctions en 1675 (Bibl. Nat. Mss. Pièces originales, vol. 1055).

Arrivés à Marseille, le 6 décembre, après un voyage rendu pénible par l'état défectueux des routes, ils se virent, au contraire, réclamer par Arnoul le remboursement de ses dépenses. Saint-Olon, absorbé tout entier par ses préoccupations d'ordre pécuniaire, oublia presque de parler de l'ambassadeur dans son premier rapport au marquis de Torcy. Il avait vu néanmoins le Persan dès le lendemain de son entrée dans la ville et, pour l'impressionner, il était allé lui rendre visite dans un carrosse à six chevaux prêté par M. Arnoul. L'échange de compliments entre le gentilhomme ordinaire du roi et Mehemet Riza Beg fut cordial. L'ambassadeur, assez bien disposé ce jour-là, fit dire par son interprète que le sophy avait à sa Cour des gens de beaucoup plus d'esprit et de science que lui, mais que la prédestination du ciel l'avait choisi pour cette ambassade. Il ajouta qu'il ne regrettait plus d'avoir été emprisonné et pillé et qu'il était prêt à baiser le trône de l'empereur de France qui est un soleil toujours ardent.

« Cette visite, écrivait Saint-Olon à Torcy le
« 8 décembre [1], s'est passée comme toutes celles
« de cette nature en entretiens gracieux, lesquels
« m'ont pourtant fait connaître que l'ambassa-
« deur a beaucoup d'esprit, qu'il est vif, fas-

---

1. A. E. Perse, t. 3, f. 258 sqq.

« tueux, entêté, et pour ainsi dire entièrement
« ingouvernable. Il accompagne tout ce qu'il dit
« et fait, de tant de hauteur, qu'il semble être
« plutôt venu pour nous donner la loi que pour
« écouter la justice de nos remontrances. Il con-
« serve sa prétention de faire ses entrées par tou-
« tes les villes où il passera, et insiste toujours
« sur la demande de se faire précéder par
« l'exempt et les quatre gardes qui ont toujours
« été ici auprès de lui et je ne sais comment on
« pourra s'en défendre. Enfin, Monseigneur, je
« ne prévois que beaucoup de peine et peu d'a-
« grément dans la traverse que nous aurons à
« faire ensemble, à moins que vous n'ayez la
« bonté de régler ma conduite par des ordres
« précis et particuliers. Mais ayez surtout atten-
« tion à ce qui regarde la dépense où vous savez
« bien que je ne suis pas en état de faire des
« avances. »

Bien que rapidement formé, le jugement de Saint-Olon était exact. Déjà insupportable en débarquant à Marseille, Mehemet Riza Beg était devenu d'une exigence ridicule, car tous ses caprices avaient été satisfaits par Arnoul.

En outre, des interprètes bénévoles ayant voyagé en Perse et trop désireux de reconnaître, avec l'argent du roi, les services personnels qu'on leur avait rendus, tels le fils de Fabre, ancien envoyé du roi auprès du sophy, ou l'abbé Richard, l'un des inventeurs de l'ambassade, s'étaient installés auprès de l'ambassadeur et avaient exécuté ses ordres sans jamais résister. Grâce à leur complicité bienveillante, Mehemet Riza Beg arrivé avec dix-huit officiers ou domestiques, en comptait déjà quarante-quatre, et il marquait aussi des prétentions excessives pour son voyage à travers la France.

Saint-Olon se proposa, dès son installation à Marseille, de ramener le Persan à une plus exacte notion de la réalité, de mettre quelque ordre dans les comptes de l'ambassade, et de hâter le départ pour Paris.

Mais il fallait procéder avec prudence et ne pas heurter directement le capricieux ambassadeur : on se résigna donc à le laisser continuer sa vie joyeuse avec l'espoir qu'il s'en fatiguerait.

Le 11 décembre, à quatre heures du soir, Mehemet Riza Beg fut conduit à l'Opéra. Une place lui avait été aménagée au milieu de l'amphithéâtre avec des coussins et un matelas couvert d'un riche tapis. M. de Saint-Olon était assis à son côté sur un banc et Padéry et Dipy se tenaient auprès du Persan pour lui expliquer, de temps à autre, le sujet d'*Amadis* que l'on représentait. L'ambassadeur ne cessa de fumer, prit du thé et du café, et en envoya à Madame l'intendante qui assistait au spectacle. Son attention se porta principalement sur deux danseuses qu'il fit inviter à venir le voir dans sa maison et qu'il devait récompenser de leur dérangement en leur offrant des peaux de martre zibeline.

Le surlendemain (13 décembre) Mehemet Riza Beg rendit visite aux consuls de Marseille qui le complimentèrent en termes chaleureux. Il répondit fort honnêtement aux civilités de ses hôtes, puis il demanda sa pipe dont il ne pouvait, semble-t-il, se passer, et ordonna de faire du café et du thé. Tout en fumant, entouré respectueusement des consuls, il regarda avec attention les portraits du roi et des princes de la famille royale qui décoraient les murs de la salle, et s'émerveilla de la prestance de Sa Majesté.

Le commandant des galères, M. de Rancé, lui ayant, quelques jours plus tard (16 décembre), apporté ses hommages, l'invita à visiter la galère *La Réale* [1]. Cette proposition fut acceptée sur le champ et le Persan se transporta peu après à l'Arsenal avec sa suite ordinaire.

L'intendant, M. Arnoul, ne pouvait qu'être personnellement touché de cet empressement. Nul plus que lui n'avait travaillé à réaliser la volonté du roi de rétablir le corps des galères. Ne savait-il pas l'intérêt que Louis XIV avait témoigné à ce genre de navire en daignant monter à bord d'une galère en miniature sur le canal de Versailles ?

---

1. Cette galère était l'une des plus caractéristiques. Il en existe des estampes célèbres.

Dans son zèle pour le service de Sa Majesté, il avait, depuis son entrée en charge, travaillé de toutes ses forces au recrutement de la chiourme des galères, pour le grand dommage des esclaves turcs, des criminels, « des vagabonds », « des fainéants », « des bohèmes », « des faux saulniers » (contrebandiers pour le sel), des déserteurs et même des huguenots [1].

Quand il eut franchi la porte de l'Arsenal, Mehemet Riza Beg fut conduit à *La Réale*, amarrée près du quai. « C'était un décor superbe. Les mâts
« étaient dressés, les pavillons hissés, les ban-
« deroles déployées. La chambre de poupe qui
« avait la forme d'un berceau, était couverte d'une
« tenderole de velours cramoisi où pendait une
« riche frange d'or : le velours cramoisi à frange
« d'or recouvrait les sièges des invités ; les rames,
« élevées en dehors, étaient comme des ailes pein-
« tes de diverses couleurs ; les hautes figures de
« la poupe apparaissaient toutes dorées. Au bout
« d'une longue lance flottait l'étendard royal, en
« damas blanc, semé de fleurs de lys d'or, avec
« les armes du roi au milieu. Ce jour-là les galé-
« riens s'encadraient dans la splendeur du règne [2].
« La chiourme elle-même s'était faite belle. Assise
« sur les cinquante bancs séparés par la « cour-

---

1. E. Lavisse. *Sur les galères du Roi.* « Revue de Paris » du 15 novembre 1897.
2. E. Lavisse, *op. cit.*, p. 262.

« sie », ou promenoir, elle portait linge propre,
« casaque et bonnet rouge, « l'habit du roi ».

Lorsque l'ambassadeur parut, les galériens poussèrent les trois « hou! » d'honneur, le « salut du roi » ; les tambours des soldats en armes battirent aux champs, et la symphonie des galériens composée de douze joueurs d'instruments, revêtus d'un habit rouge et coiffés d'un bonnet de velours à la polaque, galonné d'or, fit entendre ses accents les plus mélodieux. Le Persan s'arrêta charmé de la majesté et de la grâce de cet accueil. Après une promenade par la coursie jusqu'au bout de la galère, il fut ramené à la chambre de poupe, et là, s'étant installé à l'orientale sur des coussins, y reçut le compliment de M. de Rancé. On lui servit alors la collation d'usage en la faisant suivre du divertissement d'une manœuvre. Le comite commanda l'exercice au sifflet. Au premier coup chacun des galériens ôta le bonnet, au second la casaque, au troisième la chemise et l'on n'aperçut plus que des corps nus. On fit ensuite la « monine », c'est-à-dire le singe. Les hommes se couchèrent entre les bancs, on ne vit plus personne. Ils levèrent l'index, on ne vit plus que des doigts, puis les bras, puis la tête : enfin ils se levèrent tous. La fête se termina par la mise en marche de *La Réale*. Par le commandement de « avant », le capitaine ordonna la vogue et les cinquante rames de quarante pieds de long se dressèrent, volèrent, puis plongèrent en cadence.

Cette merveilleuse précision, résultat de tant de souffrances dont il ne pouvait cependant saisir l'horreur, impressionna l'ambassadeur : il quitta la galère, salué à nouveau de « hou » retentissants et de salves de canon, et tout pénétré de la puissance navale de l'empereur de France.

Le soir il fut à l'Opéra où l'on donnait *Bellérophon*. Lorsque parurent la Dodun et Cizette, les deux charmantes danseuses qu'il avait déjà distinguées, on fit remarquer à Mehemet Riza Beg qu'elles portaient sur leur tête, dans le dessein de lui plaire, les peaux de martre zibeline qu'il leur avait offertes pour en faire des manchons. Cette galante attention leur valut une pièce d'étoffe de Perse et deux louis d'or.

Le 18 décembre, Son Excellence se rendit au bain avec ses gens [1]. Ce souci de se tenir constamment le corps net étonnait, d'ailleurs, les Marseillais et devait davantage encore surprendre les Parisiens. Au retour du bain, le Persan reçut la visite de M. Arnoul, venu en grand apparat et dans son carrosse à six chevaux. L'intendant se proposait d'offrir à l'ambassadeur un dîner de gala et désirait l'en informer. La conversation roula tout

---

1. Elle y alla, en chaise, les 2, 9, 16, 28 et 30 novembre, 2, 7 18 et 21 décembre et il en coûta 320 livres. A. E. Perse, t. 3, f⁰ˢ 255 sqq.

d'abord sur la grandeur des empereurs de Perse et de France, et particulièrement sur la magnificence et la bonté du roi Louis, puis Mehemet Riza Beg accepta, pour le jour suivant, l'invitation de M. Arnoul.

Mehemet Riza Beg, avec son cortège, quittait le lendemain à midi la maison de M. de Cartigny pour se rendre à l'Intendance. Il y trouva une garde d'honneur formée d'une compagnie de soldats des galères avec le mousquet sur l'épaule. A l'intérieur de la cour, trompettes et cymbales saluèrent son entrée au milieu des décharges de cinquante boîtes d'artillerie. M. Arnoul alla le recevoir à la porte de la première salle et lui fit son compliment. L'ambassadeur, précédé de ses dix fusiliers persans, traversa une douzaine de pièces magnifiquement meublées et vint se reposer dans la bibliothèque s'ouvrant sur le jardin. La symphonie des galériens exécuta quelques morceaux et une compagnie de dames de la première distinction, guidée par Mme Arnoul, furent introduites auprès de Son Excellence persane qui les accueillit d'un aimable *Thoch geldun, safa geldun* ou « soyez les bienvenues ».

Désireux de prévenir tout incident fâcheux et de se conformer à l'étiquette, surtout en présence de M. Saint-Olon, gentilhomme du roi, l'intendant pria les interprètes d'avertir l'ambassadeur qu'on avait coutume en France de boire à la santé de

Sa Majesté. En sa qualité d'invité, Mehemet Riza Beg aurait l'honneur de porter cette santé, et M. Arnoul boirait ensuite à celle du grand sophy. L'ambassadeur se montra surpris de cet usage et peu disposé à s'y conformer. Il fit répondre qu'on n'osait, dans son pays, mettre ainsi en cause son maître, et que, d'ailleurs, le vin lui étant interdit par sa religion, il voulait bien céder à M. l'intendant l'honneur qu'on entendait lui faire. Pour vaincre cette résistance, M. Arnoul proposa alors de porter en même temps la santé des deux empereurs, et après quelques nouvelles hésitations cette suggestion fut acceptée, sous la réserve que l'intendant boirait le premier.

L'entente ainsi établie, on passa dans la salle à manger. On y avait dressé parallèlement deux longues tables de douze couverts que joignait un haut divan sur lequel s'installa le Persan. L'intérieur de cette sorte de fer à cheval était vide pour que rien ne gênât la vue de Son Excellence, et des barrières empêchaient les curieux d'approcher. Faisant face à Mehemet Riza Beg, un orchestre de six flûtes et de plusieurs basses avait pris place, et on apercevait derrière les musiciens une terrasse transformée en jardin avec des orangers, des myrtes et des massifs de fleurs. Pour la commodité et le service des dames, elles avaient chacune leur cavalier à côté d'elles.

Au début du repas, M. Arnoul marqua à son

hôte l'intention de boire à la santé des deux empereurs. Ainsi qu'il était donc convenu l'ambassadeur devait l'imiter en buvant, à défaut du vin, du sorbet et, en tout cas, ne point rester assis. Après avoir encore une fois consulté son mollah, Son Excellence se déclara prête à faire ce qu'on lui demandait. Toute l'assistance se leva et l'intendant prononça ces mots : « Nous buvons à la « santé des deux empereurs que Dieu conserve et « maintienne éternellement en parfaite union. » On cria « Vivent les deux empereurs » au milieu du bruit de deux cents boîtes d'artillerie tirées dans l'Arsenal. Quelques instants plus tard, l'intendant porta à l'ambassadeur un toast accompagné de cinquante boîtes d'artillerie et le Persan l'en remercia par une rasade de sorbet. Plein d'affabilité, ce personnage envoya, au cours du dîner, des plats de pilau et de ragoût à la persane aux divers convives. On accueillit ces divers mets avec plus de politesse que d'envie d'en manger.

Le repas terminé, Mehemet Riza Beg se retira dans une chambre pour enlever ses habits de drap d'or, en revêtir d'autres en laine afin de faire sa prière. Ce devoir accompli, il s'en fut visiter la salle d'armes de l'Arsenal. « Au centre des qua« tre grandes galeries qui la composaient, toutes « tapissées de mousquets et de sabres, sous un « soleil dont les pertuisanes et les lames d'épée

« formaient des rayons encadrant le portrait du
« roi, un trophée de tous les attributs de la
« guerre était dressé : tout autour étaient age-
« nouillés des Turcs, chargés de chaînes dorées [1]. »
Le coup d'œil était si imposant que l'ambassadeur exprima le regret de n'en avoir pas joui plus
tôt. Il témoigna une vive surprise de l'éclat et
de l'entretien des armes, et apprit, non sans étonnement, qu'il y avait à l'Arsenal de quoi armer
vingt-cinq mille hommes. On lui montra des bom-
bes, en lui expliquant comment on s'en servait,
et M. Arnoul poussa la courtoisie jusqu'à lui en
envoyer une chez lui pour qu'il pût la considérer
à loisir.

Tandis que le Persan admirait l'Arsenal, les
autres invités avaient commencé à jouer. Son Excellence vint les regarder avec curiosité, et Mme Arnoul
quitta, pour l'entretenir, la table à laquelle elle
était assise. Cette obligeante attention parut toucher Mehemet Riza Beg. Il fit dire à l'intendante
qu'elle était une dame pleine de mérite et d'esprit, qu'elle savait fort bien vivre, et qu'il rendrait un bon témoignage d'elle à la Cour et aux
ministres.

Cette fête si réussie, qui se termina par un bal,
ne produisit toutefois pas sur l'esprit de Son Excellence l'effet apaisant qu'on s'en était promis. « Il

---

1. E. Lavisse, *op. cit.*, p. 261.

« se passe tous les jours ici, écrivait le 20 décem-
« bre M. de Saint-Olon au marquis de Torcy [1], des
« scènes nouvelles et si extraordinaires de la part
« de notre ambassadeur qu'il n'y a pas de patience,
« si complaisante soit-elle, qu'elles ne mettent à
« bout. Il ne fait que nous reprocher, et sans occa-
« sion, les grands dangers qu'il a essuyés pour
« venir en France. Il ne nous entretient que des
« grandeurs de son maître et de la sienne propre.
« Il reçoit indifféremment les honneurs qu'on lui
« rend et dit qu'ils ne sont que très médiocres
« tant en comparaison de ceux qu'on a toujours
« rendus à ceux qui ont été en Perse de la part
« du roi, qu'à ce qui devrait se faire pour le seul
« ambassadeur du sophy qui ait été envoyé en
« notre Cour depuis cent ans. C'est ainsi qu'il
« vient encore de s'en expliquer au retour d'une
« fête magnifique que M. Arnoul lui a donnée. On
« ne sait comment s'y prendre pour le contenter :
« si on lui accorde ce qu'il demande, il le reçoit
« avec dédain ; si l'on y hésite un moment, il
« entre en fureur et ce n'est plus un homme.
« L'opium, dont il use, le met quelquefois en un
« si dangereux état qu'on peut le regarder dans
« ce temps-là comme une espèce de fou qui méri-
« terait plutôt d'être enfermé que traité en ambas-
« sadeur. »

1. A. E. Perse, t. 3, f⁰ˢ 294 sqq.

Recevoir chez soi un tel personnage entraînait certains risques. Arnoul put en somme se féliciter qu'aucun esclandre ne se fût produit et que la série des réjouissances officielles offertes à Son Excellence à Marseille eussent une fin aussi heureuse. La journée du 20 décembre fut occupée par une visite de M. de Rancé chez qui les officiers des galères se trouvèrent réunis. Le soir l'ambassadeur parut pour la dernière fois à l'Opéra où l'on représentait le *Joueur*. Le 21, Saint-Olon pressa les préparatifs de départ, Mehemet Riza Beg ayant accepté la date du 22 pour commencer son voyage. « Ce sera un grand coup si nous pouvons ébranler cette machine-là, disait le gentilhomme ordinaire du roi, et la mener à Lyon en quinze jours. » Au dernier moment cet espoir parut devoir être déçu. La proposition faite au Persan de plomber ses ballots faillit provoquer un orage. Mehemet Riza Beg mit le comble à l'impatience de Saint-Olon en voulant obtenir avant de partir six esclaves turcs des galères. « Pour avoir la paix » on lui acheta cinq chevaux au lieu de trois et l'on se décida à parler haut et ferme. Son Excellence consentit, dès lors, à se mettre en route le 23.

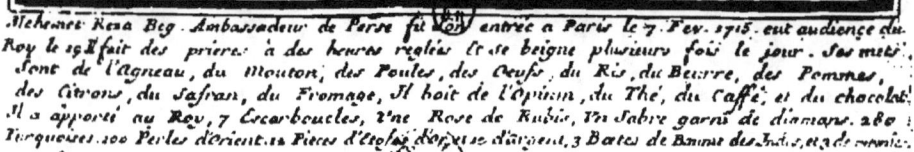

LES REPAS DE L'AMBASSADEUR

D'après une estampe du temps. (Cabinet des Estampes.)

CHAPITRE IV

DE MARSEILLE A CHARENTON

A vrai dire, Saint-Olon n'avait pas, sans une grande peine, décidé l'ambassadeur à partir pour Paris.

Dès son arrivée à Marseille, le gentilhomme ordinaire du roi avait signalé à Mehemet Riza Beg l'impatience avec laquelle on l'attendait à Versailles, mais il n'avait obtenu que des réponses dilatoires quand il avait voulu fixer la date du départ. Son Excellence se plaisait à Marseille; elle y était traitée à merveille et se souciait fort peu de remplir sa mission diplomatique. Les instances réitérées de Saint-Olon l'avaient même mise de méchante humeur, et elle avait allégué, pour justifier son manque d'empressement à se rendre à la Cour, la nécessité d'habiller convenablement ses gens avant de se présenter au roi. En apparence pour régler cette dépense, mais plutôt pour satisfaire aux exigences des grisettes, le Persan, dépourvu d'argent depuis ses mésaventures en Turquie, avait dû contracter un emprunt de 8.000 écus auprès de deux marchands de Marseille qui comptaient moins sur le remboursement de leurs avances que sur l'octroi d'avantages commerciaux en Perse.

Il était temps, malgré tout, de se mettre en route. Arnoul commençait à se lasser de régler les dépenses : il avait obtenu 10.000 livres de la Chambre de commerce de la ville, prêté lui-même 2.000 livres, et Saint-Olon sollicitait encore de son obligeance 17.000 livres pour assurer le voyage jusqu'à Paris. N'était-il pas prudent de se débarrasser au plus tôt d'un hôte, honorable certes, mais aussi très coûteux ?

Certaines difficultés s'étaient d'ailleurs élevées parmi les Français qui entouraient l'ambassadeur. Saint-Olon et son agent comptable Morel avaient trouvé que les interprètes bénévoles, tels que l'abbé Richard et Fabre, faisaient leur cour au Persan au détriment des finances royales : des explications assez aigres, suivies de plaintes réciproques, en étaient résultées. M. de Torcy recevait de Marseille des lettres de récriminations, des demandes de fonds, et il était nécessaire de mettre fin à ces tiraillements en amenant au plus tôt Son Excellence à Paris.

Le voyage s'annonçait en réalité comme assez difficile et le sort de Saint-Olon était peu enviable. Encouragé dans ses prétentions par la déférence qu'on lui avait jusqu'alors témoignée, Mehemet Riza Beg exigeait de faire dans toutes les villes où il passerait une « entrée publique » presque triomphale [1], en se faisant précéder par dix de ses gens avec le mousqueton sur l'épaule. Il insistait, en outre, pour que l'exempt Desmarets et les quatre archers qui lui étaient attachés depuis sa sortie des Infirmeries, fussent invités à l'accompagner à Paris. Cette double prétention, si contraire aux usages, causait à M. de Saint-Olon une grande perplexité. « Cet ambassadeur, écrivait-il le 16 décembre au marquis de Torcy [2], le prend sur un ton si haut, il établit ses demandes et il les décide d'une manière si fière et si absolue, qu'en suivant à la lettre les ordres et les intentions du roi, il est très dangereux de lui rien refuser. Cette situation, Monseigneur, qui rend toujours l'approbation de ma conduite incertaine, me jette dans un

---

1. La prétention de Mehemet Riza Beg de faire des « entrées » pouvait s'expliquer par les usages de son pays. Dans la vie ordinaire un homme de qualité s'entourait en Perse d'un certain apparat. Chardin raconte ainsi (*op. cit.*, t. 4, p. 25) que quand un seigneur va en visite « il fait marcher un ou deux « chevaux de main, menés en laisse, chacun par un domes- « tique à cheval. Deux, trois, quatre valets de pied, plus ou « moins selon sa condition, courent devant son cheval et à « côté. Il a de plus derrière lui un homme à cheval qui porte « sa bouteille de tabac. »
A plus forte raison, et en vertu de sa qualité d'ambassadeur, Mehemet Riza Beg devait-il prétendre à un traitement exceptionnel.
2. A. E. Perse, t. 3, f°⁵ 284 sqq.

« embarras que je ne saurais bien vous expri-
« mer... Comme l'ambassadeur ne veut rien
« séparer de son train et de ses équipages trop
« nombreux, notre marche qui sera lente avec
« les journées courtes ne nous y prépare pas à
« de petits embarras... Il me suffit, Monseigneur,
« de vous en rendre compte et d'attendre ce
« qu'il vous plaira de me prescrire. C'est à Lyon
« où nous serons devers les Rois, que je pourrai
« recevoir vos ordres précis. »

Avec les faibles ressources dont il disposait, Morel éprouvait de son côté certaines inquiétudes; sans argent comme sans crédit, obligé de recourir constamment aux bons offices de M. Arnoul, il voyait avec effroi Mehemet Riza Beg dépenser près de 300 livres par jour pour sa nourriture et celle de ses gens, accumuler les provisions inutiles, accroître le nombre de ses domestiques, et réclamer pour le trajet jusqu'à Paris, non seulement des chevaux de selle, mais aussi des litières et des carrosses.

Toutes les tentatives pour réfréner une prodigalité qui ne coûtait rien à celui qui en bénéficiait, étaient restées vaines. Lorsque de timides observations avaient été faites au maître d'hôtel de Son Excellence sur l'exagération de ses dépenses, et la vente clandestine des provisions fournies pour l'ambassade, Mehemet Riza Beg avait considéré cette démarche comme une

offense personnelle. Il avait déclaré, en entrant dans une violente colère, « que de telles discus-
« sions ne faisaient honneur ni au roi de France
« ni au sien; qu'il n'avait rien demandé, qu'on
« pouvait lui donner peu ou beaucoup, mais qu'il
« ne convenait pas qu'on lui reprochât ce qu'on
« lui avait donné; qu'il n'était pas un vendeur de
« riz et de beurre, et que si ses gens étaient assez
« insolents pour faire quelque dissipation, il n'allait
« pas dans la cuisine pour les examiner; qu'il
« priait Dieu qu'il conservât Sa Majesté, et qu'il
« pouvait se passer de ce qu'on lui donnait à
« l'exemple de ce qui se pratique en Perse à l'égard
« des ambassadeurs du roi; qu'il ne voulait pas
« qu'on dît qu'on avait examiné jusqu'à une livre
« de beurre par rapport à l'ambassadeur du
« sophy [1]. » Il avait ajouté « qu'étant grand sei-
« gneur dans son pays, il n'était pas venu en
« France pour y mendier son pain », et comme preuve de son mécontentement, il avait, sans en prévenir Saint-Olon, donné l'ordre à ses gens d'interdire l'entrée de son appartement à Morel et à Dipy, coupables d'avoir traduit au maître d'hôtel des remontrances pourtant justifiées. Cette interdiction faillit même provoquer un déplorable incident car Morel ayant accompagné Saint-Olon chez l'ambassadeur, le portier

---

1. A. E. Perse, t. 3, fos 277 sqq.

persan l'arrêta et l'eût égorgé avec son poignard si on ne l'en eût empêché [1].

Tant de susceptibilité et de dissimulation présageaient des éclats entre Marseille et Paris. Joyeux, le 23 décembre, d'arracher Mehemet Riza Beg aux charmes captivants des grisettes, Saint-Olon n'était néanmoins que médiocrement rassuré à l'idée de voyager plusieurs semaines avec un personnage aussi indomptable. « Dieu « permette, mandait-il à Torcy, qu'il n'arrive « rien de sinistre dans le chemin que nous allons « tenir, en l'état où je vois son esprit et l'inso- « lence de ses gens [2] ! »

La sortie de la ville de Marseille s'effectua dans un ordre parfait et presque imposant. Un détachement de cavalerie du régiment de la reine ouvrait la marche suivi des gardes du corps du comte de Grignan [3]. Venaient ensuite une vingtaine de Persans à cheval dont dix armés de mousquets et richement vêtus; derrière eux, cinq chevaux de selle harnachés à la persane, avec des housses ; le maître des cérémonies; les interprètes ; six valets de pied ou coureurs et enfin

1. A. E. Perse, t. 3, f°s 294 sqq.
2. A. E. *Ibid.*
3. Grignan (François de Castellane-Adhémar de Monteil, comte de) né vers 1629, mort le 30 décembre 1714, colonel du régiment de Champagne (1654) devint en 1663 un des lieutenants généraux du Languedoc et en 1669 lieutenant général en Provence. Il épousa en troisièmes noces (janvier 1669) la fille de Madame de Sévigné.

Mehemet Riza Beg à cheval, flanqué de deux pages, l'un avec sa pipe, l'autre avec son sabre. L'écuyer avec le grand étendard déployé, aux armes de Perse, se tenait derrière son maître. Enfin un carrosse à deux chevaux, une litière et trois brancards portés par des mules, le premier pour les présents, le deuxième pour la chambre du Persan, le troisième avec la batterie de cuisine, fermaient la marche. L'exempt Desmarets, et quatre archers, étaient spécialement chargés de la surveillance du premier brancard.

Cet ordre avait été minutieusement réglé et il devait être observé jusqu'à Charenton, exception faite pour le régiment de la reine et les gardes du corps qui quittèrent le cortège à Aix.

La maréchaussée de Provence, avisée du passage de l'ambassadeur, se trouva sur la route pour rendre les honneurs. En dépit de ces attentions Mehemet Riza Beg resta morose. A Aix où il coucha (23 décembre), il refusa de recevoir l'intendant et les procureurs de la ville. Il n'en fallut pas moins céder à toutes ses demandes et, en une nuit, l'ambassadeur et sa suite consommèrent pour 293 livres de denrées. « Il y eut sans
« doute une dissipation étonnante car on lui four-
« nit trois agneaux, deux moutons, dix-huit pou-
« lets, cinq poules, trente-six livres de chandelle,
« vingt-trois livres de bougie, cent soixante-dix
« livres de pain, trente-deux livres de beurre, huit

« livres de café, un quintal de riz, avec safran,
« canelle, girofles, sucre, sucre candi, etc .. [1] »

Le lendemain, à Lambez, où il fut vers le soir, Mehemet Riza Beg se montra aussi grognon. Il écouta distraitement le compliment de l'assesseur des États [2], M. Honoré. « Monseigneur », lui dit ce personnage tout heureux de jouer un rôle, « nous venons avec empressement vous rendre
« nos devoirs au nom de toute la province; nous
« venons vous offrir les respects qui sont dus à
« la dignité dont vous êtes revêtu. Votre Excel-
« lence réunit toutes les qualités qui concourent
« à former le caractère d'un illustre ambassa-
« deur. L'on voit, Monseigneur, éclater en vous
« la valeur et la politesse, vertus si recom-
« mandables parmi les Persans. Mais ce qui
« nous touche d'une manière plus sensible, c'est
« que, Monseigneur, vous venez établir dans ce
« royaume un commerce également honorable et
« avantageux à notre nation. De tous ceux qui se
« font dans les parties du monde, il n'en est pas
« de plus riche ni de plus considérable que celui

---

1. Les *États* de Provence avaient été annihilés par Richelieu. Mais ils avaient sauvé du naufrage ce qu'on appelait une « commission intermédiaire » composée des procureurs élus des villes auxquels se joignaient deux évêques et deux nobles possédant fiefs. Cette assemblée provinciale s'occupa activement de l'administration du pays et se réserva la gestion des deniers et la levée des taxes.
2. A. E. Perse, t. 3, f° 352.

« de la Perse ; c'est de ce pays fécond, que le
« soleil regarde de plus près que les nôtres, que
« l'on rapporte ce qu'il y a de plus précieux
« parmi les hommes et ce qui contribue le plus à
« l'éclat et à la magnificence. Nous désirons,
« Monseigneur, qu'à la faveur du commerce qui
« va s'établir par votre médiation, puisse régner
« une parfaite union entre le plus puissant prince
« de l'Asie, des volontés de qui vous êtes le
« dépositaire, et le plus redoutable monarque de
« l'Europe sous qui nous avons le bonheur de
« vivre. »

Ces aimables et flatteuses paroles restèrent sans réponse. L'ambassadeur bouda car Honoré n'était pas, à son avis, un homme de qualité. Il eût voulu que l'intendant de Provence ou le comte de Grignan vinssent, de Marseille, pour le saluer à la sortie de la province et il dit à ce sujet « qu'é-
« tant ambassadeur d'un roi beaucoup supérieur
« aux rois d'Espagne et autres, il prétendait à
« un traitement supérieur et ne pouvait souffrir
« de comparaison [1]. »

Les attentions des dames de Lambez réussirent néanmoins à le dérider et il suffit de demander qu'on dansât devant lui pour que son désir fût aussitôt exaucé, même par des personnes de la bonne société [2].

1. A. E. Perse, t.3, f° 312.
2. « La danse, dit Chardin (*op. cit.*, tome 2, p. 205), étant un

Le trajet entre Lambez et Avignon fut marqué par un terrible accès de colère de l'ambassadeur. Le sieur Le Bret [1] ayant eu la pensée d'envoyer son carrosse au-devant de l'ambassade, Mehemet Riza Beg apprécia à un tel point le confortable de cette voiture qu'il la réclama, le lendemain, pour gagner Orgon. Le propriétaire y consentit et, après avoir conduit le Persan dans cette dernière localité, le carrosse rentra au logis. Dès que Mehemet Riza Beg en fut informé, il ordonna d'aller le rechercher déclarant qu'il ne partirait pas aussi longtemps qu'il ne pourrait l'utiliser. Saint-Olon essaya de lui expliquer que ce caprice était irréalisable, mais l'ambassadeur devint comme fou de rage, interdit l'entrée de son logis à tous les Français qui l'accompagnaient, Saint-Olon, Morel, Padéry, Dipy, Richard. Il fallut plusieurs heures pour le calmer [2].

On réussit enfin, à force de patience, à lui faire

« exercice deshonnête dans l'Orient, on n'y a point l'habitude
« de danser, soit pour se divertir, soit pour se donner bonne
« grâce; mais on y a la danse comme un art ou comme une
« profession du théâtre dans l'Europe, avec cette différence
« néanmoins que, dans l'Orient, l'art de la danse est non seule-
« ment deshonnête mais infâme surtout à l'égard des femmes. »
La prétention de Mehemet Riza Beg que les dames de qualité dansassent devant lui en France était donc vraiment impertinente.

1. P. Cardin Le Bret, comte de Selles, premier président du parlement d'Aix, commissaire pour le roi et intendant de Provence de 1704 à 1734, conseiller d'État (janvier 1730,, mort à Marseille le 14 octobre 1734 à l'âge de 58 ans.

2. A. E. Perse, t. 3, f⁰ˢ 312 sqq.

entendre raison et, le 26 décembre, l'ambassade entrait à Avignon.

« Malgré les tempêtes de la saison et de son
« humeur, j'ai amené déjà ici Mehemet Riza Beg,
« écrivait Saint-Olon à Torcy, le 26 décembre [1],
« mais ce n'est pas sans beaucoup de peines. Le
« malheur est, qu'en cette occasion, chacun me
« plaint et personne ne me détermine. La dépense
« de cet homme est immense et les demandes
« qu'il ne fait qu'en commandant sont extraordi-
« naires... Il entre comme en triomphe dans les
« lieux de son passage. »

Déjà délicate, la mission de Saint-Olon risquait de devenir impossible s'il avait fallu exécuter strictement les instructions du marquis de Torcy qui parvinrent à Avignon au moment où l'ambassade persane venait elle-même d'y entrer.

« J'ai reçu, Monsieur », écrivait de Versailles le marquis de Torcy à Saint-Olon sous la date de 16 décembre, « la lettre que vous avez pris la
« peine de m'écrire le huitième de ce mois, et
« j'ai eu l'honneur d'en faire la lecture au roi.
« Ce qu'elle contient se renferme principalement
« dans les prétentions formées par l'ambassa-
« deur de Perse de vouloir être accompagné dans
« son voyage par les gardes qu'il a eus auprès de
« lui depuis son arrivée à Marseille, et de faire

---

1. A. E. Perse, t. 3, f° 312.

« des entrées dans toutes les villes de son pas-
« sage. Vous remarquez, en même temps, que sa
« suite grossissant chaque jour, la dépense devient
« aussi plus considérable tant pour le traitement
« que pour les voitures.

« A l'égard du premier point, vous ferez con-
« naître à l'ambassadeur de Perse qu'il serait
« contre l'usage de lui donner des gardes, que
« loin que ce fût une distinction pour lui, ce
« serait donner lieu de croire qu'on se défierait
« de ses intentions et qu'on le regarderait plutôt
« comme un prisonnier que comme un ministre
« revêtu d'un caractère public. Vous pouvez
« même lui citer l'exemple de ce qui se passe à
« cet égard dans les seules occasions où la guerre
« étant déclarée à quelques puissances, l'on donne
« des gardes à leurs ambassadeurs auprès de Sa
« Majesté pour les conduire jusque sur la frontière,
« et pour les empêcher d'entretenir des relations
« ou de prendre des connaissances contraires au
« service du roi. Qu'ainsi on ne pourrait lu
« accorder ce qu'il demande sur ce point sans
« agir contre la dignité de son caractère, et qu'il
« aurait lui-même intérêt de s'y opposer si on le
« lui proposait. Lorsqu'il sera instruit de l'usage
« et des raisons qui portent à lui refuser cette
« demande, il ne doit pas insister pour l'obtenir
« car il aurait lieu de regarder cette escorte
« comme un effet de défiance au lieu qu'on le

« traite comme un ami pour qui l'on ne veut rien
« avoir de caché, en supprimant une garde con-
« traignante et en lui laissant une entière liberté
« de converser avec qui bon lui semblera et de
« voir sans embarras ce qu'il croira digne de sa
« curiosité.

« Quant à la seconde prétention, ce serait bles-
« ser le respect dû au roi que de la soutenir, car
« il est contre toutes les règles que les ministres
« publics fassent des entrées dans aucun autre
« lieu que dans celui où Sa Majesté réside et cet
« usage est fondé sur la raison. Ainsi vous ne
« devez pas permettre qu'il y soit contrevenu,
« mais il est de votre sagesse, connaissant le ca-
« ractère des Orientaux qui reviennent difficile-
« ment lorsqu'une fois ils se sont persuadés qu'on
« les veut contredire, d'agir auprès de cet am-
« bassadeur par les voies d'insinuation et sans
« aigreur ni sans impatience, ainsi que vous
« savez qu'il convient de se conduire avec des
« gens qui ne reviennent de leurs préjugés et de
« leurs entêtements que lorsqu'ils voient que
« l'humeur ni la vivacité n'ont point de part à la
« conduite que l'on tient avec eux.

« L'article qui regarde la dépense du traite-
« ment de cet ambassadeur mérite d'autant plus
« d'attention que sa suite étant déjà nombreuse
« peut encore le devenir davantage, et qu'il n'est
« pas possible de lui prescrire des bornes à cet

« égard. Il est cependant d'autant plus nécessaire
« de fixer cette dépense qu'il paraît que cet ambas-
« sadeur ne compte pas quitter la France de quel-
« que temps. Tâchez donc de lui faire insinuer
« de se charger lui-même de sa dépense et de
« celle de sa suite moyennant l'argent qu'on lui
« donnerait par jour. Je crois que dans le fond il
« aimerait mieux ce parti que celui d'être défrayé,
« parce qu'il espérerait quelque profit pour lui
« en retranchant son nombreux cortège. Mais que
« peut-être que par honneur il refusera la propo-
« sition si elle est faite par vous. Ainsi chargez-
« en l'abbé Richard ou tel autre que vous juge-
« rez capable de la faire goûter à l'ambassadeur.
« M. Arnoul écrit à M. le comte de Pontchar-
« train que cet ambassadeur a dépensé 300 livres,
« par jour depuis qu'il est à Marseille. On pour-
« rait lui donner à l'avenir les mêmes 300 livres,
« même 400 par jour, s'il était nécessaire, et
« quoique cette somme soit forte, le roi n'y per-
« drait pas.

« Vous aurez reçu peu de jours après que
« votre lettre a été écrite une remise de 6000 livres
« payables à votre ordre à Marseille. Cette somme
« servira pour les premières dépenses du voyage,
« et M. Desmarets [1] fera remettre incessamment de

---

1. Desmarets (Nicolas, marquis de Maillebois) 1648-1721.
Neveu de Colbert, il devint maître des requêtes en 1678 et
intendant des finances en 1683. Tombé en disgrâce à la mort

« nouveaux fonds à Lyon pour sa continuation.
« Et à l'égard des avances qui ont été faites
« jusqu'à présent par M. Arnoul pour l'entretien
« de l'ambassadeur de Perse et de sa suite, il y
« sera pourvu d'ailleurs [1]. »

Un conseil fut tenu par Saint-Olon, Dipy, Richard et Morel dès la réception de ces instructions. Une lettre collective fut ensuite adressée au secrétaire d'État des Affaires étrangères pour lui déclarer qu'on ne pouvait plus songer à interdire à l'ambassadeur les entrées publiques parce qu'il en avait pris l'habitude depuis Marseille et qu'avec un homme aussi entêté, aussi emporté, aussi féroce, il fallait craindre qu'il préférât s'en retourner en Perse [2]. Les instructions de Torcy restèrent donc lettre morte.

Il n'existe aucune relation du séjour de Mehemet Riza Beg à Avignon [3], on sait seulement par Saint-Olon [4] que l'ambassadeur refusa le com-

---

de Colbert, et exilé dans sa terre de Maillebois, il rentra en faveur en 1703. Directeur général des finances de 1703 à 1708, il remplaça Chamillart à cette époque comme contrôleur général et s'employa à trouver des ressources pour soutenir la guerre de la succession d'Espagne. Le régent le congédia dès la disparition de Louis XIV.

1. A. E. Perse, t. 3, f°s 280-283.
2. *Ibid.*, f° 317.
3. Les recherches effectuées à Avignon par M. Duhamel, archiviste du département de Vaucluse, dans les diverses archives dont il a la garde, ainsi qu'à la bibliothèque de la ville, n'ont malheureusement donné aucun résultat.
4. A. E. Perse, t. 3, f° 336.

pliment de M. le vice-légat [1] qui n'avait pour but, en se prêtant à cet acte de courtoisie, que de donner au roi des marques de son attention respectueuse pour ce qu'il croyait être agréable à Sa Majesté.

A Orange, Son Excellence fut visitée par les messieurs et les dames de la ville à qui elle offrit du thé et du café et qu'elle pria de danser. Le 30 décembre, elle entrait à Montélimar. Saint-Olon y avait envoyé à l'avance un fourrier pour préparer le logement de l'ambassade, et après quelques recherches, malgré l'absence de la propriétaire, la maison de la marquise de Rousset fut choisie. Cette noble dame devait regretter l'honneur d'avoir hébergé le Persan, car de grands dégâts furent commis par la foule qui avait envahi les appartements afin de contempler Mehemet Riza Beg. Ce personnage daigna accepter vingt livres de nougat blanc, mais un très désagréable incident le rendit plutôt antipathique à la population. Une jeune Montilienne s'étant avancée trop près de lui, apparemment pour admirer ses diamants, reçut un coup de pied. Le frère de la victime risposta par un coup de canne sur la tête d'un valet qui tomba en poussant des cris « perçants ». Aussitôt l'ambassadeur et ses gens mirent

---

1. Le vice-légat gouvernait, au nom du pape, la province ecclésiastique d'Avignon. Cette situation dura jusqu'à la réunion d'Avignon à la France (1790).

le sabre à la main, chargèrent la foule qui encombrait la maison et blessèrent assez grièvement deux Montiliens [1]. Il y eut une mêlée générale et seule l'intervention des soldats sauva les Orientaux des manifestations frappantes de l'indignation publique.

Mehemet Riza Beg coucha à Loriol le 31 décembre. Le 1ᵉʳ janvier, il arrivait à Valence. Prévenue depuis le 4 décembre, par le gouverneur de la ville, du prochain passage de l'envoyé du chah de Perse et en possession de l'ordre royal du 12 novembre qui ordonnait aux magistrats municipaux, maires ou consuls de rendre à Son Excellence les honneurs auxquels elle avait droit, l'assemblée des notables de Valence avait déjà pris certaines dispositions et fait consulter Saint-Olon à Loriol [2]. La garnison se trouva sous les armes jusqu'à la maison de M. de Bayane [3], où l'ambassadeur fut logé. La résidence de l'intendant à laquelle on avait tout d'abord pensé pour y installer le Persan, n'avait pas en effet été jugée assez propre. Cent soldats montèrent la garde à

---

1. Archives de Montélimar et baron de Costou, *Histoire de Montélimar*. Montélimar 1886, t. III, p. 342.
Journal de Montélimar du 5 mai 1853, article de M. Riondel. A. E. Perse, t. 3, fᵒ 328-334.
2. Registre des délibérations de la ville de Valence. BB. ZO.
3. Compte consulaire de Mᵉ Joachim Chorier, du 25 avril 1714 au 21 mai 1716 (Archives de Valence CC. 51).
Documents communiqués par M. Lacroix, archiviste départemental.

la porte de l'hôtel de M. de Bayane et cette attention fut aussi appréciée par Mehemet Riza Beg que le présent de la ville consistant en dix-huit livres de confitures et quatorze livres de bougies de table fines, et la harangue dont il fut salué au nom des consuls.

De Valence à Vienne par Saint-Vallier, et de Vienne à Lyon, le trajet s'effectua sans incident particulier. A Lyon, au contraire, où Saint-Olon amena l'ambassadeur le 4 janvier, selon ses prévisions, Mehemet Riza Beg signala son passage par de nouvelles bizarreries [1].

Il commença, tout d'abord, par se plaindre avec aigreur de ce que la municipalité ne l'eût pas reçu officiellement et, pour manifester sa mauvaise humeur, il refusa de voir l'intendant. Lorsqu'il fut un peu calmé, après deux jours de bouderie, il parcourut la ville à cheval, suivi de ses gens, regardant fièrement et avec mépris toutes les personnes qui le saluaient. Entré en fumant

---

1. *Almanach de la ville de Lyon pour 1716*, petit in-4° intitulé : Le grand Calendrier nouveau pour l'an bissextil 1716 dans lequel la bourgeoisie lyonnoise sera informée des jours de garde, de patrouilles et de parades; des entrées et vacances des cours du consulat, de la conservation, de la police et autres cours judiciaires, ainsi que des assemblées et cérémonies publiques de Messieurs de ville. Ensemble de plusieurs Epocques remarquables et evenemens curieux. Augmenté de plusieurs particularitez qui n'ont point parues dans les calendriers precedens. Se vend six sols.

(A Lyon chez L. Langlois, rue du petit soulier, au point du Jour.)

dans l'église Saint-Jean, il ne s'y intéressa qu'à l'horloge qu'on fit sonner trois fois pour le satisfaire, et il voulut entendre les cloches. On eut même grand'peine à l'empêcher de monter au clocher en lui représentant qu'il risquerait de se rompre le cou dans l'escalier trop étroit et trop raide. En dépit des instances qui furent faites auprès de lui, il interdit l'entrée de ses appartements à tous les hommes, même à ceux de qualité, et il n'agréa que les visites des dames. Mme la présidente Charrier eut le bonheur de lui plaire et comme elle lui faisait demander combien il avait de femmes, il répondit qu'il n'en possédait que douze mais qu'il se serait contenté d'une seule s'il en eût trouvé une aussi belle et aussi agréable qu'elle. Cette galanterie fut accompagnée d'une bourse à la persane et là se bornèrent ses libéralités à Lyon [1].

Le départ était fixé au 8. Mais l'ambassadeur ayant feint une maladie, on dut retarder la suite du voyage. Excédé des intrigues de l'abbé Richard, Saint-Olon le laissa prendre les devants pour porter au marquis de Torcy une lettre où le Persan donnait une sorte de satisfecit étrange pour les procédés dont il avait été l'objet [2].

A Versailles, d'ailleurs on commençait à perdre patience.

1. *Journal historique des matières du temps,* mars, avril 1715.
2. Pièces justificatives, p. 361.

« J'ai reçu le 1ᵉʳ janvier, mandait le marquis
« de Torcy à Saint-Olon, les lettres que vous avez
« pris la peine de m'écrire le 22 et le 24 de ce
« mois, et je vois dans l'une et dans l'autre la con-
« tinuation de vos peines et de vos embarras pour
« la conduite de l'ambassadeur de Perse. Ce que
« je vois de plus fâcheux c'est que la dépense est
« excessive, et que, quoi qu'il en coûte au roi, vous
« ne pouvez parvenir à contenter cet ambassa-
« deur. Il faut cependant mettre une règle à cette
« dépense et ne pas s'arrêter aux plaintes mal
« fondées de ce ministre. Il faut faire les choses
« honorablement comme il convient à la grandeur
« du roi et à la considération que Sa Majesté a
« pour le prince qui envoie son ambassadeur,
« mais certainement le roi de Perse ne prétend
« pas donner la loi en France, et il doit être con-
« tent quand son ambassadeur y sera traité plus
« favorablement et plus libéralement que les
« ministres de France ne l'ont été en Perse.

« Le roi de Perse n'a point fait nourrir ceux
« qui ont été dans ses États : il leur a fait seu-
« lement donner soixante écus par jour pour eux
« et pour toute leur suite. L'ambassadeur de
« Perse n'aura qu'à se louer de la magnificence
« du roi lorsqu'il lui fera payer trois et même
« quatre cents livres par jour pour lui et pour sa
« suite. Faites-lui donc entendre que c'est l'in-
« tention de Sa Majesté et vraisemblablement il

« doit être content puisqu'il vous a déjà demandé
« à faire sa dépense.

« Tâchez de faire en sorte que sur cette somme
« il se charge des voitures... Si vous êtes obligé
« de les payer, faites en sorte de les retrancher
« sur la somme de quatre cents livres par jour.
« N'oubliez rien pour ménager l'argent du roi
« qui se prodigue, et dont la profusion est très
« inutile dans cette occasion.

« Quant à la suite de l'ambassadeur, réglez-la
« suivant le mémoire que je vous envoie : il con-
« tient une liste qu'il a donnée lui-même de ses
« domestiques à M. des Alleurs. Reconnaissez donc
« bien exactement s'il a véritablement avec lui
« ceux qui sont compris dans cette liste : char-
« gez-vous, en ce cas, de les amener mais nul autre
« avec eux. Dites fermement que vous en avez
« les ordres du roi, qu'il y va de votre tête de
« ne pas les exécuter.

« Les escortes sont inutiles dans le royaume :
« la suite de l'ambassadeur est assez nombreuse
« pour ne pas craindre les voleurs. Renvoyez
« donc tout ce qui a l'air de gardes ou de trou-
« pes et marchez comme des voyageurs. Si l'am-
« bassadeur se plaint, laissez-le dire. Répondez
« seulement que chaque pays a ses coutumes, que
« vous avez les ordres du roi, et que c'est à vous
« à répondre à Sa Majesté de votre conduite.
« Quelque emporté que cet homme puisse être,

« il faudra bien qu'il se rende à vos décisions.
« Lorsque vous n'aurez pu parvenir à lui faire
« entendre raison, ne l'irritez pas par de vaines
« contestations souvent inutiles, mais exécutez
« malgré ses plaintes ce qui sera conforme à ce
« que je vous écris et vous verrez qu'au bout de
« quelques jours vous le rendrez souple et docile.

« Enfin, Monsieur, joignez aux honnêtetés beau-
« coup de fermeté sans rudesse mais décisive, et
« songez qu'il faut amener ici cet homme le plus
« tôt qu'il vous sera possible, et que ces longs
« retardements ne conviennent ni à la dignité ni
« au service du roi.

« Au reste, je ne vous indique pas le moyen
« dont vous devez vous servir pour faire enten-
« dre raison à l'ambassadeur parce que je sup-
« pose que vous devez le savoir mieux que per-
« sonne depuis le temps que vous êtes auprès
« de lui, et par la pratique que vous avez de ces
« sortes de gens [1]. »

Le marquis de Torcy en parlait à son aise. Il n'entendait, à Versailles, ni les imprécations ni la voix de taureau de Mehemet Riza Beg ; il ne souffrait pas des accès de fureur de cet envoyé à demi civilisé et, tout imprégné de la majestueuse ordonnance de la Cour de France, il ne pouvait soupçonner que le renom de Sa Majesté, la dignité

---

1. A. E. Perse, t. 3, f°s 326 sqq.

royale, fussent parfaitement indifférentes au kalender de la province d'Érivan. Saint-Olon et Morel qui voyaient la situation sous un autre aspect, enrageaient de céder aux demandes incessantes du Persan, mais ils cédaient toujours car il fallait arriver à Paris quoi qu'il pût en coûter. Cette fois encore, ils se résignèrent à ne tenir aucun compte des directions du secrétaire d'État ; ils consentirent à payer à l'ambassadeur quatre cents livres pour chaque journée de voyage depuis Marseille, bien que toutes les provisions nécessaires lui eussent été fournies gratuitement, et ils prirent même l'engagement d'agir de même jusqu'à Paris. Quant à la suppression des « entrées », il était moins que jamais possible d'y songer et, fort heureusement, un secrétaire trop léger avait oublié de joindre à la lettre du marquis de Torcy la liste des membres de l'ambassade envoyée par M. des Alleurs. C'était là une excellente excuse pour ne pas aborder une question qui eût provoqué maints orages.

Mehemet Riza Beg s'étant trouvé subitement guéri, le 9 janvier, sans doute par les concessions de Saint-Olon, l'ambassadeur se remit en marche[1]. On avait préparé pour lui une maison

---

1. M. Meliand, intendant à Lyon au contrôleur général.

23 Janvier 1715.
Lorsque l'ambassadeur de Perse est parti d'ici, M. de Saint-

à l'étape suivante, dans la localité de La Bresle. Le Persan refusa d'y loger et s'entêta à vouloir coucher dans l'église. Comme on s'y opposait avec la dernière fermeté, il avisa, dans le voisinage, une maison de campagne qui avait assez d'apparence et ce fut là qu'il s'installa par force, ayant fait enfoncer par ses gens les portes des chambres dont les clefs étaient entre les mains du propriétaire à Lyon [1].

Jusqu'à Moulins où l'on entra le 16, l'ambassadeur se montra plus docile. A Roanne toutefois (12 janvier), Morel qui n'avait pas reçu les douze mille livres annoncées par M. de Torcy fut pris d'un accès de désespoir [2]. Il écrivit qu'on

Olon qui est chargé de sa conduite, me fit connaître le peu de sûreté qu'il y avait pour sa propre personne de se trouver sans secours au milieu des domestiques de cet ambassadeur aussi brutaux que leur maître est extraordinaire dans ses procédés et dans sa conduite. Je ne pus refuser à M. de Saint-Olon la satisfaction de lui donner à sa suite cinq personnes sur la fermeté desquelles il pouvait compter, lesquelles l'ont accompagné jusques à Moulins comme de simples voyageurs qui faisaient leurs journées et qui ne prenaient aucune part à cette troupe de Persans.

Cet ambassadeur dont le caractère est encore plus singulier que vous n'avez pu vous le former sur nombre de faits bizarres qui vous en sont sans doute revenus, fait de si petites journées qu'il a consommé neuf jours à aller d'ici à Moulins où on peut se rendre très aisément en cinq journées. Ainsi ces personnes ont été quatorze jours en route.

(A. M. de Boislisle et R. de Brotonne. *Correspondance des contrôleurs généraux des Finances avec les intendants des provinces*, 3 vol. in-4°, T. III, p. 573, pièce 1771. Paris, Impr. Nationale 1897).

1. *Journal historique des matières du temps*, t. XXII, mars 1715.
2. A. E. Perse, t. 3, f° 363.

les lui fît parvenir à Montargis ou à Nemours, sinon, « il serait obligé de s'enfuir et d'abandonner tout. » — « L'ambassadeur, ajoutait-il, est « un homme furieux venu de Perse pour faire de « la dépense. Il a eu à Lyon cinq cents livres « de voitures par jour outre les quatre cents « qu'on lui donne pour la nourriture. »

Prodigue et emporté, Mehemet Riza Beg était aussi curieux et cruel. Ayant aperçu, à un quart de lieue de Moulins, le cadavre d'un malheureux qu'on avait roué vif depuis peu, il se détourna de son chemin pour aller le considérer de plus près. Lorsqu'il fut arrivé dans la ville il demanda aussitôt qu'on fît une semblable exécution afin d'avoir le divertissement d'un tel spectacle.

Comme on lui objectait qu'il n'y avait plus en prison un criminel méritant un châtiment aussi sévère, l'ambassadeur ne s'embarrassa pas de ce détail. Il offrit un de ses gens. On dut lui expliquer, sans qu'il le comprit bien, que la justice et l'équité ne permettaient pas aux chrétiens de faire mourir des hommes de la sorte, et que ce genre de mort était réservé aux voleurs, aux assassins de grand chemin, ou aux autres individus coupables de crimes atroces. Ce refus excita naturellement le courroux de Mehemet Riza Beg qui se déclara peu après atteint de colique. Certaines personnes bienveillantes attribuèrent cette indisposition « aux bains que le Persan prenait assez souvent sans se préoccuper du climat de la France moins chaud surtout au mois de janvier que celui de la Perse. » Morel, plus méfiant, estima au contraire que l'ambassadeur était peu pressé d'arriver au terme de sa course. N'avait-il pas intérêt à toucher le plus longtemps possible ses quatre cents livres quotidiennes, sans préjudice des bénéfices qu'il tirait de la vente des provisions en nature offertes par les municipalités ? La véritable explication du retard fût donnée au marquis de Torcy, par Saint-Olon, dès l'arrivée à Nevers (19 janvier). Mehemet Riza Beg s'était mis en tête, à Moulins, de donner — aux frais du roi — un repas somptueux suivi de bal, en l'honneur des dames bourgeoises et des grisettes de la ville. Son caprice dut être satisfait [1].

Entré à Nevers à deux heures de l'après-midi [2], l'ambassadeur fut conduit près du collège, chez M. de Bèze du Chollet, conseiller au parlement de Paris, où son logement était préparé. Saint-Olon descendit au « Lion d'Or » et y reçut aussitôt la visite du maire et des échevins qui désiraient s'enquérir des honneurs à rendre à l'envoyé du grand sophy. Revêtus de leur robe rouge de cérémonie et accompagnés des huissiers de la

---

1. A. E. Perse, t. 3, f° 368.
2. Parmentier, *Archives de Nevers, ou Inventaire historique des titres de la Ville*, Paris 1842, 2 vol. in-8, t. II, p. 221.

ville, ils se présentèrent ensuite à Son Excellence que M. Arvillon de Saint-Baudière, maire ancien perpétuel, harangua. Des présents consistant en livres de bougie blanche, orange, citrons et autres fruits furent offerts au Persan et, après avoir écouté les remerciements de l'ambassadeur, le maire et les échevins se retirèrent reconduits par Saint-Olon jusqu'à la porte de la rue. Le gentilhomme du roi se vit donner, pour sa part, douze perdrix, un levraut et trois douzaines de bouteilles de vin. Par ordre de la municipalité, des violons et des hautbois passèrent la journée et une partie de la nuit à charmer les oreilles de l'ambassadeur, et les sergents du quartier assemblés montèrent la garde à la porte de la maison de M. de Bèze du Chollet.

Sans chercher à s'attarder davantage, Mehemet Riza Beg quitta Nevers le dimanche 20 janvier, et après avoir traversé La Charité, Caunes, Neuville, Briare, Montargis et Nemours, il atteignit Melun à la lueur de falots le 25 janvier [1]. Les officiers de la ville et la milice bourgeoise qui étaient allés à sa rencontre sur la route de Fontainebleau, à la Croix Saint-Jacques, l'escortèrent jusqu'à l'abbaye de Saint-Père où il s'arrêta. Porteur d'un bâton de commandement, tout comme un maréchal de France, l'ambassadeur

1. G. Leroy, *Histoire de Melun*, Melun 1887, 1 vol. in-4. p. 390.

était entouré de ses gens marchant en file indienne. Après le souper, les dames furent admises à le voir et il parut enchanté de leur empressement. Il les pria de danser, les fit déchausser et asseoir à ses côtés sur un tapis, « en tailleur » ou « en singe ». Il ne cessa naturellement de fumer aussi longtemps que durèrent la représentation et le bal. La soirée se prolongea jusqu'à deux heures du matin et l'on remarqua les attentions dont furent l'objet les plus jolies personnes. Mesdemoiselles Bavault et Madelon Besnard, fille du greffier de l'hôtel de ville, partagèrent ses faveurs. Le Persan n'avait pas échappé aux compliments et harangues du gouverneur, du corps de la ville et des magistrats de l'élection, mais il les écouta sans impatience et avec une figure assez aimable. Lorsque, le lendemain, il reprit la route de Paris, il fut salué par les compagnies bourgeoises de nouveau assemblées sous les armes. Son court séjour à Melun lui laissa donc d'agréables souvenirs, et la réponse du marquis de Torcy à sa lettre datée de Lyon, qui lui fut remise avant son départ, contribua à le bien disposer.

Écrit dans le style usité en de telles occurrences, le message du secrétaire d'État des Affaires étrangères devait flatter en effet sa vanité par les louanges qu'il lui prodiguait [1].

1. A. E. Perse, t. 3, f°s 371 sqq.

« Très illustre et magnifique seigneur, disait
« le marquis de Torcy, lorsque l'abbé Richard
« m'a remis la lettre que Votre Excellence m'a
« écrite, j'ai ressenti une véritable joie d'appren-
« dre par elle-même que les ordres de l'empereur
« mon maître ayant été fidèlement exécutés, Votre
« Excellence avait lieu de se louer des honneurs
« qu'elle a reçus depuis son entrée dans l'empire
« heureux de Sa Majesté. Elle veut que ses sujets
« honorent le ministre choisi par l'invincible em-
« pereur de Perse et qu'ils connaissent l'estime
« qu'Elle fait de l'amitié de ce magnanime monar-
« que. Car enfin la distance des lieux n'empêche
« pas l'union entre les grands princes et leur
« gloire est portée aux climats les plus reculés.
« Ce que Votre Excellence n'a pu connaître de
« celle de l'empereur mon maître qu'imparfaite-
« ment par les relations même les plus fidèles,
« sera bientôt découvert à ses yeux pénétrants,
« et les lumières de son esprit sublime l'instrui-
« ront de la vérité que l'on ne peut que faible-
« ment dépeindre. Ce sera un jour heureux que
« celui où elle s'avancera jusqu'au trône d'un
« monarque aussi redoutable à ses ennemis qu'il
« est affable à ses amis et chéri de ceux qui ont
« le bonheur d'en approcher. Je félicite Votre
« Excellence de cette fortune que le choix éclairé
« de l'empereur son maître lui avait réservée. Je
« partage aussi la félicité de Votre Excellence

« puisque j'aurai celle de lui offrir et de lui ren-
« dre les services dus à son caractère. Dieu veuille
« qu'en m'en acquittant, suivant le devoir de mon
« ministère, je puisse répondre parfaitement aux
« intentions de l'empereur mon maître, porté
« d'affection pour Votre Excellence, lui faire
« oublier les fatigues, les peines et les dangers
« d'un long voyage, mériter son amitié que doi-
« vent désirer tous ceux qui ont ouï parler de ses
« vertus, persuader enfin Votre Excellence que
« je suis son ami et son serviteur. »

Mehemet Riza Beg fut charmé de cette lettre.
« Comme les approches du soleil dissipent ordi-
« nairement les nuages, ceux de l'ambassadeur
« se ressentent du même effet aux approches de
« la Cour. » En donnant cette agréable nouvelle
à Versailles [1], Saint-Olon ajoutait : « Il paraît
« plus gracieux et plus tranquille. Il fait grand
« étalage de son mérite, de ses pouvoirs et ins-
« tructions, et il exagère les jalousies que le traité
« qu'il vient faire doit causer à toutes les puis-
« sances. »

C'est, en apparence du moins, animé d'un si
excellent esprit que l'envoyé du grand sophy
parvint à Charenton le 26 janvier 1715.

Quelques difficultés qu'il eût rencontrées depuis
Érivan, Mehemet Riza Beg pouvait désormais s'ac-

---

1. A. E. Perse, t. 3, f° 392.

quitter de sa mission auprès du roi de France. Il dépendait de lui de la remplir à la satisfaction de son maître et dans l'intérêt de son pays.

CHAPITRE V

L'AMBASSADEUR A CHARENTON

L'ambassadeur de Perse fut logé à Charenton dans la maison de M. Dionis [1], secrétaire du roi. Dionis en avait spontanément fait l'offre à la Cour et cette attention lui avait valu les remerciements de M. de Torcy [2]. Il était exempté, en effet, par sa charge, de l'obligation du logement, et on lui avait promis que Sa Majesté serait instruite de sa bonne grâce.

La résidence provisoire de Mehemet Riza Beg était agréable : des jardins s'étendant en terrasses jusqu'au bord de la Seine l'entouraient, et le voisinage du bourg permettait d'installer à proximité la suite de l'ambassadeur ainsi que les personnages français, Saint-Olon, Morel et Dipy. L'ambassade persane ne devait pas, au surplus, prolonger son séjour à Charenton. Il ne s'agissait là que du prologue traditionnel de l'entrée solen-

---

1. Dionis (François-Jean), 1664-1738. Écuyer, notaire au Châtelet de Paris, échevin de la ville, secrétaire du roi.
2. A. E. Perse, t. 3, f° 390.

nelle à Paris, et la durée n'en pouvait, en principe, dépasser trois jours.

Mehemet Riza Beg, par ses caprices et ses prétentions, demeura treize jours chez Dionis.

Conformément à la tradition, dès que l'arrivée de Son Excellence fut annoncée à la Cour de Versailles, le baron de Breteuil, introducteur des ambassadeurs, ayant le privilège des entrées, se rendit auprès du roi pour prendre des ordres. L'introducteur des ambassadeurs était, sous l'ancien régime, un personnage important[1]. « Il était « censé relever du secrétaire d'État de la mai- « son du roi mais il n'avait cependant avec lui « que des relations de politesse et tous leurs exer- « cices se concertaient avec le ministre des Affai- « res étrangères [2]. » Ses fonctions étaient déli-

---

1. Jérôme de Gondi fut le premier introducteur des ambassadeurs (1585). Après lui la charge fut divisée. Jusqu'en 1792, deux introducteurs servirent à tour de rôle par semestre, sauf de 1671 à 1691, période au cours de laquelle les deux charges furent réunies entre les mains de Chabenat de Bonneuil.
L'importance de l'introducteur des ambassadeurs est restée très réelle. De nos jours ce personnage est placé, en France, sous l'autorité du ministre des Affaires étrangères et il cumule avec ses fonctions celles de chef du service du protocole. Depuis la disparition du régime monarchique et de la grande maîtrise des cérémonies, son rôle s'est plutôt étendu. On s'adresse à lui pour régler les préséances dans les cérémonies auxquelles assiste le corps diplomatique, et dans la plupart de celles où figure le gouvernement de la République. *Les Introducteurs des Ambassadeurs*, 1585-1900, Paris 1901, 1 vol. in-f°, p. 2.

2. Dufort de Cheverny, *Mémoires sur les règnes de Louis XV et de Louis XVI et sur la Révolution*, publiés par Robert de Crèvecœur, 1886, 2 vol. in-8, t. 1, p. 61.

cates, car de son caractère, de son tact et de sa dignité dépendaient souvent les bonnes relations de la Cour avec les divers représentants des puissances. « C'est le triste de notre métier, disait « l'un d'eux [1], que d'être obligés à être toujours « en garde sur les petits avantages que des minis- « tres, presque toujours gens de beaucoup d'es- « prit, cherchent à prendre ou sur nous ou dans « les audiences où nous les conduisons ; mais on « guérira plutôt tous les maux qu'on croit les plus « incurables qu'on ne guérira l'esprit de la plu- « part des ambassadeurs et des envoyés sur les « prétentions des prérogatives et des honneurs « dus à leur caractère. »

Dès qu'il s'agissait d'étrangers aussi mal éduqués ou aussi furieux que Mehemet Riza Beg, la charge d'introducteur devenait presque dangereuse.

Un hasard heureux fit, qu'en février 1715, l'introducteur des ambassadeurs en fonctions était un des plus avisés et des plus dignes. Louis-Nicolas le Tonnelier de Breteuil, baron de Preuilly [2],

1. Le baron de Breteuil.
2. Breteuil (Louis Nicolas Le Tonnelier de), baron de Preuilly, né à Montpellier le 25 septembre 1648, mort le 24 mai 1728. D'abord commis du marquis de Seignelay, puis lecteur du roi, il épousa Mlle de Normand, parente de Caumartin. En 1683, il fut envoyé à Mantoue comme ambassadeur ; puis en 1698, il obtint, grâce à la protection de Caumartin et de Pontchartrain la charge d'introducteur. M. de Breteuil a laissé de très intéressants mémoires presque entièrement encore inédits. Les originaux s'en trouvent à Paris à la bibliothèque de l'Arsenal, n°s 3859 et 3860, et à Rouen, à la bibliothèque (collec-

investi de cette charge, avait donné, depuis son entrée en charge, des preuves réitérées de son habileté et de sa fermeté. Nul n'était donc plus apte à concilier, selon le désir de Sa Majesté, le respect dû à la dignité dont Mehemet Riza Beg s'était revêtu et le souci de maintenir cet ambassadeur dans les limites de la bienséance et de la politesse.

Le baron de Breteuil, instruit par Saint-Olon du caractère bizarre de l'envoyé du roi de Perse, se montra soucieux de ne pas s'exposer de gaieté de cœur à quelque incartade. Il jugea prudent d'envoyer le matin du 27 janvier, à Charenton, Merlin du Chélas [1], secrétaire à la conduite des ambassadeurs [2], pour s'informer des dispositions

---

tion Leber, n⁰ˢ 3317-3323). Ce dernier manuscrit est aux armes de Breteuil : il a des corrections et des additions autographes. Le tome II porte cette mention : « Ce livre est pour Versailles, et le double mis au net et copié sur celui-ci est à Paris. ». C'est sans doute ce double qui se trouve au dépôt du ministère des Affaires étrangères, Fonds France, n⁰ 1851.

Les Mémoires du baron de Breteuil ont été largement utilisés pour la rédaction de cet ouvrage, car ils donnent sur l'ambassade de Mehemet Riza Beg des détails pittoresques et dont l'exactitude a pu être contrôlée dans les archives du ministère des Affaires étrangères.

1. Merlin (François Raymond) seigneur du Chélas, chevalier de Saint-Louis, gentilhomme servant de Sa Majesté, ancien capitaine de cavalerie. Il était encore en fonctions en 1718 et avait succédé en novembre 1709 à M. de Villeras, ancien capitaine au régiment du Piémont.

2. A la création de la charge d'introducteur des ambassadeurs, M. de Gondi avait pris pour l aider dans ses fonctions son secrétaire Hubert Girault. Quelques années plus tard le roi donna à Girault une des charges de secrétaire de sa chambre ; celui-ci devint alors secrétaire du roi à la conduite des

de Mehemet Riza Beg et de la manière dont il serait accueilli s'il rendait visite le jour même à Son Excellence. Cette précaution semblait utile car Breteuil avait été comblé d'égards, en 1701, lorsqu'il était allé complimenter de la part du roi, à Bourg-la-Reine, le connétable de Castille venu, au nom des Cortès espagnoles, demander le duc d'Anjou comme roi. Le connétable l'avait reçu à sa descente de carrosse, lui avait donné la droite, l'avait reconduit au carrosse et l'avait vu partir. L'introducteur ne pouvait, après de si flatteurs précédents, s'exposer bénévolement à un traitement discourtois.

Merlin revint de Charenton sans avoir pu voir l'ambassadeur; il avait causé avec Saint-Olon et les interprètes, et avait ainsi appris que non seulement le Persan n'entendait rien aux réceptions et reconduites qui se pratiquaient dans les cours de l'Europe, mais que, scrupuleusement attaché à sa religion et superstitieux à l'excès, il prétendait qu'il ne lui était pas même permis de se lever sur ses pieds pour recevoir un chrétien [1]. S'il

---

ambassadeurs. Mais ce ne fut qu'en 1608 que ses fonctions devinrent officielles : il reçut alors un brevet ordinaire en la charge de conducteur des ambassadeurs pour l'exercer près de l'introducteur.

Tandis que l'introducteur changeait chaque semestre, le secrétaire à la conduite était permanent : il était le véritable gardien de la tradition.

1. D'après Chardin, les Persans étaient cependant des gens fort polis et complimenteurs. « Ils ne manquent jamais de

avait su, comme il le dit dans ses mémoires, l'histoire de Mahomet et les règles de la religion de l'Islam, le baron de Breteuil eût bien obligé l'ambassadeur à se lever pour le recevoir. Enfin, si Gaudereau, le curé d'Amboise, qui avait passé quatorze ans en Perse et qui servit par la suite d'interprète, avait été déjà à Paris, il eût fait connaître à l'introducteur que les plus grands seigneurs de la Cour de Perse se levaient pour recevoir les chrétiens de qualité. Malheureusement les fonctions d'interprète étaient à ce moment dévolues au « petit missionnaire » Richard qui, loin d'indiquer à Mehemet Riza Beg les civilités nécessaires avec ceux qui venaient de la part du roi, le maintenait dans son arrogance. Ce « petit fripon » d'abbé fomentait depuis Marseille les impertinentes prétentions de l'ambassadeur. Il lui en inspirait même dont le Persan ne se fût jamais avisé tout seul, dans l'espoir que la reconnaissance du kalender d'Érivan lui vaudrait, un jour, en Perse, des avantages considérables.

Le baron de Breteuil, comme il l'avoue, se

« s'entrefaire des civilités pour le pas en se rencontrant. Ils
« ont la distinction de la droite et la gauche, mais notre main
« gauche est leur main droite comme dans tout l'Orient... Lors-
« qu'on reçoit la visite de son supérieur, on se lève dès qu'on le
« voit entrer et on fait semblant d'aller au-devant. Si on reçoit
« la visite de son égal on se lève à demi ; et si c'est de quel-
« que inférieur, mais pourtant digne d'honneur, on se meut seu-
« lement comme si on voulait se lever. » (*Op. cit.*, t. 3, p. 417,
sqq. passim).

trouva dupé. Il prit au sérieux les scrupules de Mehemet Riza Beg, et désireux de voir par lui-même ce qu'était l'ambassadeur pour en rendre compte au roi, il se décida à se rendre à Charenton. Pour justifier, à ses propres yeux, sa témérité, il considérait, d'ailleurs, qu'il n'y avait pas lieu de se préoccuper de la réception de cet ambassadeur oriental dont le cérémonial ne tirait pas à conséquence.

Le lundi 28 au matin, il partit pour la maison du sieur Dionis, accompagné de quatre carrosses à six chevaux, afin de complimenter Son Excellence persane. Il descendit chez M. de Saint-Olon qui était logé dans un pavillon voisin de la porte du bourg et qui communiquait par les jardins avec la résidence de l'ambassadeur. Il essaya une dernière fois de s'assurer que l'on ne pouvait réellement obliger Mehemet Riza Beg à se lever, mais il trouva les interprètes, aussi bien que Saint-Olon, si intimidés par les emportements du Persan, qu'il les jugea peu propres à lui faire accepter aucun cérémonial. Après quelques allées et venues, ils déclarèrent que l'ambassadeur présentait ses excuses à l'introducteur d'être obligé de le recevoir couché, et Breteuil saisit ce prétexte pour lui faire dire qu'il n'exigeait, ce jour-là, de lui aucune réception, et qu'on conviendrait des civilités à échanger lors des visites ultérieures.

Breteuil fut introduit, sur ces entrefaites, dans

la chambre de Son Excellence. « L'ambassadeur,
« écrit-il dans ses mémoires, était resté couché
« auprès du feu, la tête tournée du côté de la
« porte, sur des tapis de Perse et une espèce de
« matelas d'environ deux ou trois pouces d'épais-
« seur, dont l'étoffe ressemble assez à notre mo-
« quette; et comme leur manière est d'avoir tou-
« jours les jambes reployées sous eux et que
« l'ambassadeur est très petit, j'avoue qu'au pre-
« mier coup d'œil il me parut que c'était un gros
« singe qui était couché auprès du feu. Je ne doute
« pas que la première fois que les Persans voient
« un Européen assis sur une chaise, ils ne trou-
« vent la posture aussi ridicule que celle de l'am-
« bassadeur me l'a semblé dans cette première
« apparition. Comme les civilités de l'ambassa-
« deur furent nulles, je me contentai d'ôter mon
« chapeau en entrant, sans lui faire la révérence,
« et m'assis aussitôt sur un fauteuil tout au haut
« de la chambre vis-à-vis de lui. Le tapis sur
« lequel il était et sur lequel mon fauteuil n'était
« pas parce que c'était le tapis sur lequel il priait
« Dieu [1], laissait un assez grand espace vide entre
« lui et moi. Dès que je fus assis, de couché qu'il
« était, il s'assit sur ses jambes sur le même petit
« matelas où il était couché, et se tournant de

1. On verra par la suite la manière dont priait Mchemet
Riza Beg et l'importance ainsi que l'utilité de cet acte religieux
(p. 198).

« mon côté, il s'appuya le coude sur le carreau
« où était auparavant sa tête pour entendre mon
« compliment. Je me couvris, en m'asseyant, et lui
« fis le compliment qui suit :

« L'empereur de France, mon maître, le plus
« grand et le plus pieux des empereurs chrétiens,
« le plus magnifique des rois de l'Europe, le plus
« puissant en guerre, tant sur la terre que sur la
« mer toujours invincible, l'amour de ses peuples
« et le modèle parfait de toutes les vertus roya-
« les, m'envoie, Monsieur, vous faire un compli-
« ment de sa part et me réjouir de votre arrivée
« auprès de Paris, la capitale de son empire, la
« plus riche et la plus superbe des villes de la
« partie du monde que nous habitons. Il sait que
« l'empereur de Perse, votre maître, est le plus
« puissant et le plus magnifique empereur de
« l'Orient, et il est persuadé qu'ayant à sa Cour
« autant de personnages illustres qu'il en a, il
« vous a choisi entre eux comme un sujet d'un
« mérite distingué et capable d'être le lien de
« l'union de deux si puissants monarques. Il vous
« donnera, Monsieur, en toutes occasions, des
« marques de l'estime et de la considération qu'il
« a pour un ambassadeur qui vient de la part
« d'un si grand empereur. Pour moi, Monsieur,
« je regarde comme un bonheur d'être le premier
« à qui-il ait ordonné de vous venir complimen-
« ter de sa part. J'irai, au sortir de cette confé-

« rence, lui rendre compte de l'exécution de ses
« ordres et en prendre de nouveaux pour votre
« entrée à Paris et votre audience à la magnifi-
« que Cour de Sa Majesté Impériale. »

Mehemet Riza Beg témoigna par sa réponse la joie qu'il avait de recevoir pour la première fois un homme de considération, venant le saluer de la part du roi, et le chagrin qu'il avait eu de n'en avoir point vu depuis son débarquement en France. Il affecta même de répéter le terme d' « homme de considération » pour marquer le peu de cas qu'il avait fait de Saint-Olon, avec lequel il venait de se brouiller, et bien que le gentilhomme, « un très bon homme », eût fait tout son possible pour le contenter. Après avoir témoigné l'impatience qu'il avait de se présenter devant Sa Majesté, il ajouta maintes gracieusetés personnelles pour Breteuil. « Il me parut, ajoute
« l'introducteur sensible à ces politesses, que
« cet ambassadeur avait beaucoup d'esprit. La
« noblesse de ses gestes et de sa physionomie
« jointe au respect avec lequel je vis qu'il était
« servi, me firent juger qu'il était homme de qua-
« lité ou du moins de considération en Perse ; ce
« que les suites ont justifié malgré les bruits qui
« se répandirent peu après dans le public que
« c'était un homme de néant et que c'était même
« un fourbe qui loin d'être ambassadeur n'était
« pas même connu à la Cour de Perse. Ceux qui

« l'ont conduit depuis Marseille jusqu'à Charen-
« ton me dirent, quelques jours après, que depuis
« ce moment-là son humeur, qui leur avait tou-
« jours paru féroce, s'était fort changée et adou-
« cie parce que sa vanité avait commencé d'être
« satisfaite. Mais les gens naturellement emportés
« retombent aisément dans la violence, et quand
« elle est secondée du pouvoir que la superstition
« a sur les hommes et du prétexte qu'ils en pren-
« nent, elle devient fureur pour peu qu'on y
« résiste, comme on le vit le jour de son entrée. »

Après un échange de compliments réciproques, le Persan fit donner au baron de Breteuil du café, du thé et du sorbet, selon la coutume orientale, et l'introducteur repartit en carrosse, sans reconduite, pour informer le roi, à Versailles, de son entrevue avec l'ambassadeur du grand sophy.

Louis XIV se préoccupait infiniment de l'ambassade persane malgré son grand âge, ses infirmités et la détresse de la chose publique. Depuis l'arrivée de l'ambassadeur il s'était tenu au courant des faits et gestes de Mehemet Riza Beg et il semblait accueillir avec un réel plaisir les hommages de ce personnage extravagant. Dans le but d'honorer l'envoyé du grand sophy, il désigna, après son entretien avec le baron de Breteuil, le maréchal de Matignon [1] pour aller,

1. Matignon (Charles-Auguste de), comte de Gacé, 1646-1729, arrière-petit-fils du maréchal Jacques de Matignon, fit ses pre-

le jour de l'entrée publique à Paris, chercher l'ambassadeur à Charenton et l'accompagner jusqu'à l'hôtel des ambassadeurs. Ce témoignage flatteur de l'estime royale aurait dû charmer Son Excellence : il ne la rendit que plus emportée.

A la réflexion, en effet, Mehemet Riza Beg s'était indigné du traitement dont il était l'objet et qu'il regardait comme attentatoire à sa dignité. Il avait exhalé des plaintes parce que le baron de Breteuil n'était pas venu le saluer à deux lieues de la ville, le 26 janvier, et, averti sottement par l'abbé Richard des doutes émis sur l'authenticité de sa mission, il s'en était formalisé. Son humeur en était devenue fort mauvaise et ses prétentions pour l'avenir avaient beaucoup augmenté.

La visite du marquis de Torcy, trois jours après son installation à Charenton, l'avait calmé quelques heures, mais son méchant naturel avait bientôt reparu. La curiosité qu'il excitait eût été cependant de nature à le satisfaire. Il y avait moins de carrosses à l'Opéra un soir de nouveau spectacle, qu'à sa porte, et les gens de qualité, les personnes les plus distinguées, se disputaient l'honneur de l'entrevoir sinon de l'entretenir. Le

---

mières armes sous le duc de la Feuillade, accompagna en 1708 le prince Édouard dans son expédition d'Écosse et reçut ensuite le gouvernement de l'Aunis et le maréchalat.

café, le thé, le sorbet étaient servis à toute heure et Morel réglait sans relâche les comptes les plus exorbitants.

Lorsque, le 1ᵉʳ février, le baron de Breteuil reparut à Charenton, avec les instructions royales, pour régler l'entrée publique à Paris de l'ambassade persane et en fixer la date, il ne s'attendait guère aux difficultés qu'on lui opposerait, aux chicanes de détail ou d'étiquette qu'il aurait à subir. L'ambassadeur le reçut avec une politesse infinie [1], l'assurant qu'il ne se fâchait pas quand il parlait à un homme raisonnable. « Il est, « comme on dit, bien de son pays, ajoutait Breteuil « en rapportant ces paroles au marquis de Torcy, « de parler ainsi de moi, chétive créature, mais « les interprètes et M. de Saint-Olon sont éton-« nés de la modération et de la douceur qu'il a « avec moi. Il m'affirme qu'il sera mon ami. » Trompé par ces dispositions apparentes, l'introducteur des ambassadeurs devait être confondu de l'entêtement qu'on lui opposa.

La conférence qu'il eut avec Mehemet Riza Beg ne dura pas moins de quatre heures et elle n'aboutit à aucun résultat. « La différence de « nos manières et de nos coutumes est si grande, « écrit le baron de Breteuil, qu'il est bien diffi-« cile de faire convenir un homme dont on ne

---

1. A. E. Perse, t. 3, f° 404.

« parle point la langue, de se conformer à des
« usages qui lui sont entièremont inconnus sur-
« tout quand il est aussi peu docile que Mehemet
« Riza Beg. » Nul n'était cependant mieux préparé
que l'introducteur à traiter de questions d'étiquette avec un Persan : n'avait-il pas pris soin
de se mettre au fait des usages du pays en lisant
le récit du voyage de Chardin [1] et de l'ambassade
de don Silva de Figuerroa en Perse? Le petit
missionnaire Richard, bien qu'assez ignorant de
la langue qu'il prétendait parler, avait hélas
« gâté l'esprit » de l'ambassadeur en lui mettant
dans la tête qu'à force de s'obstiner, il obtien-
drait tout ce que sa vanité lui suggérait. Mehemet Riza Beg ne ménagea donc ni ses plaintes ni
ses cris.

1. Chardin (Jean), né à Paris le 26 novembre 1643, mort à Londres le 26 janvier 1713. Fils d'un joaillier et protestant, il entreprit en 1664 un premier voyage aux Indes orientales pour les opérations commerciales de son père. De retour en Perse, en 1665, après avoir été à Surate par terre, il ne revint en France qu'en 1670. Ayant constaté que sa religion était loin d'être en faveur, il repartit pour la Perse le 17 août 1671, d'où il passa aux Indes à la fin de 1677. Ayant regagné l'Europe par le cap de Bonne-Espérance, il se fixa à Londres le 14 avril 1681 et y reçut de Charles II le titre de chevalier. Il y publia la première édition de ses *Voyages* en 1686. Nommé par Charles II plénipotentiaire auprès des États de Hollande et désigné comme agent auprès de ces mêmes États par la Compagnie anglaise des Indes orientales, il en profita pour faire imprimer une nouvelle édition (1711) de son ouvrage dont le succès fut considérable. *Les voyages du chevalier Chardin en Perse et autres lieux de l'Orient*, sont restés célèbres et sont considérés encore aujourd'hui comme l'un des livres les meilleurs et les plus intéressants qui aient été donnés sur la Perse.

Il manifesta la volonté d'être accompagné de Charenton à l'hôtel des ambassadeurs à Paris par le marquis de Torcy en personne. D'après lui, ce haut personnage était le grand vizir du roi : en Perse, disait-il, le grand vizir venait chercher les ambassadeurs ; le même honneur lui devait, dès lors, être accordé, et si le jour de l'entrée le secrétaire d'État des Affaires étrangères ne lui amenait pas le carrosse de Sa Majesté, il était décidé à ne pas quitter Charenton. Cette prétention « impertinente » était insoutenable. Jamais un secrétaire d'État n'avait conduit aucun ambassadeur même à l'audience royale, et jamais, en Perse, le grand vizir n'avait joué le rôle que Mehemet Riza Beg lui assignait. L'usage consacré faisait charger un maréchal de France de la conduite d'un ambassadeur et rien ne pouvait justifier une dérogation à cette coutume. Mais l'ambassadeur s'obstinait: depuis quelques jours cette idée avait germé dans son esprit et il avait même poussé l'inconvenance jusqu'à la formuler par écrit, mettant en doute les explications qu'on lui avait données sur la situation et les fonctions d'un secrétaire d'État. « Je suis surpris, avait-il mandé à Torcy [1], qu'on « veuille me faire entendre et qu'on pense que « vous n'êtes pas grand vizir et que je ne suis pas « ambassadeur. C'est vouloir faire entrer, sui-

---

1. A. E. Perse, t. 4, f° 191.

« vant le proverbe, la pique dans un gros ballot,
« et se préserver des rayons du soleil en se cou-
« vrant le visage de boue. Dans peu de temps
« ceux qui avancent de telles choses seront con-
« fondus. »

A ces affirmations gratuites, le baron de Breteuil répondait que les ministres d'État du roi de France n'avaient pas le nom de grand vizir ni aucun nom qui fût équivalent à cette appellation. Assurément M. de Torcy et ses trois collègues exerçaient, chacun dans le département dont ils étaient chargés, les mêmes fonctions que le grand vizir persan, mais quoique leur autorité fût la plus grande du royaume, ils n'étaient en fait que les secrétaires du roi chargés d'écrire les résolutions qui leur étaient dictées. Obligés par leurs fonctions mêmes à ne pas quitter le souverain, ils ne pouvaient paraître qu'aux cérémonies où Sa Majesté assistait en personne. Tous ces arguments, corroborés par les premiers commis du secrétaire d'État des Affaires étrangères [1] furent développés avec force par le baron de Breteuil. « Quoique je
« me fusse servi en cela, ajoute l'introducteur,
« des mêmes termes dont M. de Lionne [2], minis-
« tre d'État, s'était servi en l'année 1669 en par-

---

1. A. E. Perse, t. 3, f° 407.
2. Lionne (Hugues de), 1611-1671, ambassadeur à Rome (1656), fut envoyé en 1657 à la diète de Francfort et nommé ministre d'État en 1659 ; secrétaire d'État des Affaires étrangères 1663-1671.

« lant à un envoyé du grand seigneur et que
« j'eusse pris ces termes dans une relation impri-
« mée le 23 novembre de la même année, cepen-
« dant quelques-uns de ces messieurs crurent que
« je n'avais pas parlé assez dignement de leurs
« charges, et firent une plaisanterie de ma réponse
« en disant que je les avais traités de scribes. Le
« roi, à qui on le conta, dit que je n'avais pas
« grand tort et que la qualité que je leur avais
« donnée était véritablement celle qui leur con-
« venait, mais qu'il était persuadé qu'il y aurait
« quelqu'un d'eux à qui cela ne plairait guère.
« J'étais ami des quatre et j'étais bien éloigné
« d'avoir voulu rien dire qui leur déplût, aussi
« leur dois-je cette justice qu'ils n'en ont jamais
« parlé qu'en badinant et qu'aucun d'eux n'en a
« été véritablement fâché. Mais comme cette plai-
« santerie courut non seulement à Paris mais
« dans toutes les provinces, et le roi étant mort
« sept mois après, les charges de secrétaires se
« trouvèrent réduites à presque rien, chacun a
« renouvelé mon discours et dit que j'avais été
« un prophète de malheur pour eux puisque j'avais
« annoncé sept mois auparavant leur véritable
« état [1]. » Afin de démontrer au Persan l'inanité

1. A la mort de Louis XIV, il y eut une sorte de réaction contre l'institution ministérielle. On entreprit de remplacer les quatre secrétaires d'État et le contrôleur général par cinq conseils recrutés parmi les membres de la noblesse et aussi parmi ceux des conseils d'État et des cours souveraines. Ce fut

de ses prétentions, l'introducteur lui représenta encore que pour la conduite d'un ambassadeur et son entrée publique à Paris, rien n'était plus grand et plus noble que les maréchaux de France. N'étaient-ce point les généraux des armées du roi et les seuls juges de la noblesse de France dans les questions d'honneur? Le baron de Breteuil, fatigué de cette discussion, se résigna à laisser entre les mains de Mehemet Riza Beg une note écrite sur les attributions des secrétaires d'État.

La deuxième difficulté soulevée par Son Excellence était relative au mode d'entrée à Paris. Mehemet Riza Beg voulait effectuer son entrée à cheval et cette innovation troublait le cérémonial. Sur ce point toutefois une transaction était possible. L'introducteur proposait que l'ambassadeur montât à cheval au faubourg Saint-Antoine et s'avançât alors, flanqué à droite du maréchal de Matignon, et à gauche de l'introducteur. Il se rendrait, par contre, dès le matin, dans le carrosse royal [1], de Charenton au faubourg Saint-Antoine, et sous la condition expresse que le maré-

---

le régime de la *polysynodie* (pluralité des conseils). Il dégénéra « en vraie pétaudière » et les ministres furent rétablis en 1718. A. Rambaud, *Histoire de la Civilisation française*, Paris 1887, 2 vol. in-12, t. 2, p. 26.

1. Le carrosse du roi était « la plus incommode des voitures » avec ses portières en glaces, ses huit places et ses huit chevaux. Il était garni de velours cramoisi, de crépines et de point d'Espagne en or.

chal de Matignon serait dans le fond du carrosse à côté de lui, et Breteuil vis-à-vis. Sinon, il n'aurait pas le carrosse du roi, ni par conséquent ceux des princes de la maison royale qui suivaient la voiture de Sa Majesté en de telles occurrences. Au cas où l'ambassadeur se refuserait à admettre le voisinage du maréchal de Matignon, personne ne le viendrait chercher à Charenton, et il ne serait attendu qu'à l'entrée du faubourg Saint-Antoine où il se rendrait soit à cheval, soit dans un carrosse de louage à son choix. Cette réserve formelle et cette menace s'expliquaient par le vif désir du Persan de monter dans le carrosse du roi, qu'on lui avait dit, à Marseille, être d'une magnificence extrême, et par le refus qu'il opposait d'être assis dans ce carrosse avec les envoyés du roi. Il déclarait que sa religion lui défendait d'être assez près d'un chrétien pour en être touché et de s'enfermer dans une boîte avec lui. Sous ce prétexte, d'ailleurs absolument ridicule et faux, Saint-Olon qui « craignait l'ambassadeur plus que le feu », avait eu la patience de le laisser voyager seul de Marseille à Paris, ce qui avait entraîné la dépense supplémentaire d'une litière pour le gentilhomme du roi.

En troisième lieu il y avait contestation sur le jour et l'heure de l'entrée. Mehemet Riza Beg prétendait attendre un jour « heureux »[1] et choisir

---

1. « Les Persans, dit Chardin (*op. cit.*, t. 4, p. 443), sont super-

une heure propice. La lune de février qui allait commencer était, disait-il, particulièrement néfaste, et sur les mille malheurs dont il pouvait être accablé dans l'année, neuf cent quatre-vingt-dix-neuf arriveraient certainement au cours de cette période lunaire. Il eût fallu, pour échapper au destin, arriver à Paris dès le 27 janvier : cette date étant passée, il convenait d'ajourner toute cérémonie solennelle. Enfin la superstition de l'ambassadeur le déterminait à exiger de franchir la porte du faubourg Saint-Antoine deux heures après le lever du soleil. Le baron de Breteuil, au cours de son entretien prolongé avec Mehemet Riza Beg, chercha inutilement à vaincre ces scrupules. L'ambassadeur consentit à faire feuilleter une fois de plus et devant lui, par son mollah, le Coran et plusieurs autres livres : aucun jour heureux en février ne put être trouvé et sur ce point non plus aucun accommodement ne fut possible. L'introducteur quitta Charenton à quatre heures de l'après-midi, tout découragé de

« stitieux sur les temps et sur les jours, jusqu'à l'extravagance
« ou la fureur. La plupart dépendent des astrologues et autres
« devins comme un enfant de sa nourrice. Par exemple, quand
« le roi est en voyage, les astrologues le feront lever la nuit,
« lorsqu'il dort le plus fort, pour le faire partir, le feront mar-
« cher par le plus vilain temps et lui feront faire cent corvées
« pour éviter le *nehhoucet* ou la *mauvaise étoile*. Les jours
« *noirs* ou malheureux sont nombreux : le plus redouté est le
« dernier mercredi du mois de sefer. Mais en général, le mer-
« credi est un jour blanc ou heureux, soi-disant parce que la
« lumière fut créée ce jour-là. »

l'insuccès de sa négociation, et assez inquiet de ce qu'en penserait le roi.

Dès le lendemain matin (2 février), il remontait en carrosse et retournait chez l'ambassadeur. La nuit avait porté conseil et Mehemet Riza Beg, satisfait au fond d'avoir tenu quelque temps l'introducteur en échec par ses exigences, mais aussi préoccupé des effets de son obstination, s'était brusquement décidé à céder sur la plupart des points en litige. Il déclara être convaincu maintenant, grâce aux explications écrites qu'on lui avait laissées, de l'impossibilité où le marquis de Torcy était de l'accompagner puisqu'il n'était pas grand vizir. Il ajouta qu'à force de chercher dans ses livres, il avait constaté que le jeudi 7 février pouvait être un jour assez heureux et qu'il accepterait de monter en carrosse avec le maréchal de Matignon pourvu que ce dernier ne se mît pas à côté de lui. Le baron de Breteuil, dont l'énergie était accrue par ce succès inespéré, refusa cette proposition. Il posa très nettement la question : pas de carrosse du roi ou le maréchal de Matignon à côté de Mehemet Riza Beg, et lui-même vis-à-vis, sur le devant.

Le Persan n'avait plus qu'à s'incliner et il s'inclina en effet devant cet ultimatum. Pour éviter l'application des règles, à lui inconnues, du cérémonial français sur les réceptions, les reconduites usitées lorsqu'un maréchal de France et l'introducteur allaient prendre un ambassadeur pour l'entrée publique, il fut convenu que M. de Matignon et le baron de Breteuil arriveraient, le 7 février, avec le carrosse du roi, à la porte du jardin de Dionis la plus proche de la maison où logeait Saint-Olon. A ce même moment, Mehemet Riza Beg se promènerait, par un heureux hasard, dans le jardin ; il ne serait point ainsi question de cérémonie pour recevoir les envoyés du roi et ceux-ci conduiraient directement Son Excellence au carrosse royal.

Cette ingénieuse subtilité paraissait devoir prévenir tout incident. Le baron de Breteuil s'en montra fier et se rendit tout joyeux à Versailles, le dimanche 3 février, rendre compte à Sa Majesté de ce qui s'était passé à Charenton. Il lui appartenait encore de régler la composition et la marche du cortège, de prendre les ordres du roi à ce sujet, et de faire préparer à Paris le logement de l'ambassadeur, toutes besognes délicates qui avaient dû être ajournées jusqu'après l'entente préliminaire avec Mehemet Riza Beg.

Le Persan, de son côté, sans trop regretter les concessions qu'il avait dû faire, en avait gardé quelque amertume. Il devait le marquer par un tour de sa façon dont la Cour de Versailles tout entière frémit d'indignation quand elle en fut instruite.

CHAPITRE VI

ENTRÉE A PARIS
DE L'AMBASSADEUR PERSAN

(7 FÉVRIER 1715)

Les ambassadeurs envoyés à la Cour de France jouissaient, sous l'ancienne monarchie, du privilège d'effectuer solennellement leur première entrée à Paris. Cet usage s'était établi pour honorer les souverains qui accréditaient des missions extraordinaires ou permanentes auprès du roi, et pour donner à leurs représentants une haute idée de la majesté royale.

Les entrées, dont le cérémonial variait peu afin de ne froisser par aucune différence d'étiquette les susceptibilités des ambassadeurs, étaient entourées d'apparat. Les carrosses du roi et des princes et princesses de la maison royale, se joignant au cortège, en rehaussaient l'éclat par leur magnificence. Le peuple de Paris se montrait fort épris de ce genre de spectacle et son empressement à se porter sur le passage des nouveaux ambassadeurs était extrême. Dès qu'il s'agis-

ENTRÉE A PARIS DE L'AMBASSADEUR DE PERSE
7 février 1715

sait de personnages exotiques, la curiosité naturelle se trouvait encore surexcitée. La réception des Moscovites en 1668 et celle des Siamois en 1686 avaient provoqué un vif intérêt, et nul n'avait regretté, en cette double circonstance, une coutume que Voltaire devait tenter de ridiculiser en affirmant qu'elle consistait, « à se ruiner pour aller en procession par les rues avec quelques carrosses rétablis et redorés, précédés de quelques laquais à pieds [1]. »

Louis XIV, pénétré de sa grandeur et désireux de la marquer aux yeux de tous, avait tenu, pendant son règne, à faire donner aux entrées des ambassadeurs un éclat tout particulier. Aussi était-il à prévoir que Mehemet Riza Beg recevrait un accueil magnifique. Et, de fait, son orgueil ne devait pas souffrir dans la journée du 7 février.

La réputation d'excentricité que Son Excellence persane s'était acquise à la Cour depuis son débarquement et son séjour à Marseille, s'était répandue dans le peuple. On se promettait donc un véritable plaisir de contempler un homme extraordinaire, venu au surplus d'un pays peu connu. Les relations des agents que le roi avait envoyés en Perse étaient restées confinées au dépôt des Affaires étrangères ou dans le cabinet

---

[1]. Ce curieux passage est cité par M. Pradier-Fodéré dans son *Cours de droit diplomatique* (I, p. 451).

du secrétaire d'État ; les récits de quelques marchands, tel que le célèbre chevalier Chardin, et ceux de quelques missionnaires, fournissaient seuls aux gazettes des renseignements sommaires sur le royaume du grand sophy. Quant au vulgaire, à peine avait-il ouï dire, jusque là, qu'il existât une Perse et des Persans.

Tout concourait ainsi à transformer Mehemet Riza Beg en un personnage étrange et merveilleux et son succès populaire était certain.

En dépit de sa majesté, Louis XIV se montrait aussi curieux de l'ambassadeur que le plus simple des Parisiens. Il s'était diverti des rapports de Saint-Olon et du baron de Breteuil, et sa vanité était flattée que le bruit de sa renommée et de sa gloire parvenu jusqu'à Ispahan, eût déterminé le roi des rois à lui dépêcher l'un de ses dignitaires. Sa condescendance amusée, son indulgence si rare lorsque les questions d'étiquette étaient en jeu, avaient prouvé aux courtisans surpris son intérêt pour Mehemet Riza Beg et l'importance qu'il attachait à la mission du kalender d'Érivan.

En bon courtisan, le baron de Breteuil était informé de ces dispositions : il devait y trouver un motif suffisant pour ne pas se montrer lui-même intransigeant à l'égard des prétentions de Mehemet Riza Beg. Au cours de l'entretien qu'il eut avec le roi pour lui soumettre les bases de l'accord intervenu avec l'ambassadeur, il donna des preuves si réelles de son esprit conciliant que Louis XIV les jugea un peu exagérées. On décida tout d'abord que la grande [1] et la petite écurie [2] fourniraient, par moitié, le nombre de chevaux de selle désirés par le Persan pour l'entrée du 7 février. La petite écurie fut également chargée de procurer les mulets et le brancard nécessaires au transport des présents du roi de Perse. M. le Premier de Lorraine [3], grand écuyer de France, commandant la grande écurie, et le marquis de Beringhen [4], premier écuyer et chef de la petite écurie, devaient être informés

---

1. La grande écurie était dirigée par le grand écuyer. Elle avait des selleries splendides et un manège utilisé parfois pour des carrousels ou des représentations théâtrales. Magnifiquement réorganisée en 1666, elle renfermait, à la fin du règne de Louis XIV, plus de deux cents chevaux de manège et près de cent coureurs anglais à courte queue pour la promenade ou la chasse. Le bâtiment de la grande écurie est occupé aujourd'hui par des ateliers d'artillerie. Il fait pendant sur la place d'Armes à la petite écurie.

2. La petite écurie était commandée par le premier écuyer. Elle comprenait les chevaux, voitures, pages et valets de pied dont le roi se servait constamment ainsi que les litières et les chaises. C'est aujourd'hui une caserne du génie.

3. Lorraine (Louis de), comte d'Armagnac, dit Monsieur le Grand, appellation ordinaire du grand écuyer. Il était le fils de Henri de Lorraine, comte d'Harcourt, lui-même, deuxième fils de Charles Ier de Lorraine, duc d'Elbeuf ; il succéda à son père comme grand écuyer en 1658 et mourut en 1718.

4. Beringhen (Jacques-Louis, marquis de), né en 1651, mort en 1723, premier écuyer de Louis XIV, membre honoraire de l'Académie des inscriptions. Sa famille, originaire du pays de Clèves, vint s'établir en France au milieu du xvie siècle. Son père, dont parle Tallemant des Réaux, avait été premier écuyer de la petite écurie.

de la volonté royale par le baron de Breteuil qui arrêterait avec eux le nombre et la qualité des chevaux.

L'introducteur obtint aussi de Sa Majesté huit trompettes de sa chambre pour accompagner les présents, à l'exemple de ce qui avait été fait lors de l'entrée des Siamois. Mais, par contre, la prétention émise par l'ambassadeur que des troupes vinssent au-devant de lui jusqu'à Charenton et marchassent à ses côtés dans Paris, fut écartée formellement. Le roi refusa de même, malgré les instances de Breteuil, deux compagnies de ses mousquetaires et ne consentit pas davantage à laisser les troupes de sa maison prendre position dans l'avenue de Versailles le jour de l'audience.

La coutume exigeait qu'un ambassadeur après l'entrée à Paris logeât quelques jours dans l'hôtel destiné aux ministres étrangers et y fût traité « par présents »[1]. Les Moscovites ayant bénéficié de cet usage, bien que considérés comme des demi-barbares, il semblait qu'on dût agir de même pour Mehemet Riza Beg. Le baron de Breteuil, peut-être un peu découragé par l'échec inat-

---

1. Il y avait deux manières de traiter les ambassadeurs « par présents » ou « par officiers ». Quand ils étaient « traités par présents », les ambassadeurs étaient servis par leurs domestiques, le vin étant, ainsi que les viandes non cuites, apportés du dehors de la part du roi. Être « traités par officiers » c'était l'être par les maîtres d'hôtel et autres officiers du roi, les viandes étant cuites dans l'hôtel par les cuisiniers du roi. *Cérémonial français*, t. II, p. 775.

tendu de ses dernières suggestions, exposa au roi qu'il valait mieux rompre, en cette occasion, avec la tradition. On économiserait ainsi de quatorze à quinze mille livres, et il n'en résulterait aucun incident fâcheux. L'ambassadeur ne recevait-il pas déjà une allocation quotidienne avec laquelle il subvenait à ses besoins et à ceux de sa suite? La lui supprimer pendant quelques jours était impossible, et d'ailleurs à quoi bon lui fournir des provisions qui seraient perdues puisque Son Excellence se refusait à manger les mets et confitures préparés par des chrétiens, et qu'elle n'acceptait que la viande des animaux tués par ses gens et apprêtée à la mode de son pays.

Louis XIV s'inclina devant ces arguments irréfutables : il chargea donc Breteuil d'aller dire à M. le Duc, premier prince du sang, grand maître de la maison royale [1], qu'il n'y aurait pas de traitement « par présents » pour Mehemet Riza Beg.

A son retour de Versailles, l'introducteur eut à choisir la maison qui servirait de relai, le jour de l'entrée, entre Charenton et l'hôtel des ambassadeurs. Le roi avait en effet admis que, par dérogation aux usages, Mehemet Riza Beg quittât son carrosse à la porte Saint-Antoine et se montrât à cheval aux Parisiens. Breteuil ne pou-

---

1. Bourbon (Louis-Henri, prince de Condé, duc de) 1692-1740. Il devint premier ministre en 1723.

vait songer à utiliser la maison dite de Rambouillet et qui servait d'ordinaire pour les ambassadeurs non catholiques, car elle était alors démeublée et le chemin qui y conduisait depuis le faubourg Saint-Antoine était en fort mauvais état. Le sieur Titon de Villegenou, propriétaire d'une belle maison précisément située dans la grande rue du même faubourg, consentit volontiers à la mettre à la disposition de l'ambassadeur.

Une dernière question dut encore être tranchée. Le 5 février, d'Argenson [1], lieutenant général de la police de Paris, écrivait au baron de Breteuil que la compagnie des inspecteurs de police, récemment formée par ses soins, se trouverait bien vêtue et bien montée à la porte de Titon. Il exprimait, à cette occasion, le vœu que cette compagnie fût autorisée à se joindre au cortège de l'ambassadeur. Le lendemain, jaloux de l'honneur sollicité par d'Argenson pour les inspecteurs de police, des délégués de la compagnie du guet à cheval de Paris et de celle du prévôt de l'Ile de France venaient trouver l'introducteur afin de réclamer également une place. La compagnie du guet à cheval invoquait son ancienneté pour

---

1. D'Argenson (Marc-René, Voyer de Paulmy), né en 1652, mort en 1721, fut lieutenant-général au bailliage d'Angoulême, puis lieutenant-général de la police de Paris.

Son fils René-Louis, fut ministre des Affaires étrangères du 19 novembre 1744 au 3 janvier 1747.

obtenir le pas sur les inspecteurs, et la compagnie du prévôt demandait à fermer la marche. D'Argenson, consulté par Breteuil, répondit qu'il n'avait d'autorité sur les gens du guet que pendant la nuit et qu'il n'avait aucune action sur les gens du prévôt. La question devenait délicate et l'introducteur se trouvait fort embarrassé. S'étant avisé que la présence des trois compagnies à l'entrée de Mehemet Riza Beg constituerait un précédent, il se tira d'affaire en prenant l'avis du roi. Un courrier spécial, envoyé à bonne allure au comte de Pontchartrain, rapporta les ordres de Sa Majesté. Louis XIV décidait que les compagnies du guet et de la maréchaussée ne prendraient pas place dans le cortège, et qu'elles rempliraient, le 7 février, leurs fonctions habituelles en maintenant l'ordre à Paris et dans la campagne. La réponse était muette en ce qui concernait les inspecteurs de police : d'Argenson en profita pour leur faire donner satisfaction au dernier moment.

Entre temps, les chevaux de main des écuries royales destinés à l'entrée avaient été conduits à Charenton. Les écuyers qui les accompagnaient les avaient présentés magnifiquement harnachés à l'ambassadeur. Mehemet Riza Beg ayant voulu en essayer un après lui avoir fait mettre un mors à la persane, la bête s'emporta et faillit précipiter Son Excellence du haut des terrasses du jardin. Le Persan, très marri de cette mésaventure, ne manqua pas de l'attribuer à l'influence néfaste de la lune de février, et y trouva un prétexte de plus pour donner libre cours à sa mauvaise humeur.

Le jeudi 7 février, au matin, Breteuil plein d'espoir dans le succès d'une journée si minutieusement réglée, alla chercher le maréchal de Matignon dans le carrosse du roi et se rendit avec lui à Charenton. Le diable, hélas, se mit de la partie pour brouiller les choses et les gens. La pluie tombait à grosses gouttes. Tout avait été prévu sauf cet accident qui rendait impossible l'exécution du cérémonial arrêté si laborieusement avec l'ambassadeur. Plus de rencontre fortuite dans les jardins, plus de conduite au carrosse où devait attendre le maréchal de Matignon. Il fallait improviser une solution et se résigner à aller prendre l'ambassadeur dans sa maison, suivi de tous les carrosses des princes et princesses. Mais le baron de Breteuil, rendu méfiant par l'expérience, ne voulut pas exposer le maréchal à quelque avanie du Persan. Il supposait, avec raison, que Mehemet Riza Beg recommencerait le jeu qu'il avait joué lors de leur première entrevue, et qu'il prendrait prétexte de sa religion pour ne se point lever et se refuser à saluer les représentants du roi. Le compte rendu que l'introducteur donne, dans ses mémoires, de ses négociations préliminaires avec

Son Excellence, ne manque pas de piquant :
« Je lui dis, écrit-il, que s'il voulait éviter toute
« cérémonie, il pouvait descendre seul jusqu'au
« carrosse auprès duquel le maréchal de Matignon
« et moi l'attendrions, qu'en l'abordant nous le
« mettrions entre nous deux, et que le maréchal
« lui ferait les honneurs du carrosse, que cette
« manière se pratiquait avec les nonces du pape
« lorsqu'on va les prendre dans le carrosse du roi
« pour l'entrée. Il refusa de le faire et me dit
« qu'il était informé que M. de Matignon et moi
« devions monter et nous asseoir dans sa cham-
« bre et qu'il nous y ferait donner du café et du
« thé. Je lui dis que nous le ferions volontiers s'il
« voulait nous recevoir avec les civilités convena-
« bles, et que, comme il n'était pas accoutumé aux
« conduites et reconduites que nous observons en
« pareille occasion avec les ambassadeurs de
« l'Europe, nous nous contenterions s'il se levait
« de dessus son fauteuil, quand nous entrerions
« dans sa chambre, car ses carreaux et ses tapis
« étaient déjà allés à Paris. Il refusa absolument
« de le faire, sous le prétexte, déjà cité, que sa loi
« le lui défendait. Je lui proposai de se lever
« avant que nous fussions entrés, et de faire,
« quand nous entrerions, quelques pas dans sa
« chambre pour aller au carrosse, qu'ainsi ce ne
« serait point pour des chrétiens qu'il se lèverait
« mais pour aller au carrosse. Il refusa encore cet

« expédient et quelques autres semblables que je
« lui proposai, et cela avec un ton de colère et
« tant d'emportement que je fus enfin obligé de
« lui dire que s'il ne voulait pas faire la civilité
« que je lui demandais, qui était certainement la
« moindre qu'on pouvait exiger de lui, il ne ferait
« point d'entrée à Paris, et que, s'il ne faisait point
« d'entrée, il n'aurait point d'audience du roi et
« ne rendrait point à Sa Majesté la lettre du roi
« de Perse. Et comme loin d'écouter la raison,
« son emportement et son obstination à refuser
« augmentaient, je le quittai pour aller concerter
« avec le maréchal de Matignon, qui m'attendait
« en bas, de monter en carrosse sans l'ambassa-
« deur et de feindre de nous en aller, persuadé
« que l'ambassadeur, qui n'avait ni pot ni écuelle
« lavée à Charenton — parce qu'il avait tout
« envoyé dès le matin à Paris et qu'il se laisserait
« plutôt mourir de faim que de manger de ce qui
« serait apprêté par des chrétiens —, reviendrait
« à lui dès qu'il nous verrait partir et nous enver-
« rait prier de revenir. »

La scène avait été jusqu'à ce moment assez vive. D'après le baron de Breteuil elle ne semble, toutefois, pas avoir atteint le caractère de violence que lui prêta plus tard le *Journal historique des matières du temps*[1]. Si l'on devait en croire cette

---

1. Août 1715.

gazette, l'introducteur, exaspéré des résistances de Mehemet Riza Beg, lui aurait fait poser cette question : « Apprenez-moi, Monsieur, qui vous « êtes? Êtes-vous le roi de Perse? » Et l'ambassadeur ayant répondu, avec une espèce d'exclamation : « A Dieu ne plaise ! Je ne suis qu'un de « ses moindres esclaves », Breteuil aurait riposté : « Eh bien donc, morbleu, esclave pour esclave, « rendez, en qualité d'esclave du roi de Perse à « l'esclave du roi mon maître, les honneurs qu'on « vous rend ici ! » L'argument, ajoute le *Journal historique*, parut avoir interdit la parole à l'ambassadeur et rabattu quelque chose de sa fierté.

Quoi qu'il en fût, Mehemet Riza Beg méditait une revanche. La fermeté de Breteuil l'avait surpris : il tenta, en leurrant l'introducteur, d'échapper aux conséquences possibles de son entêtement.

Son appartement s'ouvrait de plain pied sur les jardins qui s'étageaient en terrasses jusqu'au bord de la rivière où le carrosse royal attendait. Les chevaux de selle préparés pour servir à l'entrée à Paris, se trouvaient par hasard devant les fenêtres. Dès que l'introducteur fut sorti de sa chambre, l'ambassadeur se précipita au dehors et monta sur son cheval, comptant bien de cette façon éviter la peine de se lever pour recevoir le maréchal. Aussitôt prévenu de cette nouvelle incartade, le baron de Breteuil accourut. Il s'ensuivit un incident dramatique et les choses faillirent fort mal tourner.

« Je remontai avec précipitation, raconte l'in-
« troducteur, et trouvant le Persan encore dans le
« jardin auprès de la porte de la salle où il fai-
« sait accommoder son étrier, je saisis la bride
« de son cheval et lui dis que certainement je
« l'en ferais descendre. Outré de fureur, il
« demanda dans le moment son sabre au page qui
« le portait et qui était déjà à cheval à côté de
« lui. Je le regardai de sang-froid attacher son
« sabre à son côté et mettre la main sur la poi-
« gnée; je lui fis demander ce qu'il en voulait
« faire, et le tirant un peu du fourreau, il poussa
« son cheval. Je trouvai heureusement sous ma
« main deux des gardes du prévôt de la marine
« qui l'ont accompagné depuis Marseille ; je leur
« commandai d'aller fermer les portes du jardin
« et d'empêcher que l'ambassadeur ni aucun de
« ses gens n'en sortissent. Il entendait déjà assez
« le français pour avoir compris ce que je disais,
« et croyant que je voulais le faire prisonnier, il
« se jeta encore avec plus de fureur au bas de
« son cheval, et courut se remettre dans le fau-
« teuil où je l'avais trouvé en arrivant; je l'y
« suivis et je m'assis dans un fauteuil auprès de
« lui, et tâchai par douceur et par raison de le
« faire revenir de son égarement ; je lui répétai
« que je croyais sa loi trop raisonnable pour que

« ce fût selon elle un grand péché d'être civil
« avec des personnes de qualité distinguée, et
« que s'il ne voulait pas en faire aux chrétiens,
« il ne devait pas se charger d'une ambassade
« auprès du Roi Très-Chrétien. Je lui répétai
« encore que, s'il ne se levait point, il n'y aurait
« point d'entrée, ni d'audience du roi pour lui.
« A ces paroles, sa tête s'échauffa au point qu'à
« un clin d'œil qu'il fit à ses gens, six de ses fusi-
« liers entrèrent dans la chambre, et me vinrent
« environner, le fusil bandé ; je lui fis dire par
« l'interprète que d'un coup de sifflet j'en ferais
« venir six cents, et six mille s'il en était besoin,
« et qu'enfin je le forcerais à se conformer aux
« ordres que j'avais du roi. Comme à la fin ma
« tête s'était échauffée aussi bien que la sienne,
« je lui dis ces dernières paroles avec un ton si
« ferme qu'il vit bien qu'il n'y avait plus moyen
« de reculer, et enfin je le saisis par les boutons
« de sa veste, et le fis lever malgré lui. Il s'ap-
« puya à sa cheminée, et dans le moment je fis
« appeler le maréchal de Matignon, et l'ayant
« été joindre à la porte de la chambre, nous
« approchions ensemble, à pas comptés, de l'am-
« bassadeur, quand, au lieu de marcher posément
« pour nous recevoir, il prit sa course du côté
« du degré pour s'aller jeter dans le carrosse
« avec une telle impétuosité qu'il renversa deux
« ou trois des gentilshommes des princes du

« sang qui, attentifs à l'événement de notre dis-
« pute, remplissaient le degré ; nous le suivîmes
« et montâmes en carrosse. Le maréchal de Mati-
« gnon se mit dans le fond de derrière à sa gau-
« che. Je me mis dans le fond de devant vis-à-
« vis de l'ambassadeur, Saint-Olon à côté de
« moi, et l'interprète Padéry sur le strapontin.
« Tous les gens de l'ambassadeur à cheval, mar-
« chèrent devant notre carrosse aussi bien que
« tous les chevaux de main, et le brancard des
« présents, et son porte-étendard marcha à la
« portière jusque chez Titon.

« L'ambassadeur était trop en colère contre
« moi pour que je pusse lui rien faire dire. Le
« maréchal de Matignon, contre qui il n'avait
« aucun sujet de l'être, lui fit faire inutilement
« toutes les honnêtetés possibles pendant la mar-
« che : il lui tourna toujours le dos, et n'ouvrit
« la bouche pendant tout le chemin que pour
« me faire dire, par l'interprète, que s'il avait
« mis la main sur son sabre, ce n'avait point été
« pour me menacer, mais c'était qu'il jurait sur
« son sabre, un des plus grands jurements, dit-il,
« qu'il pût faire, et il répéta deux ou trois fois
« qu'il s'informerait si le roi m'avait donné ordre
« de lui faire changer de religion, parce que je
« lui en aurais fait violer les maximes, première-
« ment, en lui faisant faire son entrée à Paris
« dans la lune de février, réputée si malheu-

« reuse dans sa loi qu'on n'oserait faire aucune
« entreprise jusqu'à tant que le 13 de cette lune
« soit passé, secondement en le faisant lever pour
« des chrétiens.

« Il avait manqué l'étrier, comme j'ai dit, la
« veille, en essayant un cheval, et il plut beaucoup
« le jour de son entrée, et tout cela parce que,
« disait-il, je l'avais forcé à faire son entrée
« avant le 13 de la lune. Et quand il fut revenu
« de ses emportements, il attribua aux mauvaises
« influences de cette même lune toutes les extra-
« vagances qu'il fit pendant tout le jour de son
« entrée, et dont il s'est entièrement corrigé
« dans la suite, du moins à mon égard. »

Le trajet s'effectua donc d'une façon assez morose entre Charenton et Paris. Les brigades de la maréchaussée, disséminées sur la route, avaient rendu les honneurs, et elles furent remplacées à l'entrée du faubourg Saint-Antoine par les compagnies du guet qui maintinrent l'ordre dans les rues et carrefours jusqu'à l'hôtel des ambassadeurs. Les inspecteurs de police avaient pris position devant la maison de Titon et leur chef, au nom de M. d'Argenson, renouvela ses instances, lorsque Breteuil descendit du carrosse royal, pour que sa compagnie pût figurer dans le cortège. Cette faveur lui fut accordée, et on assigna aux inspecteurs le rôle d'un peloton d'avant-garde. Le sieur Titon avait fait largement les choses : un grand repas était préparé chez lui, et il parut vraiment fâcheux de n'en manger qu'un peu et debout. Les hautbois des mousquetaires, spécialement convoqués, jouèrent dans la pièce où l'ambassadeur se reposait, ayant auprès de lui une pyramide de fruits crus. La musique et les parents de Titon qui se trouvaient dans la maison adoucirent quelque peu l'humeur de Son Excellence « car les dames avaient un grand ascendant sur son esprit. » Mais dès que Mehemet Riza Beg fut monté à cheval, il redevint bourru et le resta. On ne put en tirer aucun mot jusqu'à la fin de la cérémonie.

Le compte rendu assez sommaire donné par le baron de Breteuil de la « marche de l'entrée »[1] prouve du moins que les ordres et les désirs de Louis XIV avaient été scrupuleusement exécutés et obéis. Il y eut de la pompe, presque de la majesté, dans l'ordonnance du cortège qui se déroula à travers les rues et les places de la capitale. La curieuse gravure du temps[2] où se trouve reproduit un épisode de l'entrée de Mehemet Riza Beg sur la place Royale, fait supposer que l'affluence des badauds dut être considérable, et qu'il fut prudent d'avoir confiné les compagnies du guet dans leurs fonctions de police. Pressés aux

1. Voir aussi la *Gazette de France* du 16 février 1715.
2. Voir p. 114.

fenêtres, bousculés sur la chaussée, les curieux eurent le loisir d'admirer Son Excellence, l'ambassadeur n'avançant qu'à très petits pas. Le spectacle valait d'ailleurs la peine d'être contemplé car l'on vit ainsi :

« La compagnie des inspecteurs de police à
« cheval, uniformément habillés, qui marchait à
« la tête de tout.

« A la distance de trente ou quarante pas, le
« carrosse du baron de Breteuil, précédé de ses
« domestiques à cheval.

« Ceux du maréchal de Matignon, précédés de
« même.

« Un brancard, porté par des mulets du roi,
« sur lequel étaient les présents que l'ambassa-
« deur apporte au roi de la part du roi de Perse ;
« devant et derrière ce brancard, huit trompettes
« de la chambre du roi.

« Douze chevaux en main des écuries du roi,
« magnifiquement harnachés et menés par des
« palefreniers de Sa Majesté.

« Quatre chevaux de Sa Majesté avec des har-
« nais à la persane, et menés en main par des
« Persans.

« Dix Persans ou Arméniens à cheval portant
« haut de riches fusils appuyés sur la cuisse.

« (Si Merlin, secrétaire à la conduite des ambas-
« sadeurs, n'avait point été malade, il aurait mar-
« ché seul à cette place-là, immédiatement après

« ces fusiliers et immédiatement devant les pre-
« miers du cortège de l'ambassadeur, à la tête
« duquel cortège le secrétaire à la conduite
« doit toujours marcher, soit à cheval, soit à
« pied).

« Le marchand arménien nommé Agobjan,
« chargé du soin des présents du roi de Perse,
« et à côté de lui le page de l'ambassadeur qui
« portait sa pipe.

« Son maître des cérémonies, son secrétaire et
« son mollah, c'est-à-dire le docteur de sa loi.

« L'interprète Padéry seul, car Dipy venait de
« mourir à Charenton.

« Saint-Olon seul.

« L'ambassadeur sur son cheval harnaché à la
« persane, avec le maréchal de Matignon à sa
« droite, et le baron de Breteuil à sa gauche,
« marchant tous trois de front et sur des chevaux
« magnifiquement harnachés.

« Les laquais persans et arméniens de l'am-
« bassadeur autour de son cheval.

« Ceux du maréchal de Matignon et du baron
« de Breteuil à côté de leurs chevaux.

« L'écuyer de l'ambassadeur qui portait l'éten-
« dard du roi de Perse, et marchait immédiate-
« ment derrière lui, ainsi qu'un page portant le
« sabre de l'ambassadeur appuyé sur sa cuisse.

« Deux gentilshommes du maréchal de Mati-
« gnon marchaient derrière lui et un gentil-

« homme du baron de Breteuil pareillement der-
« rière lui.

« La marche était fermée par le carrosse du
« roi et par ceux de Mme la duchesse de Berry,
« de Madame, de Monsieur le duc d'Orléans,
« ceux de la princesse de Condé, de la duchesse
« de Bourbon, des deux princesses douairières de
« Conti, du prince de Conti et de la princesse de
« Conti, du duc et de la duchesse du Maine, du
« comte de Toulouse, de la duchesse de Vendôme,
« et celui du marquis de Torcy, ministre et secré-
« taire d'État pour les Affaires étrangères. »

La mauvaise humeur de Mehemet Riza Beg
durait encore quand on arriva à l'hôtel des
ambassadeurs. Il se jeta à bas de son cheval et,
sans faire le moindre remerciement ni la moindre
civilité au maréchal de Matignon et à Breteuil, « il
se fourra dans le degré » et le monta avec une
précipitation féroce sans regarder seulement derrière lui, « ce qui nous obligea, ajoute le baron
« de Breteuil, dans ses mémoires, le maréchal et
« moi, de tourner bride et de sortir de l'hôtel
« sans le conduire à son appartement, ainsi que
« c'est la coutume, et sans lui faire aucune civi-
« lité.

« On ne vint point le complimenter à l'hôtel
« de la part du roi ni de la famille royale,
« comme on a fait à pareil jour pour les autres
« ambassadeurs, non qu'on voulût retrancher à

« celui-ci aucun des honneurs qu'on fait aux
« autres, mais outre que l'on n'avait point à pareil
« jour été complimenter les ambassadeurs de
« Moscovie, et de plus, c'est qu'il aurait été abso-
« lument impossible de faire comprendre à ce
« Persan les réceptions et les reconduites qu'il
« faut faire en pareil cas, — et j'avoue que j'au-
« rais été bien embarrassé dans l'humeur où notre
« Persan était, si j'avais eu à faire recevoir ce
« jour-là tous les compliments de la famille
« royale à cet ours mal léché, — car il est pres-
« que impossible de croire qu'un homme qui a de
« l'esprit autant que celui-là en a, vînt-il d'une
« île déserte où il n'aurait vécu qu'avec des bêtes
« sauvages, soit aussi éloigné de vouloir faire ce
« qu'on lui conseille pour la dignité de son carac-
« tère. »

L'hôtel où Mehemet Riza Beg fut ainsi abandonné à son sort, était celui où « l'on festinait
les grandeurs » [1]. Ancienne demeure du maréchal d'Ancre, il était situé rue de Tournon et il
servait depuis 1636 à loger les représentants
étrangers [2]. Un personnel composé d'un con-

---

1. Expression employée par *la Muse historique*.
2. Il sert actuellement de caserne à la Garde républicaine. L'ambassadeur d'Angleterre y fut logé en 1636. Cet hôtel étant devenu la propriété du duc de Nivernais, on chercha à le remplacer et on se servit successivement de l'hôtel du Petit Bourbon, de l'hôtel Pontchartrain, situé rue neuve des Petits Champs, puis de l'hôtel d'Évreux (aujourd'hui Palais de l'Ély-

cierge et de deux jardiniers en assurait la garde et l'entretien ; lorsqu'une ambassade extraordinaire était annoncée ou qu'un ambassadeur permanent allait prendre possession de ses fonctions auprès du roi, les tapissiers de la Cour et du Garde-Meuble étaient chargés, sous la haute direction de l'introducteur, de l'aménagement des appartements.

Louis XIV ayant ordonné de faire descendre le Persan rue de Tournon, le baron de Breteuil avait averti aussitôt le duc de Tresmes [1], premier gentilhomme de la chambre en année, à qui l'usage réservait le privilège d'envoyer, à l'hôtel des ambassadeurs, l'intendant des meubles de la couronne avec ses gens. Ce dernier s'était mis alors en rapport avec l'introducteur par l'intermédiaire du premier commis du Garde-Meuble, et les dispositions avaient été prises pour que l'ameublement fût magnifique. Saint-Olon avait eu la précaution d'adresser, de Moulins, la liste exacte et complète de la suite de Son Excellence, et grâce à ses indications, aucune difficulté ne se produisit pour l'attribution des appartements. L'aménagement en était d'ailleurs très

---

sée) acheté par le roi au marquis de Marigny après la mort de Mme de Pompadour.

1. Tresmes (François-Bernard Potier de Gesvres, duc de) 1655-1739. Pair de France, combattit en Hollande, devint gouverneur de Paris en 1704. Exerça les fonctions de grand-chambellan au premier lit de justice tenu par Louis XV.

réussi. On avait meublé l'hôtel des plus belles tapisseries à personnages du Garde-Meuble et, pour respecter les préceptes de la religion des Persans qui leur interdisent d'avoir aucune figure d'hommes ou de femmes dans les lieux où ils prient, l'introducteur avait eu le soin de faire placer dans la chambre de Mehemet Riza Beg une tapisserie sans personnages, en velours vert à bandes brodées d'or. La répartition des chambres fut faite par le baron de Breteuil lui-même, conformément aux droits qu'il tenait de sa charge. En prévision des visites ou séjours qu'il serait appelé à effectuer à l'hôtel, l'introducteur s'était réservé une grande chambre, sans lit, comme bureau. Il appartenait à Saint-Olon seul de coucher dans l'hôtel, d'y avoir table ouverte de vingt-quatre couverts et de s'assurer que les quatre hommes des cent suisses, exigés par l'étiquette, étaient installés à leur poste, deux à la porte de l'hôtel sur la rue et deux à la porte de la salle à manger. En raison de la multitude qui stationna, du moins pendant les premières semaines, devant la demeure des Persans, les quatre hommes des cent suisses ne devaient pas, d'ailleurs, quitter leur faction à la porte de la rue.

Quand l'ambassadeur du grand sophy prit possession de ses appartements, tout était prêt pour le recevoir, lui, sa suite, Saint-Olon et les interprètes. L'absence de Breteuil n'entraîna pas trop de confusion et chacun s'installa comme l'introducteur l'avait réglé d'avance. Il n'y eut guère que certaines protestations de l'abbé Richard, à qui sa chambre parut trop froide et trop exiguë, mais ces plaintes restèrent sans résultat et l'on estima même inconvenant qu'un petit abbé osât créer des difficultés. On devait le faire taire en le menaçant de l'envoyer loger dans la maison des missionnaires.

Commencée dans d'assez fâcheuses conditions, la journée du 7 février 1715 se termina donc honorablement. Mehemet Riza Beg était entré à Paris d'une façon très convenable. L'accueil que la foule lui avait réservé avait été somme toute sympathique ; il fût devenu chaleureux si Son Excellence eût paru moins morose et daigné sourire. L'ambassadeur, en dépit de la lune néfaste de février, avait échappé aux catastrophes qu'il s'était plu à prédire et que, par son entêtement et son orgueil, il avait, d'ailleurs, tout fait pour provoquer.

CHAPITRE VII

L'AUDIENCE ROYALE
DU 19 FÉVRIER 1715

La réception de Mehemet Riza Beg à Versailles eut lieu le 19 février 1715 et fut magnifique. Restée moins célèbre que les audiences accordées au doge de Gênes et aux Siamois, elle a cependant évoqué, si même elle ne les a surpassées, les cérémonies les plus fastueuses de la période glorieuse du règne.

Pour la première fois depuis *quarante-sept ans* Louis XIV parut ce jour-là sur son trône, dans la grande galerie de Versailles, entouré de toute la pompe royale. La Cour, obéissant aux ordres du vieux monarque, sembla sortir du sommeil léthargique où les malheurs de la guerre de la succession d'Espagne et les pertes douloureuses de la dynastie l'avaient plongée, et les contemporains ne dissimulèrent point la surprise que cet événement extraordinaire leur causa.

Faut-il voir encore dans l'accueil réservé à l'ambassadeur persan un effet du désir des ministres de flatter le roi, et de faire accroire

L'AUDIENCE ROYALE DU 19 FÉVRIER 1715
D'après une estampe du temps. (*Collection de l'auteur.*)

à Sa Majesté, comme le déclare Saint-Simon [1],
que l'ambassade persane « ramenait l'apogée
« de son ancienne gloire, en un mot de la jouer
« impudemment pour lui plaire » ? Louis XIV
obéit-il seulement, en cette circonstance, à un
mouvement de vanité sénile ? Ce serait singulièrement rabaisser l'importance d'une journée
historique et prêter au Roi Soleil une crédu-
lité qu'il ne témoigna guère dans les dernières
heures de sa vie. Sans doute les apparences pouvaient confirmer la méfiance instinctive des courtisans, et Mehemet Riza Beg n'avait que trop contribué à discréditer, par avance, sa mission. Mais
en dépit des affirmations contraires, il s'agissait
bien d'une ambassade authentique et les honneurs rendus au Persan étaient légitimes. Il parut
donc à Louis XIV qu'il convenait de traiter l'envoyé du roi des rois comme l'avaient été les
ambassadeurs des autres princes orientaux. Les
revers militaires éprouvés par la France rendaient encore plus nécessaire l'affirmation publique et solennelle de la grandeur de la monarchie,
et en cette occasion, le souci de la dignité du
pays se confondait pour le roi de France avec
son plaisir personnel. Que Louis XIV ait trouvé
de l'agrément dans l'audience de Mehemet Riza
Beg, cela est certain : qu'il n'ait été guidé que

---

[1] Saint-Simon, *Mémoires* (éd. Chéruel), t. 11, p. 88-91.

par un sentiment égoïste, il est injuste de le penser. Quant aux ministres accusés d'avoir obéi à des préoccupations d'ordre inférieur, ils trouvent dans l'histoire qui les juge sur les documents officiels, une justification éclatante ; les conseils qu'ils ont donnés étaient inspirés par un intérêt commercial évident et peut-être aussi par une pensée politique.

Louis XIV ne se décida, comme on le sait maintenant, à entourer la réception du Persan d'un éclat particulier qu'après l'examen de la lettre du roi de Perse accréditant Mehemet Riza Beg en qualité d'ambassadeur extraordinaire. Il manifesta, tout d'abord, de la répugnance à accepter les propositions du baron de Breteuil relatives au cérémonial de l'audience et l'introducteur des ambassadeurs ne songe pas à dissimuler les hésitations royales, lorsqu'il écrit dans ses mémoires :

« Je pris les ordres de Sa Majesté pour l'au-
« dience, et lui représentai que cet ambassadeur
« venant de la part du plus magnifique souverain
« de l'Orient, empereur du plus ancien empire
« du monde, je croyais qu'il convenait que Sa
« Majesté fît élever un trône au bout de la galerie
« comme Elle l'avait fait pour recevoir les satis-
« factions du doge de Gênes et même pour les
« ambassadeurs du roi de Siam, prince infini-
« ment moins puissant et moins considérable que

« le roi de Perse ; qu'un ambassadeur, à qui la
« puissance de la France était entièrement incon-
« nue, ne pouvait juger de la grandeur du monar-
« que que par la magnificence extérieure qui lui
« frapperait les yeux ; qu'il convenait encore que
« Sa Majesté parût avec toutes les pierreries de
« sa couronne et ordonnât à sa Cour d'être ma-
« gnifiquement vêtue. Je fus éconduit sur l'une
« et l'autre de ces propositions. » Le roi marqua
en effet sa volonté de recevoir simplement Mehemet Riza Beg dans la chambre du trône de son
appartement [1], où il n'y avait qu'une estrade
d'une seule marche, les motifs d'argent qui décoraient jadis le trône d'apparat ayant été fondus
pour les nécessités de la guerre. Breteuil objecta
en vain à Sa Majesté que sa bonne mine et son
air majestueux suffisaient à orner un trône.
« Ce n'était point, ajoute-t-il en racontant cet
« incident, une flatterie de courtisan, car jamais
« prince ni même aucun autre homme n'a con-
« servé dans un âge si avancé une mine aussi
« haute et aussi grande que le roi. » Louis XIV
ne s'était pourtant pas rendu à cette raison et
lorsqu'il fixa l'audience de l'ambassadeur au
mardi 12 février, il consentit, tout au plus, à

---

1. La chambre du trône de l'appartement du roi était la salle
d'Apollon du château actuel de Versailles. Louis XIV y donnait audience aux ambassadeurs et l'on y voit encore les trois
crochets qui servaient à suspendre le dais.

ajourner ses résolutions définitives jusqu'au moment où Son Excellence aurait communiqué ses lettres de créance.

Mehemet Riza Beg se montra très contrarié que le roi désirât le faire venir à Versailles avant la fin de la lune funeste de février, c'est-à-dire avant le 18 du même mois. Sa répugnance se manifesta par l'envoi au marquis de Torcy de son secrétaire et de Padéry, afin d'obtenir que la date de l'audience fût changée. N'attribuait-il pas à l'influence de cette lune maudite les fâcheux incidents qui s'étaient produits avec le maréchal de Matignon et Breteuil ? Le secrétaire d'État des Affaires étrangères jugea préférable, avant de saisir le roi de la question, de venir s'entretenir avec l'ambassadeur. Il se rendit incognito, avec l'introducteur, à l'hôtel de la rue de Tournon et Breteuil, qui savait le plaisir que Mehemet Riza Beg éprouverait de cette visite, en tira parti assez habilement. Au moment d'entrer dans l'appartement du Persan, il fit dire à Son Excellence qu'il n'était plus question de faire des façons pour se lever devant un chrétien puisqu'après tant de disputes elle s'était levée à Charenton. Mehemet Riza Beg en convint, mais trouva un moyen ingénieux de se soustraire, une fois de plus, aux lois de la politesse. L'arrivée du marquis de Torcy coïncidait avec l'heure de la prière. Or, pour accomplir ses dévotions, l'ambassadeur était obligé de quitter ses vêtements dorés. Il s'arrangea donc de telle sorte qu'à l'entrée du secrétaire d'État dans sa chambre, il achevait d'enfiler les manches de son habit, et qu'on ne pût savoir s'il était debout pour recevoir ses visiteurs ou pour terminer sa toilette. « Il est en tous les pays, remarqua Breteuil, et « pour toute loi, des accommodements avec le « ciel. » Dès qu'il fut prêt, Mehemet Riza Beg alla s'asseoir sur des coussins placés entre le lit et la cheminée et il fit donner au ministre et à l'introducteur deux fauteuils[1]. Comme le tapis de la chambre où il les recevait était celui qui servait à la prière, on jeta par-dessus une couverture de laine afin que les fauteuils fussent près des coussins et que les pieds des chrétiens ne touchassent cependant pas le tapis.

Le marquis de Torcy qui avait appris la grande querelle survenue la veille, à Charenton, tenait à être le négociateur de la réconciliation. L'ambassadeur accepta, sans trop de difficultés, de se raccommoder avec Breteuil, lui donna la main et

---

1. « Malgré l'envie qu'il avait de recevoir les visites des « prétendus vizirs, et malgré les honneurs qu'on rend en Perse « à cette dignité, l'ambassadeur étant au fond de la chambre « proche la cheminée qui était vis-à-vis des fenêtres aux« quelles le marquis de Torcy et moi avions le dos tourné, « il est constant que cet ambassadeur était assis à la place « d'honneur, tant il a été impossible de lui faire comprendre « ce qui est du devoir de la civilité en Europe. » (Note autographe du marquis de Breteuil sur la copie de ses *Mémoires*.)

lui offrit une orange en signe de paix. Depuis ce moment, l'introducteur et le Persan devaient être les meilleurs amis du monde. Son Excellence ne manqua pas ensuite de renouveler ses instances pour l'ajournement de l'audience. Torcy promit de signaler à Sa Majesté les inquiétudes de l'ambassadeur et cette obligeance n'empêcha pas Mehemet Riza Beg de se montrer à peine poli lorsque le secrétaire d'État se retira. Il ne se leva qu'à demi sur les genoux « ce que nous « avons su depuis par Gaudereau, curé d'Am- « boise, ajoute Breteuil, être une incivilité qu'il « affecta et qui, apparemment, lui avait été ins- « pirée dans les commencements de son arrivée « en France par le missionnaire Richard, qui « cherchait à lui plaire en flattant sa vanité et « en ne nous avertissant pas des usages de Perse « qu'il devait savoir [1]. »

Son Excellence réfléchit sans doute, après le

---

1. « Les Persans (Chardin, *op. cit*, t. 3, p. 417) sont les peu-
« ples les plus civilisés de l'Orient et les plus grands compli-
« menteurs du monde. Les gens polis parmi eux peuvent aller
« de pair avec les gens les plus polis de l'Europe... Deux
« choses leur paraissent fort extravagantes dans nos manières :
« la première, de disputer aussi longtemps que nous le fai-
« sons à qui passera devant. La seconde, de se découvrir la
« tête pour faire honneur à quelqu'un, ce qui est chez eux un
« grand manque de respect et une liberté qu'on ne prend
« qu'avec ses inférieurs ou avec ses familiers amis. »
Le baron de Breteuil qui avait, de son côté, fait une enquête sur les usages persans, remarque, dans une note autographe de ses *Mémoires*, que « les Persans se lèvent debout quand on « entre chez eux et qu'on en sort par visite, mais qu'ils ne « font aucun pas pour recevoir ni pour reconduire. »

départ de Torcy, qu'il ne s'agissait plus de se comporter à l'égard du roi comme vis-à-vis de ses représentants : elle fit feuilleter avec soin par son mollah les livres de sa religion, reconnut ainsi que le mardi 12 février n'était pas un jour aussi néfaste, et qu'elle pouvait, dès lors, se soumettre à la volonté du roi. L'akond et Padéry furent invités à confirmer au secrétaire d'État et au baron de Breteuil ces dispositions favorables.

Le marquis de Torcy, rentré à Versailles, s'empressa d'instruire Louis XIV de son entretien avec le Persan. Le roi compatit à la peine que causait à Son Excellence l'influence malheureuse de la lune de février. Il daigna en même temps la récompenser de sa docilité en remettant spontanément l'audience au mardi 19. Sur son ordre, le secrétaire d'État écrivit aussitôt cette bonne nouvelle à Mehemet Riza Beg en ajoutant un conseil [1] : « souffrez que je vous « prie encore comme votre ami de chercher par-« ticulièrement à plaire au roi en vous accom-« modant à nos manières. »

Cette preuve de bienveillance du monarque impressionna l'ambassadeur qui répondit au secrétaire d'État par une lettre assez bien tournée et assez habile.

---

1. A. E. Perse, t. 3, f° 418.

« Très illustre et magnifique seigneur Colbert,
« vizir, notre intime ami, disait-il à Torcy, après
« vous avoir très humblement salué de cœur et
« d'affection, nous souhaitons que votre santé
« soit parfaite et vos jours heureux.

« Dans la conférence que j'ai eu l'honneur
« d'avoir avec Votre Grandeur, elle a bien voulu
« me faire connaître que l'empereur avait mar-
« qué un jour auquel je devais me rendre à ses
« ordres : je lui avais représenté qu'il m'était
« comme impossible de le faire avant le treizième
« de la lune parce que jusqu'à ce temps-là il ne
« se trouvait aucune heure heureuse. Cependant
« ayant fait une très sérieuse réflexion sur l'ordre
« que l'empereur, éclatant comme le soleil, avait
« donné pour mardi, ce que vous avez bien
« voulu me dire, et confrontant la présence et la
« sagesse de Sa Majesté Impériale avec tout ce
« qui pouvait nous retenir, et préférant à tout
« le bonheur de nous en approcher, nous avons
« senti notre empressement s'augmenter et nous
« nous sommes cru obligés de faire connaître à
« Votre Grandeur que nous ne pouvions pas ne
« pas nous rendre à l'heure marquée par le grand
« empereur, les paroles et les commandements
« des empereurs devant toujours être exécutés.

« Votre Grandeur nous a donné dans cette occa-
« sion des marques de sa noblesse et nous a fait
« connaître combien elle a à cœur le bonheur des

« deux empereurs, par la manière dont elle a
« représenté le tout à Sa Majesté qui, par une
« grâce toute particulière, y a bien voulu faire
« attention et, parce que l'heure n'était pas heu-
« reuse, attendre un peu et donner ses ordres
« pour le quatorzième qui est un mardi. Que Dieu
« conserve son empire, augmente sa gloire et con-
« fonde tous ses ennemis. »

Votre sincère ami,

MEHEMET RIZA BEG,
Ambassadeur.

Quelques jours avant l'audience, le baron de Breteuil vint conférer avec le Persan sur la meilleure façon d'effectuer le trajet de Paris à Versailles. Mehemet Riza Beg exprima le vœu d'user du cheval, l'unique voiture de son pays, disait-il[1]. L'introducteur y consentit, avec l'autorisation du roi, mais à deux conditions. L'une était que le maréchal de Matignon et lui ne viendraient pas chercher l'ambassadeur à Paris pour aller à Versailles, que Son Excellence s'y rendrait sans eux,

1. Tout le monde va à cheval en Perse, écrit Breteuil dans ses *Mémoires*, aussi bien à la ville qu'à la campagne et jusqu'aux moindres artisans. Un cordonnier monte à cheval pour aller porter une paire de souliers à deux rues de chez lui, ce qui fait un embarras beaucoup plus grand dans la ville d'Ispahan que le grand nombre des carrosses à 25 francs, qu'on trouve à louer sur les places et les grandes rues de Paris, n'en font dans cette ville (Note autographe).

et par conséquent, n'aurait pas à sa disposition le carrosse royal. D'après la deuxième condition, l'introducteur et le maréchal devaient coucher à Versailles la veille de l'audience, et ne rejoindre l'ambassadeur et l'ambassade qu'au lieu fixé dans l'avenue pour le changement de montures. Le Persan en tomba d'accord. Il ajouta toutefois qu'il réfléchirait encore s'il ne préférerait pas le carrosse à la cavalcade. Il demanda enfin que l'étendard du roi de Perse et ses fusiliers marchassent avec lui jusqu'à l'entrée du château et le roi agréa cette requête.

Le jeudi 14, Mehemet Riza Beg fut honoré de la visite incognito du comte de Pontchartrain, secrétaire d'État de la Marine. Le ministre vint avec Breteuil, dans le carrosse de l'introducteur, et reçut le même accueil que le marquis de Torcy. Cette fois encore l'ambassadeur affecta, bien qu'il ne priât pas à cette heure, d'achever de mettre sa veste au moment précis où ses visiteurs pénétrèrent dans sa chambre. M. de Pontchartrain essaya, à la demande de Saint-Olon, de raccommoder le gentilhomme du roi avec Son Excellence, mais il ne put tirer d'elle aucune réponse quelconque à ses discours. Mehemet Riza Beg n'entendait pas toutefois rester brouillé avec tout le monde, car le lendemain, recevant Breteuil afin de lui annoncer qu'il choisissait définitivement le carrosse du roi pour se rendre à Versailles, il le supplia de décider le maréchal de Matignon à se réconcilier avec lui. La perspective de se trouver assis entre Paris et Versailles à côté d'un personnage avec qui il était fâché, le mettait en effet dans un grand embarras et il en éprouvait, par avance, un réel malaise.

Le baron de Breteuil, ne ménageant ni son temps ni ses peines, se présenta, le 16, à Versailles, pour prendre les derniers ordres du roi et lui dire les dispositions d'esprit de l'ambassadeur. Louis XIV fixa l'audience à onze heures du matin et marqua l'endroit de la galerie où le Persan devrait commencer ses saluts, après en avoir fait un premier à la porte du salon d'où l'on devait apercevoir le trône. Sa Majesté ajouta que, d'après ses indications, il y aurait jusqu'au trône un espace vide dans lequel pourraient seuls entrer ceux qui, en pareil jour, étaient nécessaires à la conduite de l'ambassadeur. L'aménagement de la galerie était, d'ailleurs, déjà commencé ; on avait établi des barrières qui divisaient parallèlement la vaste salle en trois compartiments. Derrière ces barrières on n'admettrait que les ambassadeurs, les gens de qualité, tous devant se tenir debout, sans place réservée. Des gradins hauts de quatre rangs avaient été dressés dans toute la longueur de la galerie, face aux fenêtres, pour les princesses et les dames de la Cour. Mais à cet égard une question d'étiquette assez grave s'était posée et Breteuil apprit, de la bouche même de Louis XIV, la solution qui avait prévalu. Les princesses et les dames assisteraient incognito à la cérémonie et comme des « bayeuses »[1], puisque le roi était appelé à se lever pendant l'audience. Pour maintenir cet incognito, Sa Majesté avait décidé que les femmes ne seraient pas en « robe détroussée et à queue traînante »[2], c'est-à-dire en grand habit de cour, mais seulement en « robe de chambre » comme à Marly. Il était seulement prescrit que ces « robes de chambre » fussent magnifiques et que les dames portassent toutes leurs pierreries dans leurs cheveux. De cette manière l'assistance féminine, n'ayant pas revêtu l'habillement de cérémonie, ne serait pas contrainte de rester debout devant le roi : elle pourrait être assise sur les gradins, étant considérée comme composée de curieuses qui contempleraient un spectacle. La distinction ne manquait pas d'ingéniosité et elle faisait honneur à la subtilité du monarque et de ses courtisans.

Mehemet Riza Beg apprit avec une vive satisfaction l'apparat que le roi entendait donner à son audience. Breteuil l'en trouva même si ravi qu'il le quitta, le dimanche 17, persuadé qu'on n'aurait, avant le 19 et pendant toute cette jour-

---

[1]. Du verbe *bayer*, tenir la bouche ouverte en regardant quelque chose.
[2]. Robe décolletée et à traîne.

née, aucun orage à essuyer. Cette belle confiance ne tarda guère à être déçue. Dès le lendemain, à neuf heures du soir, Saint-Olon envoyait avertir Breteuil, sur le point de se coucher, que tout était « en combustion » à l'hôtel de la rue de Tournon, que le Persan était retombé dans ses emportements et ne voulait plus se rendre à Versailles. Il fallut donc, malgré la distance séparant la rue de Tournon de la place Royale, où logeait l'introducteur, et en dépit de la nécessité de se lever à trois ou quatre heures le matin du 19, courir au plus vite éteindre l'incendie. Breteuil, à son arrivée, constata que Saint-Olon ne l'avait pas dérangé inutilement. Mehemet Riza Beg était hors de lui et les éclats de sa voix, qu'on s'accordait à comparer aux beuglements d'un taureau, retentissaient à travers les appartements de l'hôtel. On se serait cru à Charenton, le jour de l'entrée. Lorsque Son Excellence daigna se calmer un peu et qu'une voix humaine eut des chances de se faire entendre, l'introducteur s'enquit doucement des motifs de cette furieuse colère. Il allégua son amitié, rappela les assurances obligeantes qu'il avait reçues, et apprit enfin la cause du tapage. Elle résidait en ce fait que, malgré ses instances, l'envoyé du sophy n'avait pas encore eu le bonheur de se raccommoder avec le maréchal de Matignon. Mehemet Riza Beg hurlait comme un possédé car n'ayant pas reçu la visite sans cérémonie du maréchal, il n'avait pas eu l'occasion de lui présenter ses excuses et d'offrir son amitié. Par cette indifférence, le maréchal avait témoigné une froideur blessante et sa présence dans le carrosse du roi devenait injurieuse pour l'ambassadeur. En conséquence, le Persan exigeait que son unique compagnon de route fût le baron de Breteuil.

L'introducteur était d'autant plus embarrassé qu'à son avis, M. de Matignon s'était montré bien susceptible; il avait mis tout son zèle à lui persuader qu'il ne pouvait être question de mesurer les civilités avec un homme fort éloigné de connaître les mœurs et les politesses des Cours de l'Europe. Les autres maréchaux de France avaient partagé ce sentiment auquel le roi devait donner son approbation, mais malgré tout, M. de Matignon, sur le conseil de Torcy, était resté intraitable. Blessé dans son amour-propre par les incidents qui avaient signalé la journée du 7 février, il avait tenu à le prouver au Persan. Quelle que fût son opinion personnelle, Breteuil était contraint d'en faire abstraction. Il déclara à l'ambassadeur que M. de Matignon avait été constamment malade et que sans cette indisposition il fût certes venu faire sa paix. Mehemet Riza Beg répliqua que puisque le maréchal était souffrant, il n'avait qu'à rester au lit. On lui objecta que le caractère d'un ambassadeur exigeait la conduite à l'audience par un maréchal de France. Il riposta qu'il ne devait pas manquer de maréchaux à Versailles et que le roi pourrait en désigner un sur-le-champ. Toutes ces réparties étaient faites sur un ton très haut et très emporté tandis que Breteuil employait la douceur. Après un colloque aussi prolongé que fatigant, Son Excellence céda brusquement. Elle accepta, en principe, la compagnie du maréchal de Matignon puis saisissant la main de l'introducteur en signe d'amitié, fit dire par l'interprète que cette main était de glu car elle ne lâchait jamais prise.

Le calme était rétabli le lendemain matin, quand à la première heure, Breteuil et M. de Matignon se présentèrent à l'hôtel des ambassadeurs. Mehemet Riza Beg les reçut avec beaucoup de civilité, se leva quand ils entrèrent dans sa chambre, les pria de prendre place sur des fauteuils et de rester assis tandis qu'il achèverait de s'habiller. En allant au carrosse du roi il ne manqua pas de faire passer devant lui, aux diverses portes de l'hôtel, les représentants de Sa Majesté, et il s'installa sans difficulté à côté du maréchal, dans la voiture.

Le cortège s'ébranla au milieu d'une affluence considérable de curieux. Il se composait des douze fusiliers de l'ambassadeur en guise d'avant-garde, du carrosse destiné aux présents du roi de Perse avec l'Arménien Agobjan, du carrosse royal portant Son Excellence. L'écuyer, chargé de l'étendard persan, cavalcadait à la portière, et la suite composée d'une quarantaine d'officiers et de domestiques, tous à cheval, fermait la marche. A mi-route entre Paris et Versailles, l'ambassadeur demanda qu'on ralentît le train et qu'on allât quelque temps au pas afin de pouvoir fumer. Le procédé qu'il employa pour satisfaire sa passion parut très singulier. Un esclave à cheval s'approcha de la portière du carrosse, tenant un vase de cristal sur le haut duquel étaient placés le tabac et le foyer allumé. Il passa à son maître le long tuyau de cuir en forme de serpent adapté au vase, et Mehemet Riza Beg fuma dans la voiture sans se laisser troubler par l'allure accélérée qu'on reprit bientôt et sans que le feu ou le tabac fussent déplacés. Il n'y eut même pas besoin d'utiliser un réchaud, tenu tout prêt, pour rallumer le feu.

Grâce à Padéry, interprète fidèle et avisé, et à l'humeur charmante de Mehemet Riza Beg, le trajet ne parut pas trop long. On arriva sans fatigue à la maison [1] du sieur Bontemps, gouver-

---

1. La maison avait été construite par faveur spéciale du roi, car il était interdit de bâtir sur l'avenue de Paris. L'habitation avait peu d'apparence du côté de la ville. Le charme en consistait surtout dans son jardin, dessiné dans ce qu'on appelle aujourd'hui à l'anglaise et qui était remarquable par un grand nombre d'arbres alors fort rares. Ce jardin était de dimensions considérables et s'étendait tout le long de la rue de Vergennes jusqu'à la rue des Chantiers. L'étang de

L'AMBASSADEUR DE PERSE SE RENDANT A L'AUDIENCE ROYALE

persane et menés en main par des Persans ;

Les douze fusiliers à pied et portant haut leurs fusils.

Plusieurs domestiques de l'ambassadeur à cheval.

Le secrétaire à la conduite des ambassadeurs, le sieur Merlin, qui avait été envoyé la veille à Versailles pour surveiller les derniers arrangements de la maison de Bontemps.

Le mollah de l'ambassadeur ou docteur de sa loi, son trésorier, et le page portant la pipe.

Les huit trompettes de la chambre du roi et au milieu d'eux, Agobjan à cheval, tenant dans les mains les présents et la lettre du roi de Perse enveloppée dans une étoffe de soie à fleurs d'or.

Le maître des cérémonies de l'ambassadeur, avec Padéry.

Saint-Olon à cheval et seul.

Son Excellence l'ambassadeur du grand sophy sur un cheval du roi harnaché à la persane, c'est-à-dire avec une grande housse d'or, ayant le maréchal de Matignon à sa droite et le baron de Breteuil à sa gauche, tous les trois marchant de front et entourés, Mehemet Riza Beg de ses laquais arméniens et persans, le maréchal et Breteuil, de leur livrée personnelle.

Le grand écuyer de l'ambassadeur, à cheval, portant l'étendard du roi de Perse, avec deux pages, l'un tenant appuyé sur sa cuisse le sabre de son maître, l'autre, la pipe.

Le carrosse du roi.

Les fusiliers de Son Excellence laissèrent leurs fusils à la grille de l'avant-cour du château et continuèrent le trajet sans armes. Dans cette avant-cour [1] on avait rangé les gardes françaises [2] et suisses [3] au nombre de deux mille hommes tous choisis et vêtus de neuf : les tambours bat-

---

1. « La grille de l'avant-cour à fers de pique dorés se trou-
« vait à l'emplacement actuel de la grille du château. Huit
« pilastres à jour figurant une grande lyre avec un soleil et
« trois fleurs de lys au-dessus, la divisaient en travées au
« milieu desquelles s'ouvrait la grande porte, couronnée de
« trophées d'or et de l'écusson de France dominé par la cou-
« ronne royale. Les petits corps de garde qui flanquaient la
« grille servaient de piédestaux à deux groupes de pierre,
« œuvres de Gaspard Marsy et de Girardon, représentant
« dans le style des marbres de Michel Ange ou de Jean de
« Bologne, des Victoires élevant une couronne et terrassant
« un captif. L'avant-cour s'étendait depuis cette grille jusqu'à
« celle de la cour royale. André Pératé, *Versailles*, Paris,
« 1904, 1 vol. in-4, p. 24.

2. Les gardes françaises étaient le premier régiment d'infanterie. Ils formaient, avec les suisses, la garde du prince et appartenaient à la maison du roi. Divisés en trente-deux compagnies portant le nom de leur capitaine à l'exception de celle dite *colonelle*, ils choisissaient leur place à la guerre, prenaient la tête des sapes dans les sièges et entraient les premiers quand la place était prise ; ils choisissaient leurs logements dans les garnisons.

3. Les gardes suisses, organisés en 1615-1616, se composaient, sauf le colonel, exclusivement de Suisses. Leur effectif était de douze compagnies. Au point de vue des préséances, ils venaient immédiatement après les gardes françaises, mais ils avaient le pas sur tous les autres régiments suisses ou étrangers. C'est la brillante conduite d'un des régiments suisses à Arques (1589) qui attira sur lui l'attention royale, et lui valut, sous la minorité de Louis XIII, cette situation privilégiée.

tirent au passage du Persan. L'étendard fut déposé par l'écuyer à la porte de la cour du roi [1], où Mehemet Riza Beg trouva, sous les armes et formant la haie, les gardes de la porte et de la prévôté [2]. Cette cour était encombrée de personnes de toutes sortes et les gardes eurent beaucoup de peine à frayer un passage au cortège qui défila devant les fenêtres du roi. L'ambassadeur descendit de cheval à la porte de l'appartement du duc de Guiche [3], colonel au régiment des gardes ; cet appartement avait été réservé aux Persans en raison de l'exiguïté de la salle des ambassadeurs où tous les diplomates

1. La cour du roi était séparée de l'avant-cour par des grilles formant presque un demi-cercle et dont l'entrée se trouvait à l'endroit que marque aujourd'hui la statue équestre de Louis XIV. La ferronnerie n'en était pas moins élégante que celle de la première grille et ses deux corps de garde supportaient également deux charmants groupe de pierre (aujourd'hui reportés sur la balustrade de l'avant-cour), la Paix de Tubi, et l'Abondance de Coysevox. Il y avait dans la cour royale, depuis 1678, un grand bassin avec des jets d'eau. Les restaurations du xixe siècle en ont abaissé le niveau. On peut le voir aux bases, beaucoup trop hautes, des colonnes accouplées qui soutiennent le balcon royal, et aux fenêtres du rez-de-chaussée, qui faisaient office de portes, d'où l'on descendait à l'intérieur du château. Lucien Pératé (*op. cit.*), p 2 -26.
2. Le nom de gardes de la prévôté de l'hôtel fut pris sous Louis XIV par les archers du prévôt de l'hôtel du roi dont le nombre fut porté de 50 à 100. Les gardes étaient vêtus d'un hoqueton aux couleurs du roi, incarnat, blanc et bleu avec la devise d'Henri IV, c'est-à-dire une massue d'Hercule et les mots : *Erit haec quoque cognita monstris.*
3. Guiche (Antoine IV, duc de Grammont, comte de) 1672-1725 Il prit part aux campagnes de 1688 à 1712, succéda à son père en 1712 comme lieutenant général de Navarre et Béarn. Maréchal de France (1724).

RÉCEPTION DE L'AMBASSADEUR DE PERSE PAR LOUIS XIV
19 Février 1715

D'après le tableau de Coypel. (Musée de Versailles.)

étrangers devaient déjà se réunir avant l'audience.

Une foule extraordinaire avait assisté à l'arrivée de l'envoyé du grand sophy à Versailles et à son entrée au château. Depuis la maison de Bontemps les curieux s'écrasaient. L'avenue, les toits, les cours, fourmillaient de monde et le peuple avait réussi à pénétrer presque jusque dans la cour du roi. Sa Majesté se divertit fort de ce spectacle qu'elle considéra de ses fenêtres : curieuse de voir le cortège de l'ambassadeur, elle daigna même paraître sur le balcon de sa chambre et son apparition fut saluée de cris enthousiastes qui se répétèrent à l'envi jusqu'à l'avenue de Paris bien que les badauds les plus éloignés ne pussent distinguer la silhouette du vieux monarque. « Je crois, note Dangeau dans son *Journal de la Cour* [1], n'avoir jamais entendu des « vive le roi » qui partissent de meilleur cœur. »

Dès que l'ambassadeur et sa suite eurent pénétré dans l'appartement du duc de Guiche, Louis XIV se rendit en grand cortège dans la galerie. Levé à son heure ordinaire [2], il se montrait d'excellente humeur et tout souriant. Il eut l'attention pour combler les vœux des dames de passer tout auprès d'elles en gagnant son trône,

---

1. Dangeau, *Journal de la Cour* du mardi 19 février 1715, t. 15, p. 364.
2. Dangeau (*op. cit.*), t. 15, p. 364.

afin qu'elles pussent admirer la splendeur de son costume et de ses pierreries. Il salua d'un mot aimable l'électeur de Bavière [1] qui était présent, en ajoutant « voilà bien de la presse, monsieur ». « Oui, sire, répartit l'électeur, mais aussi voilà une belle cérémonie. »

Les deux remarques étaient exactes : la bousculade était terrible et le spectacle merveilleux.

Le baron de Breteuil se consola difficilement du trouble apporté à la majesté de l'audience par l'encombrement de la grande galerie. Louis XIV avait en effet subitement renoncé à son dessein de faire diviser la salle en trois parties parallèles par des barrières afin qu'un chemin restât libre et dégagé jusqu'au trône. D'après ses ordres on avait supprimé, la veille, les barrières déjà placées, et il avait été convenu qu'on laisserait entrer autant de personnes que la galerie pourrait en contenir. Il s'ensuivit cette « presse » remarquée par le roi, un désordre fâcheux et « l'avilissement du spectacle ». Louis XIV lui-même faillit éprouver un ennui de l'empressement extraor-

---

1. Bavière (Maximilien-Marie-Emmanuel, duc, électeur de) 1662-1726. Il commanda les armées impériales sur le Rhin en 1690 et eut, depuis 1692, le gouvernement des Pays-Bas espagnols. Plus tard, dans la guerre de succession d'Espagne, il quitta le parti des alliés pour servir la France et ne put rentrer dans ses États qu'après la paix de Bade (1714). Il n'avait pas encore quitté la Cour lorsque Mehemet Riza Beg fut reçu à Versailles.

dinaire des courtisans. Allant de son appartement au trône, une des plus belles perles de la couronne se détacha de son habit. La chercher était chose vraiment impossible, car les assistants étaient serrés les uns contre les autres. Il fallut un hasard miraculeux pour que cette perle qui avait roulé, on ne sait où ni comment, se trouvât, après avoir fait bien du chemin, sous les pieds du marquis de Lange [1]. Ce seigneur prit enfin la peine de la ramasser sans se douter qu'il découvrait un trésor. Cette bonne fortune lui servit : il devait peu de jours après, et d'une façon assez singulière, rendre la perle au roi, avec un placet, qu'il présenta à Sa Majesté comme « la perle des placets ». Louis XIV s'étant fait expliquer l'énigme et heureux de n'avoir pas perdu un joyau auquel il tenait, accorda, dit-on, sur le champ, au marquis de Lange tout ce qui lui était demandé.

---

1. Guillaume, marquis de Lange, était originaire du Nivernais. Il descendait d'André de Lange, général de l'armée de Scanderberg, roi d'Albanie, qui fut tué en 1304 en combattant les Turcs, et de Jean de Lange, grand bailli de Malte, que le pape autorisa à se marier. Le père de Guillaume de Lange fut tué à la bataille de Ramillies (1706) et sa mère, née Marie de la Grange, était sœur du cardinal d'Arquie, père de la reine douairière de Pologne. Le héros de l'aventure était donc cousin issu de germains des princes de Pologne et de l'électrice de Bavière. Il avait été fait prisonnier à la bataille de Steinkerque (1692), avait eu la main gauche emportée d'un coup de canon à Nerwinden (1693), et avait reçu un coup d'épée dans le corps au combat de Leusse.

D'autres inconvénients résultèrent de la bousculade. Mehemet Riza Beg ne put faire ses saluts aux places indiquées par le roi, et le cérémonial, si minutieusement réglé, en subit des atteintes affligeantes pour les courtisans esclaves de l'étiquette. Une partie de la suite fut ainsi séparée de son maître et ne réussit pas à le rejoindre auprès du trône.

Son Excellence persane fut de même empêchée de bien apercevoir Louis XIV dès la porte du salon s'ouvrant sur la galerie, mais le coup d'œil était néanmoins si imposant que son esprit devait en garder une impression profonde.

Sur un trône somptueux élevé de huit marches, adossé au salon contigu à l'appartement de la reine défunte [1], et sous un dais à fond d'argent relevé en broderie d'or, le roi était assis, la tête couverte. Malgré le poids des années qui se faisait déjà lourdement sentir, dit Breteuil, il avait une mine haute et majestueuse. D'après Saint-Simon, au contraire, il paraissait fort cassé, maigri, avait très méchant visage et montrait

---

[1]. Marie-Thérèse avait habité peu de temps cet appartement. Elle y était morte le 30 juillet 1683. L'appartement de la reine comprenait alors le salon de marbre, l'antichambre « du grand couvert », le grand cabinet où se faisaient les présentations, et la chambre à coucher. Un salon et deux cabinets avaient été détruits pour la construction de la galerie des Glaces. On parvient aujourd'hui dans l'appartement par l'escalier dit de la reine, construit en 1684, et qui est resté le grand escalier d'honneur depuis la démolition de l'escalier des ambassadeurs dans l'autre aile du château.

toute la faiblesse d'un âge plus avancé que le sien. Son habit était d'étoffe noir et or, drap ou brocard (les contemporains ne peuvent s'accorder sur ce détail), avec les boutons de diamants, boutonnières garnies de diamants. La croix de l'ordre [1], portée par-dessus l'habit était elle-même de diamants, et celles qui se trouvaient brodées sur le manteau royal et sur le justaucorps se composaient de perles relevées de pierreries. La parure de Sa Majesté fut estimée 12.500.000 livres : elle écrasait littéralement le vieux monarque qui put à peine la supporter pendant la durée de la cérémonie.

A la droite de Louis XIV se trouvait le dauphin [2], alors âgé de cinq ans et quatre jours, et habillé d'une étoffe pareille à celle du vêtement du roi, avec une profusion de diamants et pierreries. La duchesse de Ventadour [3] se tenait en

---

1. L'ordre du Saint-Esprit fut créé par Henri III les 31 décembre 1578 et 1er janvier 1579, en l'honneur de son élévation à la dignité de roi de Pologne et de son avènement au trône de France. Le ruban était bleu. Au centre de la croix, à huit pointes, pommettée, émaillée de blanc et cantonnée de quatre fleurs de lys d'or, était brodé le Saint-Esprit sous la forme d'une colombe. Le roi était le grand-maître de l'ordre.

2. Il succéda à son arrière grand-père, le 1er septembre 1715.

3. Ventadour (Charlotte-Éléonore-Madeleine de la Mothe Houdancourt, duchesse de), 1652-1744. Elle avait épousé en 1671 Louis Charles de Levis, duc de Ventadour, pair de France. Elle et sa mère, née Louise de Prie, ont élevé vingt-deux princes et princesses de la maison royale, dont Louis XV et Ferdinand V, roi d'Espagne. La duchesse de Ventadour porta sur ses genoux Louis XV au lit de justice qui se tint au Parlement deux jours après la mort de Louis XIV.

lisière. Les autres princes du sang et les bâtards s'étaient groupés selon leur rang autour de Sa Majesté. Le duc d'Orléans [1] occupait à gauche la première place. Il avait revêtu un habit de velours bleu avec des boutons de diamants et des doubles boutonnières brodées de pierreries. Entre toutes les boutonnières on voyait une fleur de diamants. Quant aux parements, ils semblaient une mosaïque de diamants et de pierreries. Cet ajustement, dit Saint-Simon, remporta « le prix de la parure et du bon goût ». Le duc du Maine [2], moins fastueux, s'était contenté d'une garniture de perles et de diamants prêtée par le roi qui en avait offert une de pierres de couleur au comte de Toulouse [3]. Quant au duc de Chartres [4], au duc

1. Philippe, duc d'Orléans, fils de Philippe d'Orléans et d'Elisabeth Charlotte de Bavière, dite « Madame ». Il exerça la régence, avec pouvoir absou et la garde de Louis XV du 2 septembre 1715 au 22 février 1723.
2. Maine (Louis-Auguste de Bourbon, duc du), fils légitimé de Louis XIV et de Mme de Montespan, né en 1670, marié à Anne Louise de Bourbon, petite-fille du grand Condé, mort en 1736. Déclaré habile à succéder au défaut des princes du sang (édit royal de 1714), chargé de la tutelle du dauphin (1715); mais le duc d'Orléans lui enleva ses prérogatives et par arrêt du parlement (août 1717) le réduisit au titre et au rang de pair de France.
3. Toulouse (Louis-Alexandre de Bourbon, comte de), troisième fils légitimé de Louis XIV et de Mme de Montespan, né en 1678, mort en 1737. Il reçut dès l'âge de cinq ans le titre d'amiral de France et joua un rôle pendant la guerre de la succession d'Espagne Il épousa en 1723 la marquise de Gondrin (Mlle de Noailles).
4. Chartres (Louis, duc de), fils unique du régent et de Mlle de Blois, né en 1703, mort en 1752 Membre du conseil de régence (1718), du conseil d'État (1719). colonel général de

de Bourbon, au comte de Charolais [1], au prince de Conti [2], au prince de Dombes [3], au comte d'Eu [4], leurs vêtements présentaient un réel caractère de magnificence.

Le fauteuil royal décoré d'ornements de bois doré et terminés par une couronne, avait un dossier trop élevé pour que les grands officiers de la chambre de Sa Majesté pussent se placer derrière. Les quatre premiers gentilshommes, les ducs de Tresmes, d'Aumont [5], de la Trémoïlle [6], de Mortemart [7], se trouvèrent donc en arrière des princes sur le trône, avec les marquis de Souvré [8] et

l'infanterie française (1721). Marié en 1724 avec une princesse de Bade.

1. Charolais (Charles, comte de), frère du duc de Bourbon, né en 1700, mort en 1760.
2. Conti (Louis-Armand II, prince de), né en 1695, mort en 1727, fut nommé par Louis XIV un des chefs du conseil de régence. Son père avait été élu roi de Pologne en 1697 mais Auguste II, électeur de Saxe, avait occupé son trône avant son arrivée.
3. Dombes (Louis-Auguste de Bourbon, prince de) né en 1700, mort en 1754. Fils du duc du Maine et de Mlle de Condé.
4. Eu (Louis-Charles de Bourbon, comte d'), frère du prince de Dombes, né en 1701, mort en 1775.
5. Aumont (Louis, duc d'), 1691-1723. En 1665 le marquisat d'Isle en Champagne avait été érigé en duché-pairie.
6. Trémoïlle (Charles-Louis-Bretagne, prince de Tarente et de Talmont, duc de Thouars et de la), 1683-1719, premier gentilhomme de la chambre du roi depuis la mort de son père (1709).
7. Mortemart (Louis, duc de), 1681-1746, fut lieutenant-général. Son arrière-grand-père, Gabriel de Rochechouart, marquis de Mortemart, était le père de Mme de Montespan.
8. Souvré (Louis-Nicolas Le Tellier, marquis de), 1667-1725, maître de camp de cavalerie, maître de la garde-robe du roi (1689). Lieutenant général au gouvernement de Navarre et Béarn, la même année. Chevalier des ordres (1724).

de Maillebois[1], maîtres de la garde-robe. Le duc de Bouillon[2], grand-chambellan, et le duc de la Rochefoucauld[3], grand-maître de la garde-robe, n'assistèrent pas à l'audience.

Des deux côtés du trône, aux angles de la plate-forme, il y avait deux espèces de tambours ou de balcons; Madame[4], avec les dames de sa suite, se tenait debout dans celui de droite, tandis que la duchesse d'Orléans[5] occupait l'autre. La duchesse de Berry[6], en robe noire avec hermine,

1. Maillebois (Jean-Baptiste-François Desmarets, marquis de), fils du contrôleur général Desmarets et petit-neveu de Colbert, 1682-1762. Lieutenant général (1733), il soumit la Corse (1739) ; maréchal de France (1741), il fit une campagne malheureuse en Italie en 1745-46.
2. Bouillon (Godefroy-Maurice de la Tour, duc d'Albert et de Château-Thierry et), 1641-1721, il fut mis en possession du duché de Bouillon par le roi en 1668, et de la charge de grand-chambellan de France en 1658. Il avait épousé en 1652 Marie-Anne Mancini, nièce de Mazarin.
3. La Rochefoucauld (François, duc de), 1663-1728, prêta serment entre les mains du roi pour ses charges de grand-veneur de France et de grand-maître de la garde-robe, en survivance de son père, le 20 novembre 1679; colonel du régiment de Navarre, se distingua à Fleurus (1690), Steinkerque (1692), Nerwinden (1693) où il eut le pied cassé : il en resta estropié. Maréchal de camp (1696), prêta serment comme duc et pair le 2 septembre 1715, chevalier des ordres (1724). Il avait épousé la fille aînée de Louvois en 1679.
4. Elisabeth-Charlotte, Duchesse d'Orléans, dite La Palatine.
5. Duchesse d'Orléans (Françoise-Marie de Bourbon, dite Mademoiselle de Blois), fille légitimée de Louis XIV et de Mme de Montespan, née en 1677, morte en 1749 ; mariée en 1692 à Philippe, duc d'Orléans (le Régent).
6. Duchesse de Berry (Marie-Louise-Elisabeth d'Orléans), fille aînée du duc d'Orléans et de Mlle de Blois, dite Mlle de Chartres, née en 1695, morte en 1719. Elle épousa en 1710 Charles de France, duc de Berry, troisième fils de Louis, dit le grand dauphin, qui mourut en 1714. Le scandale de sa vie,

ayant désiré assister à l'audience malgré son deuil de veuve, était cachée derrière la queue du dais royal et avançait de temps en temps la tête sans se laisser voir entièrement.

Comme le roi l'avait voulu, on avait construit tout le long de la galerie, face aux fenêtres, des gradins à quatre rangs. Les princesses du sang y étaient assises, en bayeuses, comme les autres dames, et un gradin entier avait été réservé à chacune d'entre elles. Mme la Duchesse[1] avait admis auprès d'elle l'électeur de Bavière, et la princesse de Conti [2], fille de M. le Prince [3], avait invité le comte de Lusace, prince électoral de Saxe [4]. Le

---

surtout sous la régence, fut tel qu'on n'osa pas prononcer son oraison funèbre.

1. Marie-Anne de Bourbon, fille de François, prince de Conti, avait épousé en 1713 Monsieur le Duc. Elle mourut en 1720.
2. Princesse de Conti (Marie-Thérèse de Bourbon), fille aînée de Henri-Jules, prince de Condé. Elle avait épousé en 1688 François-Louis de Bourbon, prince de Conti, qui fut élu roi de Pologne, mais ne put prendre possession de son royaume. Un de ses enfants fut Louis-Armand II, prince de Conti, (cf p. 165).
3. Condé (Henri-Jules, prince de) connu sous le nom de Monsieur le Prince, 1643-1709.
4. Frédéric-Auguste II, électeur de Saxe, Auguste III, roi de Pologne, 1696-1763. Fils de Frédéric-Auguste Ier qui avait enlevé la couronne de Pologne au prince de Conti en 1696. Il se convertit au catholicisme (1712) et épousa (1719) la fille de l'empereur Joseph. Il succéda à son père comme électeur de Saxe (1733). Élu roi de Pologne (17 janvier 1734) sous la protection des Russes, il obligea son rival Stanislas Leczinski à prendre la fuite ; il se déclara contre Marie-Thérèse à la mort de l'Empereur Charles IV, revint toutefois à l'Autriche (1744). Il fut battu par Frédéric II (1756). Lors de l'audience de

prince Rakoczi [1] et le prince de Vaudémont [2] se trouvaient encore sur les gradins avec les dames de la Cour, de Versailles et de Paris, portant toutes leurs bijoux les plus somptueux.

Les ambassadeurs et ministres étrangers n'avaient pas de places déterminées. Le baron de Breteuil et le chevalier de Sainctot [3] les avaient groupés debout, auprès de la dernière marche du trône, avec le peintre Coypel [4], et Boze, secré-

---

Mehemet Riza Beg, il était de passage à Versailles, au cours d'un voyage en France et en Italie.

1. Rakoczi II (François-Léopold), prince de Transylvanie, né le 27 mars 1676, mort le 8 avril 1735, fils de François Rakoczi Ier et d'Hélène Zrinyi. Il est connu comme un héros dont le nom fait tressaillir, depuis bientôt deux siècles, d'une joie patriotique tous les Magyars. Il fut le dernier chef des Hongrois pendant leurs luttes pour l'indépendance, celui dont le chant de guerre est encore si populaire. Son séjour en France, alors qu'il était exilé, lui valut des marques réitérées d'honneur et de sympathie de Louis XIV ; il en reçut ainsi une pension de 100.000 livres. Il parut très fréquemment à la Cour et Saint-Simon en a donné un portrait. Le récit de ses aventures présente un réel intérêt. Emile Horn, *François Rakoczi II, Prince de Transylvanie 1676-1735*. Paris 1906, Perrin, 1 vol. in-8°.

2. Vaudémont (Charles-Henri de Lorraine, prince de), 1649-1723. Fils de Charles IV, duc de Lorraine et de Béatrix de Cusance, comtesse de Cantecroix. Il s'attacha au prince d'Orange et à l'Espagne, devint chevalier de la Toison d'or, grand d'Espagne, prince de l'Empire, gouverneur des armes aux Pays-Bas et gouverneur général du Milanais.

3. Sainctot (Nicolas-Sixte, chevalier de) seigneur de Vémars, né en 1674, mort le 16 octobre 1753 ; succéda, le 9 décembre 1709, à son père Nicolas Sainctot qui avait acquis en 1691 pour 50.000 écus, la moitié de la charge d'introducteur des ambassadeurs de Chabenat de Bonneuil.

4. Coypel (Antoine) peintre et graveur, 1661-1722, reçu académicien (1681), professeur (1707), directeur de l'Académie (1714), premier peintre du roi (1716).

taire de l'Académie des Inscriptions [1], à qui devait incomber le soin de rédiger une relation exacte de la cérémonie.

Les courtisans, quelles que fussent leur noblesse ou leurs fonctions, remplissaient le reste de la galerie dont le parquet était couvert de tapis : leurs habits, spécialement confectionnés pour la circonstance, charmaient les yeux par leurs couleurs et leur richesse. La Cour tout entière s'était donc conformée aux désirs du roi : Mehemet Riza Beg était mieux traité que le doge de Gênes en personne.

L'entrée de Louis XIV dans la galerie avait été annoncée aussitôt à l'introducteur des ambassadeurs. Le moment était venu de conduire devant Sa Majesté l'envoyé du grand sophy. A onze heures moins quelques minutes, l'ambassadeur, accompagné du maréchal de Matignon et du baron de Breteuil, quitta l'appartement du duc de Guiche. Il traversa à pied la cour pour gagner l'escalier conduisant au grand appartement [2]. Il avait mis

---

1. Boze (Claude Gros de), 1680-1753. Antiquaire et numismate. Secrétaire de l'Académie des Inscriptions de 1706 à 1742, il remplaça Fénelon à l'Académie française en 1715 et fut nommé en 1719, garde du Cabinet des antiques.

2. L'escalier conduisant au grand appartement était l'escacalier des ambassadeurs. Commencé en 1672 sur les plans laissés par Le Vau, il fut achevé six ans plus tard. Détruit au xviiie siècle, il ne nous est plus connu que par la série des gravures de Surugue, réunies et publiées après la mort de Louis XIV. Du palier de l'escalier on passait dans le grand appartement qui comprenait le salon de Vénus, servant aux

lettre de son maître; il pénétra dans la galerie et commença son premier salut.

Sa Majesté se leva alors et ôta son chapeau. La foule des courtisans, loin de s'écarter devant l'ambassadeur et sa suite, devint au contraire plus dense. Mehemet Riza Beg, pressé, bousculé, ne put continuer les saluts d'usage et ne réussit à effectuer le dernier qu'au pied même du trône. Il monta jusque sur la plateforme où Sa Majesté s'était de nouveau assise, et fut suivi du maréchal de Matignon, du duc de Noailles, du marquis de Torcy et du baron de Breteuil. Le grand-maître et le maître des cérémonies, les officiers des gardes du corps, le secrétaire à la conduite, les gens de l'ambassadeur, qui avaient à grand' peine fendu le flot des curieux, s'arrêtèrent à quelque distance du trône, mais sans beaucoup d'ordre.

Son Excellence remit la lettre de son maître au roi qui la passa aussitôt à Torcy et se couvrit ensuite. C'était là une dérogation aux usages. Dans les audiences solennelles, les ambassadeurs avaient toujours coutume de prononcer une harangue ou un compliment à Sa Majesté avant de lui présenter leurs lettres de créance. Mais il avait fallu, cette fois encore, en passer par les volontés de l'étrange diplomate persan et même faire agréer à Louis XIV une autre modification au cérémonial. Invoquant l'usage de sa Cour et

L'AUDIENCE ROYALE A VERSAILLES

D'après une estampe du temps. (*Cabinet des Estampes.*)

affirmant qu'en parlant le premier au roi il commettrait le manquement de respect le plus grand dont on pût se rendre coupable en Perse, Mehemet Riza Beg avait déclaré que l'empereur des Français devait lui adresser tout d'abord la parole. Louis XIV l'avait trouvé bon. Ayant donc replacé sur sa tête son chapeau, il demanda à l'ambassadeur des nouvelles du roi de Perse. Mehemet Riza Beg répondit ; l'interprète traduisit ses paroles. Le roi lui reparla encore, l'ambassadeur répliqua à plusieurs reprises, de sorte que son discours tenait plus de la conversation que d'une harangue préparée. Cet entretien décousu se prolongeant trop longtemps, Sa Majesté marqua par un signe à Breteuil son désir d'y mettre fin. Elle ôta derechef son chapeau, et le Persan, prévenu par Padéry, descendit du trône. Au bas des marches, il reçut des mains d'Agobjan la cassette contenant les présents du roi de Perse, l'offrit à Torcy et fit encore un salut à Sa Majesté. La même foule qui l'avait gêné, en arrivant, dans ses politesses, le troubla encore lorsqu'il se retira. Il y eut la même difficulté à le faire sortir de la galerie qu'à l'y faire entrer, et l'on ne put rendre solennelle la reconduite du grand escalier, malgré les appels des trompettes.

Un détail de l'audience avait frappé les courtisans : les princes du sang étaient restés découverts. Breteuil en donne l'explication : « Comme

« les mahométans, dit-il, n'ôtent jamais leur tur-
« ban et qu'ainsi ce n'est point, dans leurs per-
« sonnes, un droit d'ambassadeur de parler la
« tête couverte, les princes du sang ne mettent
« jamais leur chapeau en pareille occasion parce
« qu'ils ne le mettent qu'à cause que les ambas-
« sadeurs qui portent un chapeau se couvrent
« dans le moment que Sa Majesté met le sien.
« Ainsi le dauphin et tous les princes du sang
« demeurèrent découverts pendant l'audience de
« l'envoyé du sophy. Le dauphin, trop jeune en-
« core pour avoir la tête découverte, avait un
« bonnet de velours noir couvert de pierreries
« sur sa tête, mais il avait un chapeau à la main
« pour montrer qu'il devait être découvert. »

Les questions de chapeau ont toujours eu décidément une réelle importance.

La surprise des assistants n'avait pas été moins vive en écoutant, ou en voyant, l'espèce de dialogue qui s'était engagé entre le roi et l'ambassadeur. On attendait un discours et Mehemet Riza Beg n'avait prononcé que des phrases hachées. Il sembla qu'il y aurait intérêt pour la majesté royale à ne point répandre l'originalité de cet entretien. On improvisa donc, à l'usage du vulgaire, une superbe harangue qu'on attribua au Persan.

« Sire, aurait dit Son Excellence, d'après les
« relations des gazettes, l'empereur mon maître

« qui est au service de Dieu et observateur de la
« loi du grand Prophète, m'a envoyé exprès, moi
« qui suis son esclave, au service de Votre Ma-
« jesté, pour demander à Dieu la continuation de
« sa santé, en même temps augmenter et renou-
« veler l'ancienne amitié. Il m'a ordonné de for-
« tifier les fondements de cette alliance, de la
« manière que Votre Majesté souhaiterait. De
« plus, j'ai ordre de donner satisfaction en tout
« ce que Votre Majesté peut désirer et de l'exé-
« cuter, pour tout ce qui regarde encore quel-
« ques affaires que Votre Majesté a souhaitées.
« Votre esclave, sire, a ordre de la part de son
« empereur de lui donner toute la satisfaction
« qu'un fils doit donner à son père puisqu'il con-
« sidère Votre Majesté comme son propre père ;
« de plus, sire, Elle peut être assurée qu'il ne
« rompra jamais, de son côté, le traité ni le
« noble seing signé, à moins qu'il ne provienne
« de la part de Votre Majesté.

« J'espère aussi que Dieu me fera la grâce d'exé-
« cuter les ordres que Votre Majesté me donnera
« ici. Maintenant que j'ai le bonheur de la voir
« sur son trône de gloire, je sens que c'est bien
« peu de chose d'avoir tant pâti pour le service
« de deux grands empereurs.

« Que Dieu conserve à jamais Votre Majesté
« sur son trône éclatant ; qu'il confonde toujours
« ses ennemis, leur fasse ressentir la pesanteur

« de son bras redoutable, et qu'il lui plaise de
« donner à Votre Majesté et à mon empereur
« une paix profonde. Que Dieu le veuille[1]. »

Par malheur ce beau langage n'avait pas été
tenu et ces souhaits délicats n'avaient nullement
été formulés du moins sous une forme aussi châ-
tiée. En réalité Mehemet Riza Beg s'était exprimé tout autrement et la traduction que Padéry
donna plus tard, au marquis de Torcy[2], des propos de l'ambassadeur était plus pittoresque. Elle
était ainsi conçue :

« Ta Hautesse me voit interdit, et qui ne le
« serait pas, sachant qui tu es et te voyant bril-
« ler avec plus de gloire que n'en a publié la
« renommée, quoiqu'elle t'ait annoncé à l'uni-
« vers comme le plus grand empereur qui ait
« jamais régné. J'aurais perdu à ton aspect, la
« voix, l'usage de mes sens, si tes yeux par leur
« clémence et leur douceur ne m'avaient rassuré
« et ne me rendaient l'usage de la parole. J'ai
« même oublié ce que mon maître, le plus grand
« empereur d'Orient et qui est assis sur le plus
« ancien trône du monde m'a ordonné de te dire.
« Grâces à notre grand Prophète; il rend à mon
« idée, non le discours que j'avais médité, mais
« ce que je viens t'annoncer de la part de l'em-
« pereur mon maître.

1. *Journal historique sur les matières du temps*, mars 1715.
2. A. E. Perse, t. 4, f° 3.

« Tes grandes actions, tes vertus, les rares et
« admirables qualités que Dieu a rassemblées en
« ta Hautesse, lui font souhaiter de faire alliance
« avec toi. Il m'envoie de là ici pour te la deman-
« der et te l'offrir avec son amitié ; l'offre ne
« peut être suspecte ; je ne viens point te de-
« mander des services d'hommes, d'argent, de
« vivres, les États de mon maître sont abondants
« en toutes ces choses. Mais je viens te donner
« une idée de ses vertus par l'hommage qu'il
« rend aux tiennes sur la réponse. Il ne me reste
« plus qu'à te souhaiter une assez longue vie
« pour que les petits enfants de ton arrière-petit-
« fils, que je vois à ton côté, apprennent de toi
« l'art, le grand art de régner. »

Ces paroles dont l'authenticité a été affirmée par Padéry [1], dénotaient le trouble dont Mehemet Riza Beg avait été saisi en présence du roi. Quelques spectateurs notèrent son effarement. Saint-Simon dit que « la splendeur du spectacle
« acheva de le déconcerter et qu'il se fâcha une
« fois ou deux pendant l'audience contre son in-
« terprète et fit soupçonner qu'il entendait un
« peu le français. » Dangeau partage ce sentiment et « ajoute que Son Excellence sentait bien
« que les interprètes ne rendaient pas son dis-
« cours dans toute sa force. »

1. A. E. Perse, t. 3, f° 453.

Tandis que Louis XIV regagnait, après la cérémonie, ses appartements pour quitter ses habits de gala, en prescrivant de ne rien modifier à l'aménagement des salles qu'il entendait utiliser dans les mêmes conditions pour l'audience de congé de l'ambassadeur, Mehemet Riza Beg était conduit auprès du dauphin, par le maréchal de Matignon et le baron de Breteuil, ses inséparables compagnons.

Le dauphin avait passé lui-même dans l'appartement richement meublé de feu Mme la dauphine, sa mère [1]. Comme le roi, il était assis lorsque l'ambassadeur parut et, comme à l'audience royale, il avait son bonnet sur la tête et son chapeau à la main. Il se leva et se couvrit un instant pour écouter le compliment du Persan dont Padéry a donné, cette fois encore, en ces termes, une traduction probablement corrigée :

« Monseigneur, je prie Sa divine Majesté
« qu'elle veuille vous conserver, qu'elle aug-
« mente vos jours et vos années ; que vous deve-
« niez très vieux, et que vous imitiez votre grand-
« père, ce grand empereur à qui Dieu donne
« longue vie, afin qu'il puisse vous donner l'édu-
« cation nécessaire pour gouverner son empire
« autant que ce grand empereur. Que Dieu le
« fasse.

---

1. Marie-Adélaïde de Savoie, duchesse de Bourgogne, morte en février 1712.

« Si j'osais prendre la liberté, Monseigneur,
« de me prosterner pour vous baiser la main, je
« le ferais avec beaucoup de respect ; mais celui
« que j'ai pour votre personne sacrée est si grand
« que je n'ose m'en approcher de si près : c'est
« le seul motif qui m'en empêche. Que Dieu aug-
« mente vos jours et vous fasse vieux. »

La duchesse de Ventadour répondit quelques mots au nom du jeune prince. Le dauphin ne se montra d'ailleurs pas effrayé, en dépit de ses cinq ans, par l'ambassadeur. Il prêta l'oreille aux paroles du Persan avec autant d'attention que s'il les eût comprises. Sur l'invitation de sa gouvernante, il fit approcher Son Excellence, lui tendit sa main à baiser et la pria de remercier de sa part le roi de Perse et de l'assurer de son estime et de son amitié.

Comme on avait pensé que le duc d'Orléans recevrait Mehemet Riza Beg à Paris, l'ambassadeur fut dispensé de lui présenter ses respects à Versailles ; mais le duc ayant changé d'avis trop tard, il fut décidé que la réception aurait lieu le jour de l'audience de congé du roi. On ne songea pas, d'autre part, à mener Son Excellence chez les princesses. Les Orientaux, remarque Breteuil, n'ayant pas l'habitude de pénétrer chez les dames, on n'aurait jamais réussi à faire comprendre à Mehemet Riza Beg, homme indocile, qu'il donnerait un témoignage de sa déférence aux princesses en leur rendant visite.

Pour achever une journée déjà si bien remplie, un repas avait été préparé. Mais l'ambassadeur, trop dévôt pour toucher à des aliments accommodés par des chrétiens, refusa d'y prendre part. Il se contenta de manger quelques fruits crus dans l'appartement du duc de Guiche où il se reposa sur des coussins et des tapis. Les gentilshommes attachés à sa personne, c'est-à-dire le maréchal de Matignon, Breteuil, Saint-Olon, les officiers des gardes du corps, Merlin, Padéry et même l'Arménien Agobjan, n'ayant pas des motifs aussi sérieux pour jeûner, firent honneur à la chère royale. Pendant le temps que Son Excellence passa encore au château, des dames de la Cour de la première qualité et presque toutes titrées, vinrent la contempler. Mehemet Riza Beg tint cercle, comme à Paris dans son hôtel, sans se lever pour personne et sans cesser de fumer sa fameuse pipe qui l'avait suivi jusque dans la grande galerie. On pouvait croire décidément que le tabac constituait sa nourriture préférée et suffisait à le faire vivre.

Avant de quitter Versailles, l'ambassadeur, accompagné seulement de Merlin et de Saint-Olon alla chez le marquis de Torcy et chez le comte de Pontchartrain. La pluie, qui s'était mise à tomber, empêcha d'observer le même cérémonial au départ qu'à l'arrivée. On renonça donc à la cavalcade jusque chez Bontemps, et l'on monta dans les carrosses sans faire le tour de la Cour du roi, ce qui n'empêcha d'ailleurs pas les gardes françaises et suisses de prendre les armes et de faire sonner les trompettes quand le cortège traversa l'avant-cour. Le maréchal de Matignon étant resté à Versailles, Breteuil prit sa place dans le carrosse royal et Saint-Olon avec Padéry s'installèrent sur le devant. Il était huit heures du soir quand l'ambassadeur franchit les portes de l'hôtel de la rue de Tournon. Parti depuis quatorze heures, il n'avait pris le matin chez Bontemps qu'un peu de café apporté par ses gens, et mangé que deux pommes chez le duc de Guiche et une pomme d'api en voiture. Son humeur était néanmoins restée charmante. Enthousiasmé du roi, de la magnificence de la Cour, de la splendeur de l'audience, il n'avait cessé de chanter tout le long de la route. La journée du 19 février avait été heureuse.

Si l'envoyé du chah Hussein garda de sa réception à Versailles un souvenir excellent, l'impression qu'il produisit lui-même au château fut médiocre : la valeur des présents remis au roi contribua à diminuer encore la faible considération dont il jouissait déjà parmi les courtisans.

Tout le bruit que Mehemet Riza Beg avait fait, depuis son débarquement en France, au sujet des cadeaux du roi de Perse, avait piqué la curiosité et monté les imaginations. On se souvenait de la joie manifestée par Son Excellence lorsqu'elle avait revu à Marseille la cassette confiée à Agobjan, de la pompe avec laquelle on avait transporté ce précieux colis à travers la France et à Paris, de la surveillance qu'il avait fallu exercer sur les chemins afin de prévenir tout incident. A l'hôtel des ambassadeurs, le Persan avait exigé que les présents fussent placés dans sa chambre, au chevet de son lit ; enfin grâce aux huit trompettes qui les avaient escortés à Versailles jusqu'à la grande galerie, chacun était convaincu qu'ils représentaient un trésor. A la stupéfaction de tous, ils se composaient exactement de cent six petites perles, deux cent quatre-vingts turquoises et deux boîtes d'or remplies de baume de Mumie (1). Cet onguent avait,

1. « Il y a deux sortes de Mumie en Perse. L'une est la
« mumie communément dite qui vient des corps embaumés et
« enterrés dans le sable aride et ardent où dans la suite des
« siècles ils se pétrifient. L'autre mumie est une gomme pré-
« cieuse qui distille de la roche. Il y en a deux mines ou deux
« sources en Perse. L'une dans la Caramanie déserte, au pays
« de Sar, et c'est la meilleure ; car on assure que quelque
« moulu, brisé ou fracassé qu'un corps humain puisse être,
« une demi-dragme de cette mumie le rétablit en vingt-qua-
« tre heures, de quoi personne ne doute en Perse, sur l'expé-
« rience des cures merveilleuses qu'ils font tous les jours
« avec cette précieuse drogue. L'autre mine est au pays de
« Corassan, qui est l'ancienne Bactriane. Les roches dont la
« vraie mumie distille appartiennent au roi, et tout ce qui en
« distille est pour lui ; elles sont fermées de cinq sceaux des
« principaux officiers de la province. On n'ouvre la mine
« qu'une fois l'an, en présence de ces officiers et de plusieurs
« autres encore, et tout ce qui se trouve de ce précieux mas-

il est vrai, en Perse une réputation particulière. Il passait pour très rare, étant distillé goutte à goutte par un rocher. Ses propriétés, disait-on, étaient merveilleuses ; il guérissait les blessures et conservait la santé et la vigueur. Mehemet Riza Beg était dès lors convaincu que son maître avait envoyé au roi de France quelque chose d'inestimable. Il soutint seul cette opinion, car on s'indigna à la Cour et dans le public d'une ladrerie qu'on attribua à l'ambassadeur lui-même. De tous côtés les remarques les plus désobligeantes furent faites sur le représentant du sophy qui apparut, de plus en plus, comme

« tic, ou la plus grande partie, s'envoie au trésor du roi d'où,
« avec un peu de crédit, on en tire dans le besoin. Le mot de
« mumie est persan, venant de *moum*, cire, gomme, onguent.
« Les Persans disent que le prophète Daniel, leur a enseigné
« la préparation et l'usage de la mumie. » (Chardin, *op. cit.*,
« t. 3, p. 309 sqq.).
  Koempfer (*Amœnitates exoticæ*) écrit que « la mumie est une
« substance bitumineuse qui transpire en très petite quantité
« d'un rocher : elle est semblable par la couleur et la densité
« à la poix et à certains égards par la viscosité. Elle est assez
« liquide tant qu'elle reste fraiche et adhérente au rocher. La
« chaleur la rend malléable : elle se combine facilement avec
« l'huile et ne peut se mêler avec l'eau. Elle est inodore : jetée
« sur le charbon, elle rend une odeur de soufre mêlée de naphte.
« On la recueille dans une caverne étroite située dans le ro-
« cher au pied du mont Caucase. Une énorme pierre ferme
« l'entrée de la caverne et elle est scellée. L'homme chargé de
« recueillir la mumie est accompagné des officiers du roi,
« mais il entre seul, après s'être dépouillé de tous ses vête-
« ments et ayant de l'eau plein la bouche, afin de ne pouvoir
« détourner aucune parcelle de baume. Le produit de la récolte
« annuelle était évalué à cinq misqâl soit un peu plus de quatre
« onces. »

un imposteur. Les gens de la première qualité doutèrent qu'il vînt de la part du chah et que les lettres de créance présentées à Sa Majesté fussent authentiques. Louis XIV fut plaint d'avoir été dupé par Pontchartrain, et seul le baron de Breteuil défendit Mehemet Riza Beg contre des attaques et des calomnies imméritées. Rendre Son Excellence responsable des choix faits par son souverain ou ses ministres, insinuer qu'elle avait pu détourner les objets précieux contenus dans la cassette royale était réellement injuste. En avouant, dans ses mémoires, son étonnement de ce « qu'un si grand et si riche roi que celui
« de Perse eût envoyé un aussi chétif et si indi-
« gne présent à un si grand monarque que
« Louis XIV, car le tout ne valait pas mille
« écus », l'introducteur des ambassadeurs plaide donc les circonstances atténuantes pour Mehemet Riza Beg. Il en trouve dans le fait que le sieur Michel avait porté au chah, au nom de Sa Majesté, des cadeaux « encore plus chétifs », il en conclut que le grand sophy a voulu « rendre la pareille ». Il ajoute enfin, en dépassant cette fois la mesure : « ces sots de gredins qu'on
« envoie de la part du roi en Orient et qui y
« prennent le titre d'envoyés de France, y désho-
« norent davantage la nation par la bassesse de
« leur naissance et le peu de dépense qu'ils sont
« en état de faire. »

MEHEMET RIZA BEG
Ambassadeur du Shah de Perse Hussein auprès de Louis XIV.

D'après une estampe du temps. (*Musée Carnavalet.*)

Mehemet Riza Beg ne méritait, à vrai dire, « ni cet excès d'honneur ni cette indignité ». A quoi bon, en l'excusant d'une faute qu'il n'avait pas commise, jeter le discrédit sur de braves gens coupables seulement de chercher à servir les intérêts de leur pays en Perse ?

Il est certain, toutefois, que la déception fut grande à Versailles et qu'on y regretta, sauf le roi et ses ministres, l'apparat de l'audience et la dépense qui en était résultée. L'ambassadeur persan avait eu le tort, qu'on ne lui pardonna pas, de démentir par ses présents, par la médiocre richesse de son costume et de celui de ses gens, les illusions et les espérances que les mots prestigieux de « Perse », « roi des rois », « grand sophy » avaient fait naître, et de ne pas en imposer, par sa magnificence, à une Cour qui s'était mise en frais pour le recevoir.

Le mal ne fut pas irréparable, et ne compromit pas le succès de l'ambassade; mais, par la suite, Mehemet Riza Beg eut le tort de fournir de nouveaux prétextes à la malignité des gens de qualité et du vulgaire.

CHAPITRE VIII

L'AMBASSADEUR PERSAN A PARIS

Reçu par le roi, accrédité désormais officiellement à la Cour de France comme ambassadeur extraordinaire du grand sophy, Mehemet Riza Beg pouvait aborder sans nouveau retard l'objet de sa mission. Les négociations qu'il était chargé d'engager ne paraissant ni compliquées ni délicates, son séjour à Paris devait être, selon toute apparence, de courte durée. Les gazettes l'affirmaient, la Cour le souhaitait, et Louis XIV lui-même en était persuadé puisqu'il avait donné l'ordre de laisser les choses en l'état dans la grande galerie de Versailles pour l'audience de congé de l'ambassadeur. Ces prévisions et ces espérances ne se réalisèrent point. Son Excellence persane resta six mois à Paris : elle y fut morte peut-être de vieillesse si l'aggravation de l'état du roi n'eût décidé les ministres à se débarrasser d'un personnage encombrant, inutile et réellement trop à charge à tout le monde. Il fallut presque de la brutalité pour le déterminer à évacuer l'hôtel des ambassadeurs, et beaucoup de fermeté pour le renvoyer dans son pays.

Ce n'est pas que les curiosités de Paris aient excité un vif intérêt chez Mehemet Riza Beg et que le souci de tout connaître dans la ville ou aux environs ait retenu l'ambassadeur au-delà des limites raisonnables. Mais Son Excellence se trouvait bien dans la capitale : elle y vivait largement aux frais du roi, et elle y jouissait des agréments d'une civilisation plus raffinée, autant que de ces plaisirs que la faiblesse des hommes excuse, si la morale les réprouve.

Quelle fut donc la vie de Mehemet Riza Beg à Paris? Sur ce point précis la documentation n'est pas abondante. Le baron de Breteuil, dans ses mémoires, Saint-Olon, dans sa correspondance avec le secrétaire d'État des Affaires étrangères, sont moins prodigues de détails. Quant aux abbés Richard et Gaudereau, leur caractère ecclésiastique leur rendait difficile de toucher ou de développer certains sujets délicats. Les gazettes du temps sont peu nombreuses et leur informateur ordinaire, l'interprète Padéry, s'est contenté de leur donner le récit du voyage de l'ambassadeur jusqu'à Paris. Quoi qu'il en soit, il est encore possible, avec les renseignements qui nous ont été transmis, de reconstituer d'une manière générale, pourtant assez précise, les occupations et les distractions de Mehemet Riza Beg.

L'hôtel de la rue de Tournon constituait, tout d'abord, une auberge de premier ordre. L'installation en avait été soignée, et quelques aménagements ultérieurs, conformes au goût et aux habitudes des Persans, suffirent à y rendre l'existence aussi confortable qu'économique. Avec les cinq cents livres attribuées quotidiennement à l'ambassadeur — et qui furent d'ailleurs payées de mauvaise grâce pour éviter des algarades, — Mehemet Riza Beg était en mesure de faire des économies. L'ameublement de l'hôtel subit des modifications à la demande de Son Excellence. La tapisserie décorant la pièce affectée aux prières fut ainsi changée car on y découvrait des figures humaines. La beauté et le moëlleux du lit réservé à l'ambassadeur décidèrent Mehemet Riza Beg à conserver ce meuble inconnu dans son pays. La suite, au contraire, resta fidèle aux usages persans. On lui fournit des matelas destinés à être étendus le soir sur le tapis des chambres, avec un drap, une couverture de coton et deux oreillers de duvet pour chacun. L'habitude orientale de s'asseoir « en tailleur », simplifia la question des sièges et ménagea le mobilier royal. On eut besoin seulement d'installer le long des murs des divans recouverts de toile et des coussins. Les fauteuils dont Son Excellence comme ses gens n'usèrent jamais, furent réservés aux visiteurs et à l'entourage français de l'ambassadeur. Cette coutume de reposer par terre, les jambes croisées ou sur les genoux, le dos appuyé contre des oreillers était assez agréable. Chardin l'ayant appréciée, déclare qu'il ne se trouva pas par la suite, commodément assis en Europe, « car, ajoute-t-il [1], « tout le bas du corps est reposé sur ces sièges « des Persans et les jambes aussi bien que les « cuisses, au lieu que sur nos chaises les jambes « sont tout debout. On est aussi beaucoup plus « chaudement en cette posture, lorsqu'il fait « froid. »

L'éclairage des appartements fut de même installé à la mode persane. On y gagna plus de lumière qu'avec les bougies ordinaires ou les chandelles. Les flambeaux dont on se servit avaient été apportés par l'ambassadeur. Le pied en était plus grand qu'une grande assiette, et la tige qui s'y adaptait supportait un godet. Dans ce dernier on plaçait deux grosses mèches formées de plusieurs petites enroulées les unes avec les autres, des pains de cire blanche coupés par morceaux, « ainsi qu'on met du sucre dans du café [2]. La mèche une fois allumée faisait fondre la cire, et un valet était spécialement chargé d'entretenir la lumière en ajoutant au fur et à mesure de nouveaux morceaux avec une cuiller d'argent. Ces flambeaux reposaient sur le plancher et la fumée

1. Chardin (*op. cit.*), t. 5, p. 20
2. Breteuil, *Mémoires*.

n'incommodait pas Son Excellence ou ses compagnons accroupis sur les tapis. Les Français, par contre, assis sur des chaises et par conséquent plus élevés, en souffraient terriblement.

Ces diverses transformations n'avaient pas coûté cher au trésor royal. Mais la dépense fut plus considérable lorsqu'il s'agit des bains de l'ambassadeur.

L'usage des bains était universel et fréquent en Perse, plus encore qu'en toute autre partie de l'Orient. Les Persans allaient au bain pour trois raisons : religion, santé et netteté, dit Chardin [1] :
« La religion prescrit à tout homme souillé de
« se laver le corps entier et il y a des supersti-
« tieux qui vont au bain plusieurs fois par jour.
« A l'égard de la santé, il faut convenir que le
« bain est fort nécessaire pour dissiper toutes
« les impuretés des humeurs qui prennent cours
« par les pores de la peau que le bain tient
« ouverts. Il faut aller souvent au bain pour
« entretenir cette évaporation, car quand elle
« est empêchée, comme il arrive lorsque les
« pores sont rétrécis et bouchés, il vient d'in-
« supportables démangeaisons, lesquelles on ne
« peut mieux représenter que par l'engourdisse-
« ment du pied ou de la main. Le remède prompt
« et assuré pour cela est le bain, et si un Persan

---

1. Chardin (*op. cit.*), t. 5, p. 194.

« était huit jours sans aller au bain, il serait
« rongé de démangeaisons causées par ces
« vapeurs qui ne sauraient sortir autrement. Pour
« ce qui est de la netteté du corps on voit bien
« que les humeurs s'habituant à sortir par les
« pores, le corps se salit plus vite que dans les
« pays où on n'évapore et ne sue pas tant. »

L'explication de l'auteur du *Voyage en Perse* ne manque ni de pittoresque ni d'une certaine exactitude. Elle aurait dû inspirer, surtout aux gens de la Cour et aux esprits éclairés, le désir d'imiter Riza Beg. L'ambassadeur, au contraire, grâce à ses fréquentes baignades, avait passé à Marseille pour un être extraordinaire. Au cours de son voyage en France, il n'avait pas manqué de rester fidèle à ses habitudes dans la mesure où les mœurs françaises du xviiie siècle le lui avaient permis. Aussitôt entré à Paris, il s'était enquis d'un établissement de bains. On le conduisit, dès le 10 février, chez le sieur du Buisson, baigneur, mais on trouva excessif de payer chaque fois 100 livres. Le désir de Son Excellence de trouver dans son hôtel même les commodités dont elle avait besoin, parut donc réalisable et moins dispendieux. Le baron de Breteuil s'entendit à cet effet avec de Coste, intendant des bâtiments, et les travaux commencèrent dans les premiers jours du mois de mars. Il en coûta environ 10.000 francs au roi car il fallut établir une conduite d'eau de fontaine dans l'hôtel et la brancher sur les tuyaux amenant à Paris l'eau d'Arcueil. Le public s'intéressant à cet aménagement, d'une salle de bains, le sieur Landry, éditeur rue Saint-Jacques, mit en vente une estampe représentant Mehemet Riza Beg dans sa baignoire. On y voit la tête de Son Excellence émergeant d'une sorte de caisse oblongue couverte, et deux domestiques, l'un tenant une serviette pour essuyer son maître au sortir de l'eau, et l'autre portant la veste, le turban et les babouches. On n'a eu garde d'oublier la fameuse pipe et le café si chers à l'ambassadeur. La légende de l'estampe n'est pas moins curieuse : « Mehemet Riza Beg, « ambassadeur de Perse, y est-il inscrit, se bai- « gne souvent et dans de l'eau très chaude : il y « demeure six heures. Il s'y met nu et en sort de « même à la réserve d'un petit caleçon; il y est « tête nue. On lui bâtit actuellement des bains « dans l'hôtel des ambassadeurs. »

Des indications analogues se lisent sur d'autres estampes gravées en l'honneur du Persan : il y a lieu d'en conclure que Mehemet Riza Beg stupéfia les Parisiens par son besoin de propreté.

Sa voracité apparente les surprit presque davantage. Le roi fournit chaque jour pour la maison de Mehemet Riza Beg, est-il affirmé encore par une estampe et aussi par un document officiel [1],

---

1. A. E. Perse, tome 4, f° 253.

L'AMBASSADEUR AU BAIN

trois moutons, un agneau, vingt poules ou poulets, le tout en vie; cinquante livres de beurre, cinquante livres de riz, vingt-cinq livres de miel, dix livres de pommes, six citrons, huit livres de sel, trente livres de farine, dix livres de fromage, six douzaines d'œufs, un quarteron de poivre, trois livres d'épices, (muscade, canelle, etc.), huit livres de café, huit livres de chocolat, une demi-livre de thé, quinze livres de sucre, dix livres de tabac, une livre de safran, cent livres de pain, dix livres de suif, trente pintes de lait.

Il semble, à première vue, improbable qu'aucune exagération n'ait été commise car Gargantua ou Pantagruel seuls, eussent pu absorber en une journée une quantité aussi considérable de provisions. La liste est néanmoins exacte et les cuisiniers persans exigèrent bien du malheureux Morel qu'on leur fournît chaque matin cet ordinaire, sans préjudice de quelques suppléments. Cette quantité et cette variété d'aliments et d'ingrédients étonnent davantage lorsqu'on apprend par Chardin « que les peuples de l'Asie mangent beaucoup moins que ceux de l'Europe ». « Nous
« sommes des loups et des bêtes carnassières en
« comparaison d'eux, ajoute-t-il. Je n'en attribue
« pas la cause entièrement à leur sobriété en pre-
« nant ce terme pour la vertu qui dompte la
« gourmandise. Les raisons en sont plus grossiè-
« res ; car c'est premièrement qu'ils habitent des

« climats plus chauds que les nôtres; seconde-
« ment, que leurs climats n'ont pas autant d'ali-
« ments, c'est-à-dire ni la variété ni l'abondance
« des nôtres; en troisième lieu qu'ils ne s'exci-
« tent pas l'appétit par ces exercices du corps
« qui nous occupent si fort, comme la prome-
« nade, la danse, la paume. Ils sont sédentaires
« comme des reclus en comparaison de nous.
« Une quatrième raison est l'usage du tabac,
« lequel amortit encore beaucoup la faim, comme
« chacun sait, et les Orientaux ont toujours la
« pipe à la bouche. Une cinquième, c'est que le
« vin et les autres liqueurs fortes leur sont
« interdits. Une sixième est qu'ils font un usage
« immodéré d'opium et de diverses boissons
« d'eau froide et assoupissantes. Ces raisons, et
« d'autres semblables, sont les causes de la fru-
« galité des Orientaux. On fait souvent une vertu
« à des peuples d'une habitude qui n'est qu'un
« effet de la constitution du climat[1]. »

Il paraîtrait, dans ces conditions, que le climat européen avait agi déjà sur l'ambassadeur et sur ses gens. C'étaient des loups et des bêtes carnassières et non plus des Orientaux qu'on avait logés à l'hôtel des ambassadeurs. A vrai dire, Mehemet Riza Beg est resté doué lui-même d'un médiocre appétit et il n'a guère contribué à gros-

---

[1]. Chardin, (op. cit.), t. 4, p. 26 sqq.

sir, pour sa part, les comptes de cuisine. Mais sa suite comprenait une quarantaine de personnes, outre les interprètes et Saint-Olon qui tenait table ouverte. S'il y eut donc du superflu dans les provisions achetées quotidiennement pour l'ambassade, le nécessaire devait atteindre un chiffre déjà respectable.

La préparation des aliments, à la mode persane, avait d'ailleurs pour résultat de gâcher maintes denrées, et la malhonnêteté des cuisiniers ou de l'intendant de Son Excellence achevait le pillage. L'usage persan était de ne rien garder de la veille; on jetait ou plutôt on revendait les restes. Comme parfois on tuait et rôtissait un mouton pour y découper deux côtelettes, les bénéfices des gens de l'ambassadeur devaient être considérables. Le soir, quand on s'allait coucher, il n'y avait plus dans tout l'hôtel même une simple croûte de pain. Les cuisiniers persans étaient seuls autorisés à toucher les viandes ou les mets destinés à Mehemet Riza Beg. Fidèles observateurs des rites, ils savaient le moyen de tuer les bestiaux ou volatiles sans les rendre impurs. Dans la salle où ils opéraient, une petite fosse était creusée pour recevoir le sang de la victime. Celle-ci, la tête tournée du côté de la Mecque, était égorgée avec un couteau spécial. L'ambassadeur tenait essentiellement à ce que les préceptes de sa religion fussent observés dès qu'il s'agissait de sa nourriture. La crainte de manger des plats préparés par des infidèles expliquait la sobriété qu'a notée le baron de Breteuil dans la journée de l'audience royale.

A Constantinople, pendant sa captivité, Mehemet Riza Beg avait poussé le scrupule jusqu'à se nourrir exclusivement de galettes cuites d'avance à Érivan. On avait remarqué enfin à Marseille, comme ailleurs, qu'il mangeait seulement les mets confectionnés par ses gens. Il ne consentit pas davantage à Paris, malgré un gros rhume, à goûter du sirop de capillaire et de la guimauve. Ayant été convié à dîner par l'introducteur, il fit envoyer chez Breteuil, le matin, les ustensiles de cuisine et la vaisselle destinés à son usage. Ses cuisiniers vinrent tuer les animaux dont la viande devait lui être servie, et l'un de ses domestiques apporta même, dans un grand panier, le café moulu et cuit ainsi que les fruits et les confitures.

Les repas de Mehemet Riza Beg avaient lieu à des heures régulières. Le premier fixé à onze heures du matin, se composait plutôt de laitages, de confitures et de fruits : à son réveil, l'ambassadeur prenait du café et du pain. Le principal et deuxième repas avait lieu à sept heures du soir et l'on y servait, cette fois, de la viande. Le menu comprenait toujours du pilau, de la viande hachée, presque toujours du mouton, des potages, des pois et autres légumes. Son Excellence s'asseyait sur un coussin, les jambes croisées et couvertes d'une serviette, et ses domestiques déposaient pêle-mêle devant elle tous les plats, sur une nappe de brocart d'or. Le baron de Breteuil assista souvent au dîner de l'ambassadeur, et déclare n'avoir jamais vu d'homme dont le dîner fût aussi vite fini. Il s'indigne, toutefois, de la manière avec laquelle mangeaient les Persans qui n'usaient ni de couteaux ni de fourchettes. Le spectacle devait être en effet peu ragoûtant lorsque Mehemet Riza Beg saisissait et déchirait avec ses doigts des morceaux de viande, les pétrissait pour en former une sorte de pelote, les assaisonnait d'une pincée de sel et les avalait sans les mâcher! De temps à autre, un domestique lui présentait du sorbet dans une coupe de porcelaine avec une cuiller de bois. A la fin du repas, l'ambassadeur se lavait les mains, puis la bouche, dans un bassin d'argent, et s'essuyait la barbe avec soin. Somme toute, ce convive n'était guère à sa place dans un dîner d'apparat et Arnoul à Marseille, comme Breteuil à Paris, eurent un certain courage en l'invitant chez eux avec des dames.

Les plaisirs de la table inconnus à Mehemet Riza Beg lui coûtaient donc peu de temps. La seule occupation réellement absorbante de l'envoyé du grand sophy était la prière. L'ambassadeur se montrait très dévot et scrupuleux observateur des préceptes de sa religion. Son mollah jouissait auprès de lui d'un immense crédit et rien n'était fait sans qu'il fût consulté.

« Les mahométans, affirme Chardin[1], sont assu-
« rément les peuples du monde qui prient Dieu
« le plus souvent et qui le prient avec le plus
« d'attention et de zèle. » D'après la tradition, Mahomet aurait tout d'abord prescrit à ses disciples de faire cinquante oraisons par jour ; puis il en aurait réduit le nombre à trente et finalement à cinq. Ces cinq prières sont restées obligatoires pour les bons musulmans, qui sont libres de les compléter, selon leur dévotion. Mehemet Riza Beg priait Mahomet au moins cinq fois : 1° à midi, heure à laquelle le jour commence pour les Orientaux puisque le soleil passe alors au méridien ; 2° au moment où cet astre disparaissait à moitié à l'horizon ; 3° à l'instant où il ne faisait plus assez clair pour distinguer un fil noir d'un fil blanc ; 4° à l'heure du coucher ; 5° à l'aube naissante. Le mollah appelait l'ambassadeur à la prière en chantant à une fenêtre, ainsi que le font, en Orient, les muezzins du haut des minarets des mosquées, et Son Excellence en a souvent profité pour congédier brusquement les visiteurs qui l'importunaient ou pour rompre un entretien qui lui déplaisait. Elle se levait, en ces occasions, quand on y pen-

1. Chardin, *op. cit.*, t. 7, p. 1.

sait le moins, déclarait qu'elle n'avait pas fait sa prière et il fallait s'incliner, car cette manière d'agir ne constituait pas même une incivilité. On peut supposer, étant donné son caractère, que le Persan usa maintes fois d'un prétexte assez commode. Si Mehemet Riza Beg l'avait souhaité, il aurait pu, en réalité, réduire le nombre de ses prières de cinq à trois, ou plus exactement, fusionner celles du midi et du soir et celles de la nuit et du coucher. Il n'y manqua pas quand il y trouva avantage pour ses plaisirs.

La prière entraînait en effet tout un cérémonial long et compliqué qui faisait perdre un temps infini. L'ambassadeur ayant passé dans la chambre réservée à ses oraisons, se déchaussait, se déshabillait, ne gardant que sa chemisette. Il retroussait les manches de cette chemisette jusqu'au coude et se couvrait la tête d'un bonnet ou d'un turban auquel il n'y avait ni or, ni argent, ni broderie et qui était d'ordinaire de toile de coton blanche. Comme le climat d'hiver était parfois rigoureux et pluvieux, Mehemet Riza Beg jetait sur ses épaules un justaucorps de drap, fourré de peau d'agneau. Il n'aurait pu utiliser ses justaucorps doublés de martre zibeline ou d'autre fourrure fine, ces fourrures étant regardées comme impures parce qu'elles provenaient d'animaux dont la chair est interdite et qui n'ont pas été tués selon les rites.

Ainsi déshabillé et accoutré, l'ambassadeur allait faire ses lustrations avec de l'eau pure puisée dans un seau spécial, puis il remettait ses bas, abaissait ses manches, et s'approchait du petit tapis réservé à la prière. D'environ quatre à six pieds de long et de deux à trois de large, ce tapis représentait, à l'un de ses bouts, un toit de mosquée pour rappeler la mosquée de La Mecque ; roulé soigneusement d'ordinaire, il renfermait un Coran dans un sac très propre, une sorte de palet de terre, un chapelet, un miroir de poche, un peigne et quelques reliques. On l'étendait de telle façon que le haut se trouvât dans la direction de La Mecque. Son Excellence se mettait alors à genoux dessus et s'asseyait sur ses talons serrés l'un contre l'autre, la figure tournée également vers La Mecque. Elle disposait devant elle tous les objets contenus dans le tapis, se peignait la barbe devant le miroir, prenait son chapelet, l'égrenait en marmottant quelques oraisons, puis se levait, accomplissait les prostrations nécessaires les mains appuyées sur les cuisses, le corps penché en avant et si bas que la tête touchait presque les genoux, se redressait en arrière les mains hautes, et s'agenouillait de nouveau pour se prosterner contre la terre, la tête appuyée sur le palet. La compagnie n'étant pas interdite à l'heure de la prière, Mehemet Riza Beg se livra souvent à ses dévotions en présence du baron de

Breteuil, de Saint-Olon ou d'autres gens de qualité. Tous admirèrent le zèle et l'humilité qu'il apportait à s'acquitter de ses devoirs de bon musulman, et s'émerveillèrent qu'il ne remuât pas les yeux, qu'il restât recueilli et que les mouvements de son corps gardassent une exacte mesure et un rythme surprenant.

La dévotion dont l'ambassadeur donnait ainsi des témoignages éclatants, excusait, dans quelque mesure, les impertinences qu'il avait soulevées pour l'entrée à Paris et l'audience à Versailles. Elle était sans doute aggravée dans ses conséquences par une superstition excessive, mais en compliquant du moins singulièrement la vie de Son Excellence, elle explique, avec le caractère persan, certains côtés bizarres qui frappèrent les Parisiens.

« Il est difficile de croire, déclare le baron de
« Breteuil dans ses mémoires, qu'un homme qui
« vient d'un pays aussi éloigné et aussi différent
« en toutes choses que la Perse l'est du nôtre,
« passe cinq mois dans Paris sans avoir la curio-
« sité de voir ce qu'il peut y avoir de rare dans
« la ville et aux environs, ni la sagesse de s'ins-
« truire du gouvernement et des mœurs des
« Français. Mehemet Riza Beg n'a témoigné
« aucun empressement pour voir les magnificen-
« ces de Versailles ni des autres maisons roya-
« les, ni celles des particuliers dont plusieurs, à

« Paris, méritent la curiosité des étrangers, et n'a
« aucune conversation qui puisse l'instruire ni de
« nos mœurs ni de notre gouvernement; et si tous
« les Persans mènent une vie aussi fainéante et
« aussi oisive que leur ambassadeur la mène à
« Paris, leur mollesse et leur ignorance doivent
« être sans exemple. Cependant il a, comme je l'ai
« déjà dit, beaucoup d'esprit, mais je crois que
« sa vanité lui fait croire qu'il lui suffit d'avoir
« jeté ses yeux sur les personnes que la curiosité
« a attirées chez lui pour le voir, et de s'être
« quelquefois promené par les rues de Paris, à
« cheval, pour connaître notre gouvernement,
« nos mœurs et la magnificence de nos palais et
« de nos jardins, car il m'a dit plusieurs fois
« qu'un coup d'œil lui suffit pour voir ce qu'il y
« a à voir. »

L'introducteur des ambassadeurs aurait dû se rappeler que, comme il l'a constaté lui-même dans une autre occasion, Mehemet Riza Beg « était bien de son pays ». Les Persans du xvii⁰ et du xviii⁰ siècle n'aimaient ni la promenade ni les voyages : « Ils regardent [1], raconte Chardin, des
« tours d'allées comme des actions de gens hors
« du sens. Ils demandent sérieusement ce qu'on
« est allé faire au bout de l'allée et pourquoi on
« ne s'y est pas arrêté, si l'on avait sujet d'y

---

[1]. Chardin (*op. cit.*), t. 3, p. 426.

« aller. Cela vient sans doute de ce qu'ils demeu-
« rent dans un climat mieux tempéré que le
« nôtre. Ils n'ont pas tant de sang que nous, qui
« sommes septentrionaux, ni si bouillant. On ne
« sait ce que c'est en Perse que *l'exercice*. On se
« porte encore mieux, en ce pays-là, d'être tou-
« jours assis ou porté, que de marcher : les hom-
« mes vont à cheval mais ils ne marchent jamais...
« Pour ce qui est des voyages, ceux de simple
« curiosité sont encore plus inconcevables aux
« Persans que les promenades. Ils ne connaissent
« point la volupté que nous ressentons à voir des
« manières différentes des nôtres et à ouïr un
« langage qu'on n'entend point. » Et à l'appui
de ces affirmations dont l'exactitude et la valeur
ne semblent pas douteuses, Chardin cite un exemple. Lorsque la compagnie des Indes orientales
envoya des députés au roi de Perse et que deux
gentilshommes, MM. de Lalain et de Laboulaye-
Legourd [1], se joignirent à ces marchands, les ministres du sophy ne comprirent pas l'épithète de
« curieux de voyager » dont se qualifiaient ces
personnages. Ils demandèrent à Chardin s'il était
possible qu'il y eût parmi les Français des gens
qui voulussent parcourir deux ou trois mille lieues,
avec tant de risque et d'incommodité, pour voir
seulement comment « on était fait et comment
on faisait en Perse ».

1. Voir p. 241.

Il faut donc attribuer en grande partie à cet état d'esprit des Persans l'ignorance complète et presque grossière où ils étaient des autres nations du monde, ignorance que soupçonnait le baron de Breteuil, d'après l'exemple de l'ambassadeur. Qu'importaient à Son Excellence le gouvernement et les mœurs des Français quand les ministres de son maître, et le chah lui-même, n'étaient pas plus informés de ce qui se passait en Europe que dans la lune ? A quoi bon déranger ses habitudes pour satisfaire une vaine curiosité et acquérir des connaissances parfaitement indifférentes à la Cour de Perse ? Ne valait-il pas mieux, n'était-il pas plus sage, de fumer nonchalamment sa pipe, de méditer le Coran, et de faire des achats d'objets ou d'étoffe pour s'attacher, au retour, la faveur des puissants ? En dépit de cette philosophie et de cette humeur, Mehemet Riza Beg est cependant sorti parfois de l'hôtel de la rue de Tournon. Il s'y est décidé par politesse et par caprice, pour son plaisir personnel, mais les occasions de le rencontrer dans les rues de Paris ont été plutôt rares. Ses promenades et ses distractions ont parfois causé tant de désordre ou d'ennuis qu'on ne saurait regretter, en vérité, pour ceux qui l'accompagnaient, une indifférence peut-être méprisante et en tout cas peu gênante.

Après l'audience à Versailles, aucune raison n'existait plus de maintenir au Persan quarante

LES PLAISIRS DE L'AMBASSADEUR
La pipe.

D'après une estampe du temps. (*Cabinet des Estampes.*)

chevaux des écuries royales : on continuait par faveur exceptionnelle à le loger dans l'hôtel des ambassadeurs, mais il convenait de limiter les dépenses extraordinaires. Par égard pour Son Excellence, on mit toutefois à sa disposition un carrosse à six chevaux, plus deux autres pour la suite. Mehemet Riza Beg fut indigné de cette décision. Il se répandit en plaintes, en récriminations, et jura qu'il ne bougerait pas, plutôt que d'aller en carrosse. La patience de Saint-Olon et de Breteuil ne put vaincre son entêtement, et l'on dut se résigner, pour rétablir le calme rue de Tournon, à louer une quinzaine de chevaux de selle. Avec les cinq bêtes qu'il avait achetées à Marseille — aux frais du roi naturellement — l'ambassadeur disposait encore d'une cavalerie imposante. A diverses reprises, Morel essaya de la réduire ou tout au moins de ne pas l'accroître. Il y réussit à peine malgré tous les subterfuges. Les chevaux restaient à l'écurie, soit, mais ils y étaient. Dès que Son Excellence sortait, elle entendait être escortée de son porte-étendard, de son porte-pipe, de ses fusiliers, et accompagnée de quatre chevaux conduits à la main par des valets de pied et harnachés à la persane. Le spectacle était très convenable pendant le carnaval, constate Breteuil, mais plus tard il devint ridicule. Qu'il allât aux bains du sieur du Buisson (jusqu'au jour où ceux de l'hôtel furent installés), à l'Opéra où il se rendit quelquefois, le cérémonial restait identique. La présence des gens de la suite n'était pas, d'ailleurs, sans inconvénients. Le lundi gras, par exemple, à l'Opéra, un des fusiliers refusa de déposer son arme à la porte. Dans sa résistance aux injonctions qu'on lui adressait à cet effet, il jeta à terre la perruque et le chapeau d'un sergent des gardes. Ce dernier, respectueux de la consigne lui prescrivant de ne pas irriter ou frapper les Persans, se borna à se baisser pour ramasser son chapeau. Au même moment, le fusilier tira sournoisement un couteau de sa poche et il en eût blessé le soldat si l'on n'eût arrêté son bras déjà levé. L'affaire fit grand bruit. Louis XIV en fut informé, dès le lendemain, par M. de Contades, major des gardes françaises, et donna l'ordre au baron de Breteuil d'aller parler fermement à Mehemet Riza Beg pour que l'incident ne se reproduisît pas. L'introducteur qui connaissait le personnage et redoutait la mort pour le coupable, s'assura du pardon de l'ambassadeur avant de lui présenter les observations de Sa Majesté. Des instructions sévères furent données à ses gens par Son Excellence pour prévenir désormais tout désordre. On verra par la suite comment elles furent respectées...

Parmi les distractions offertes à l'ambassadeur figurèrent une visite à Vincennes, à l'hôtel des Invalides et aux danseurs de corde de la foire Saint-Germain. Mehemet Riza Beg parut satisfait de l'hôtel des Invalides [1], où il fut pendant deux heures, le 2 mars, et il manifesta le désir d'y retourner, ayant été charmé de la magnificence et du bon ordre de ce palais. Le Louvre l'intéressa médiocrement. Quant à l'Opéra, la durée du spectacle lui parut y être excessive en dépit du confortable des aménagements exécutés à son intention et notamment de la construction d'un pavillon, richement tapissé et assez élevé, d'où il contempla la scène, assis à la mode persane et fumant sa pipe.

Un petit nombre d'excursions dans les environs lui permit, au mois de juillet, de se faire une idée des jolis sites qui entourent Paris. Il accepta ainsi une invitation de la princesse de Conti à Issy [1], et alla au palais du duc d'Orléans à Saint-Cloud. Mais la mauvaise humeur le prit au cours de cette promenade, et il quitta Saint-Cloud, après y avoir dîné, et sans examiner les appartements et les jardins. A Versailles, au contraire, où il n'avait point voulu retourner pendant cinq mois après l'audience, il marqua de l'intérêt et une vive satisfaction. On en eut la preuve par le désir qu'il manifesta d'avoir les estampes représentant les jardins, et il déclara lui-même au baron de Bre-

---

1. A. E. Perse, t. 4, f° 6.

teuil qu'il ne trouvait pas d'expressions pour faire comprendre son admiration. Il n'était cependant resté qu'une journée à Versailles sans profiter de la permission que le roi, alors à Marly, lui avait donnée d'y passer une deuxième après-midi. Le jeu des eaux, en particulier, produisit une grande impression sur son esprit [1].

Quelque regrettable que cela soit, il n'existe, ni dans les mémoires du temps, ni dans les gazettes, d'indications plus complètes sur les déplacements de l'ambassadeur persan. Une estampe de chez Guérard [2], rue du Petit-Pont, proche la rue de la Huchette, reproduit bien le cortège de Mehemet Riza Beg se rendant, le 18 mars, à la manufacture des Gobelins où l'on montra à l'envoyé du sophy « tout ce qu'il y avait de plus beau, ce dont il parut très content », mais aucun autre document ne confirme le fait, pas plus qu'une prétendue visite du château des Tuileries. Il est probable qu'aucun incident ne signala ces déplacements, et qu'on regarda comme inutile d'en publier une relation quelconque. Au surplus Son Excellence n'y trouva pas sans doute beaucoup d'agrément. Elle préférait aux monuments et aux spectacles, fussent-ils ceux de l'Opéra, des plaisirs mieux appropriés à sa mentalité et à ses goûts.

1. A. E. Perse, t. 4. f° 152.
2. V. p. 230.

Le *djeryd-bâz* et les femmes suffisaient amplement à la distraire.

Comme tous les Persans, Mehemet Riza Beg et les gens de sa suite se plaisaient à se livrer à des jeux d'adresse : ils n'aimaient pas *l'exercice* mais ils appréciaient les *exercices* qui rendent le corps souple et vigoureux. Le tir à l'arc à cheval, le jeu du mail, nécessitaient un matériel spécial et un espace considérable ; l'ambassadeur ne pouvait songer à s'y adonner. Le *djeryd-bâz* au contraire, pouvait se jouer hors de Perse. A proprement parler, le *djeryd* était un javelot fait d'une branche de palmier sèche, plus long qu'une pertuisane[1] et très pesant. Le jeu consistait à se lancer ce javelot, du haut d'un cheval, de toute la force du bras, et à l'éviter par des galops furieux ou par des mouvements rapides de la monture et du cavalier. On se divisait en deux camps qui se précipitaient l'un contre l'autre à toute bride, lançaient les *djeryd* et les ramassaient ensuite sans ralentir le train et sans descendre de cheval. L'habileté des Persans était si grande que les accidents graves se produisaient rarement, et leur grâce et leur vigueur si extraordinaires, qu'elles étaient dignes d'admiration. Dès que le bruit se répandit dans Paris que Mehemet Riza Beg jouait au

---

1. La pertuisane ne dépassait pas d'ordinaire 65 centimètres. Elle était en usage dans les milices bourgeoises et fut l'arme des gens de pied en général du xv⁰ au xviii⁰ siècle.

djeryd-bâz sur les remparts, la foule accourut pour contempler le spectacle. Il en résulta deux incidents désagréables qui causèrent beaucoup d'ennuis au baron de Breteuil.

Étant venu, le mercredi 17 mars, à l'hôtel de la rue de Tournon pour s'informer, après trois jours passés à Versailles, de l'état de l'ambassadeur, l'introducteur trouva Son Excellence dans un de ses emportements accoutumés. Elle avait, cette fois, le droit d'être courroucée. Elle montra en effet à Breteuil un de ses domestiques qui avait été moulu de coups de bâton et qui avait la moitié d'une joue emportée. Le fait était grave et une enquête s'imposait. L'introducteur la commença sur-le-champ ; il apprit ainsi que, deux jours auparavant, ce domestique, en écartant rudement le peuple sur les remparts où les Persans jouaient au *djeryd-bâz*, avait frappé de son bâton un lieutenant d'infanterie, Moligny, qui s'en était plaint sans obtenir justice. Le lendemain ce Persan, allant au marché, rencontra sa victime. L'officier s'était précipité sur lui et, saisissant un bâton dans une boutique voisine, lui en avait administré une correction agrémentée de quelques coups de poing dans la figure. Le valet avait réussi à s'enfuir tout meurtri et, le visage en sang, était accouru se jeter aux pieds de son maître. L'ambassadeur furieux avait aussitôt appelé Saint-Olon: sans rien vouloir écouter, il avait réclamé le châ-

Mehemet Riza Beg Ambassadeur de Perse fit Son Entrée a Paris le 7.e Fev. et eut audience
du Roy, le 19 a Versailles, d'ou il revint a l'hotel des Ambassadeurs ou il est actuellement,
il ne Sort qu'a Cheval Escorté de toute Sa maison, il va plusieurs fois la Semaine Sur le
Boulevard faire Son Exercice qu'ils appellent Zagaïe ils ne la font qu'a prés leurs prieres,
leur Exercice dure depuis 3 heures jusqu'a 5. ils Se lancent de gros batons les uns aux autres
de même qu'ils font leurs Javelots en guerre, il Est toujours accompagné de Son porte Pipe
A P. chez Guerard rue du petit pont proche la rue de la huchette a l'Image Notre Dame

LES PLAISIRS DE L'AMBASSADEUR
Le djeryd bâz

timent immédiat du coupable, déclarant en termes violents que, puisqu'on maltraitait ainsi ses gens, ni leur vie ni la sienne n'étaient en sûreté, et qu'il ne sortirait plus de l'hôtel avant d'avoir eu satisfaction. De fait, il avait renvoyé sur l'heure les chevaux qu'il avait commandés pour une promenade et qui l'attendaient à la porte. Pour le calmer, Saint-Olon avait aussitôt prescrit des recherches au commissaire du quartier, Meynier, et l'agresseur avait été alors découvert. Les choses en étaient là quand l'introducteur arriva à l'hôtel de la rue de Tournon. Mehemet Riza Beg lui renouvela ses plaintes et exigea que Moligny comparût devant lui et fût abandonné à sa miséricorde. Il promettait son pardon si Breteuil lui-même lui amenait le coupable. Le frère de ce dernier, comédien de son métier, attendait avec angoisse chez Saint-Olon les résultats de l'entretien. Le baron de Breteuil lui donna plusieurs fois sa parole que rien de fâcheux n'arriverait à l'officier, et cette assurance fut d'autant plus nécessaire qu'on avait terrifié le comédien avec la colère de Son Excellence. Afin de prévenir une nouvelle algarade, l'introducteur fit inviter les domestiques persans à s'abstenir de toute démonstration de vengeance, puis il vint chercher à la porte de la rue le lieutenant « plus tremblant que la feuille », et le conduisit devant l'ambassadeur. Mehemet Riza Beg, s'adressant alors au malheureux, lui

déclara avec emphase que dans son pays on lui couperait les mains et qu'il devrait ordonner ce supplice : par égard pour l'introducteur, il lui accordait son pardon. « Pour empêcher que ce
« Moligny mourût de peur en passant à travers
« tous les satellites de l'ambassadeur, je dus l'ac-
« compagner encore jusqu'à la rue. Bien lui en
« prit que j'eusse apaisé si promptement Mehe-
« met Riza Beg, car sur la lettre que Saint-Olon
« avait écrite à la Cour [1], pour rendre compte de
« l'incident, il vint un ordre de faire mettre en
« prison Moligny et de l'y laisser tant que l'am-
« bassadeur voudrait. » Le commissaire Meynier et M. d'Argenson ayant été saisis, l'affaire était devenue du ressort du comte de Pontchartrain. Ce fut donc ce secrétaire d'État que Breteuil informa, le soir, de l'arrangement intervenu.

Le roi approuva tout ce qu'il avait fait en cette occasion. La condescendance de Sa Majesté vis-à-vis de l'envoyé persan avait cependant des bornes. Dans la lettre [2] — arrivée trop tard — que le marquis de Torcy avait adressée à Saint-Olon, il était dit en effet : « Faites savoir à M. l'am-
« bassadeur que le tort a été de la part de son
« domestique et que c'est un pur effet de la con-
« sidération que le roi a pour son caractère et

---

1. A. E. Perse, t. 4, f° 35.
2. *Ibid.*, f° 41.

« pour lui, de punir l'officier qui a été insulté. « Mais prenez votre temps de manière à ce qu'il « ressente toute l'étendue de ce que Sa Majesté « fait en sa faveur. » Sans aucun doute Moligny était innocent. Le procureur du roi au Châtelet, Moreau, en informant, dès le 26 mars [1], le marquis de Torcy de ce qui s'était passé le matin, n'avait pas hésité à écrire que les témoins de la scène en rejetaient unanimement la responsabilité sur le valet persan, et considéraient cet individu comme le véritable agresseur. Le secrétaire d'État mieux renseigné jugea, par la suite, excessif de s'être montré aussi conciliant vis-à-vis de Mehemet Riza Beg : il chargea donc Breteuil, dont le zèle avait heureusement épargné une faute, d'aller dire à Son Excellence que le roi avait appris, à la suite de l'enquête, que le lieutenant Moligny avait été le premier, sur les remparts, insulté et frappé par les domestiques persans. Sa Majesté comptait, dès lors, que l'ambassadeur, venu en France comme « ministre de paix », voudrait marquer « son respect pour le roi en faisant un acte « de justice et en punissant la violence et l'em- « portement de son domestique [2]. » Il est inutile d'ajouter que Son Excellence n'en fit rien.

Deux mois plus tard (23 mai 1715), un deuxième

---

1. A. E. Perse, t. 4, f° 38.
2. A. E. Perse, t. 4, f° 98.

militaire apprenait à ses dépens l'inconvénient qu'il y avait à considérer de trop près l'ambassadeur persan. Mehemet Riza Beg était allé, ce jour-là, jouer au *djeryd-báz* dans les Champs-Élysées, non loin de la porte Saint-Honoré. La foule s'était amassée pour contempler les évolutions des cavaliers et les dames de qualité avaient quitté leur carrosse pour mieux satisfaire leur curiosité. Au bout d'une demi-heure de cet exercice, le Persan, éprouvant le besoin de se reposer, s'assit sur le tapis dont ses domestiques s'étaient munis. Il fuma sa pipe et ordonna de faire du café. Un grand nombre de femmes s'approchèrent et eurent l'attention charmante de lui tenir compagnie sans craindre de gâter leurs atours dans l'herbe. Cependant les gens de la suite avaient continué leurs cavalcades pour la plus grande joie des badauds. La préparation originale du café eut toutefois l'effet d'attirer beaucoup de spectateurs et il s'ensuivit une légère bousculade au cours de laquelle le café fut renversé. Le mal était réparable et fort excusable. Les domestiques de l'ambassadeur l'entendirent autrement et se fâchèrent. Il y eut des coups de poings échangés et enfin un Persan, particulièrement brutal, asséna un coup de bâton sur la tête d'un mousquetaire gris [1], homme de qualité, de la Haye-Béroud. Ce

1. Les mousquetaires comprenaient deux compagnies de cavalerie qui faisaient partie de la maison du roi. La première

jeune soldat fut assez sage pour ne pas tirer son épée et tuer l'insolent. Entendant des cris derrière lui, Mehemet Riza Beg, pris sans doute d'une crainte subite et croyant sa vie menacée, se leva, mit le sabre à la main, et sans l'intervention opportune de l'abbé Gaudereau, il eût, dans un premier mouvement, blessé plusieurs personnes. Son écuyer, encore à cheval, voyant que son maître brandissait son sabre, saisit aussi le sien. Un nommé Hussein, sujet persan et marchand de café dans la rue Saint-Honoré, qui suivait toujours l'ambassadeur, se mêla également de charger les assistants. Un tumulte affreux en résulta que Saint-Olon et les interprètes eurent bien du mal à apaiser. Le mousquetaire blessé fut porté dans l'un des carrosses de l'ambassade et ramené à l'hôtel de la rue de Tournon. Par un heureux hasard, il n'y avait là aucun autre mousquetaire, sinon la jeune noblesse qui composait ce corps ne se fût pas embarrassée des égards dus à un ambassadeur, ni du droit des gens. Mehemet Riza Beg lui-même, qui se piquait volontiers d'être guerrier et qui ne se possédait guère dès que sa tête était échauffée, aurait certainement voulu guerroyer et le carnage aurait pu être effroyable.

était celle des mousquetaires gris instituée par Louis XIII en 1622, et la seconde celle des mousquetaires noirs, créée en 1660 par Louis XIV. C'est d'après la robe des chevaux, et non d'après l'uniforme, que les deux compagnies étaient distinguées.
On n'y admettait que des nobles.

Le baron de Breteuil fut informé, le lendedemain, de cette bagarre : Saint-Olon, de son côté, s'était rendu en hâte à Marly pour en parler au marquis de Torcy, et le comte d'Artagnan [1], commandant des mousquetaires gris, avait suivi cet exemple, désireux de se plaindre au roi et d'obtenir satisfaction pour son corps. Saint-Olon un peu mortifié, peut-être, d'être relégué au second plan et de se voir, de cette manière, dépossédé de l'autorité qu'il entendait exercer, en dehors de l'introducteur, dans l'hôtel des ambassadeurs, rapporta de la Cour une lettre du marquis de Torcy adressée à Breteuil et qui était ainsi conçue :

« Le roi me commande, Monsieur, de vous
« écrire qu'ayant appris toutes les circonstances
« du désordre causé avant-hier, auprès du cours,
« par les domestiques de l'ambassadeur de Perse,
« l'intention de Sa Majesté est que vous alliez,
« de sa part, trouver cet ambassadeur. Vous lui
« direz, Monsieur, qu'au premier avis qu'Elle
« reçut, qu'un de ses mousquetaires avait été dan-
« gereusement blessé par un Persan, elle jugea
« que le gentilhomme avait tort, ne pouvant se
« persuader que l'ambassadeur eût souffert, sans
« une cause bien grave et bien pressante, que ses'

---

[1]. Montesquiou (Joseph de), comte d'Artagnan, 1651-1729 gouverneur de Nîmes en 1719, chevalier de l'ordre en 1724. Il devint capitaine-lieutenant des mousquetaires en 1716, en remplacement de Maupertuis qu'il suppléait depuis déjà longtemps dans ce commandement.

« gens eussent maltraité un homme qui a l'hon-
« neur de servir dans un corps aussi distingué
« que celui des mousquetaires.

« Que, sur ce fondement, Sa Majesté avait donné
« ses ordres pour être informée, avec la dernière
« précision, de toutes les circonstances de ce mal-
« heureux incident, voulant en faire justice et don-
« ner des marques de sa considération pour le roi
« de Perse en la personnne de son ministre ; mais
« que l'affaire étant bien approfondie, Sa Majesté
« a vu clairement que le mousquetaire avait été
« insulté et frappé le premier par un domestique
« de l'ambassadeur de Perse, ensuite maltraité
« jusqu'au point que sa vie est en danger.

« Ainsi, Monsieur, le roi sachant que l'ambas-
« sadeur de Perse est venu ici comme ministre
« de paix, que d'ailleurs, il témoigne en toutes
« occasions son respect pour Sa Majesté et sa con-
« sidération à l'égard de ceux qui ont l'honneur
« de la servir, Elle est persuadée qu'il donnera
« de nouvelles marques de ses sentiments en cette
« fâcheuse conjoncture.

« Vous direz donc à cet ambassadeur que le
« roi, pleinement informé de toutes les circons-
« tances du fait arrivé avant-hier, compte que
« l'ambassadeur fera justice de l'emportement et
« de la violence de son domestique exercée con-
« tre un gentilhomme qui a l'honneur d'être
« employé à une des compagnies destinées à la

« garde du roi, qu'après lui avoir demandé cette
« justice, au nom de Sa Majesté, vous le priez de
« vous faire savoir promptement la réponse que
« vous devez rendre, ayant ordre de Sa Majesté
« de venir incessamment s'informer de la résolu-
« tion que l'ambassadeur aura prise.

« Au reste, Monsieur, si vous avez quelques
« éclaircissements à demander au roi avant
« d'exécuter l'ordre que je vous envoie de sa part,
« vous pouvez venir ici les recevoir de Sa Majesté
« En ce cas, je crois que vous jugerez à propos
« d'amener avec vous l'abbé Gaudereau.

« Ma lettre vous sera rendue par M. de Saint-
« Olon; il est convenable qu'il soit présent lors-
« que vous parlerez de la part du roi à l'ambas-
« sadeur. »

signé : Torcy.

« Dès que j'eus cette lettre », raconte le baron de Breteuil, qui a donné de l'affaire un récit amusant par sa gravité, « je fus, avant d'aller chez
« l'ambassadeur, conférer avec M. d'Artagnan,
« et savoir de lui, précisément, en quel état était
« le mousquetaire qu'on disait en danger de mou-
« rir. J'appris par le chirurgien même qu'il n'était
« pas blessé dangereusement. J'allai ensuite chez
« l'ambassadeur ; je le trouvai dans des senti-
« ments bien différents de ce que j'allais lui dire.
« Ses domestiques l'avaient persuadé, ou du moins

« il faisait semblant de le croire, que c'était le
« mousquetaire qui avait tort, qu'il était venu sur
« eux l'épée à la main avant qu'ils l'eussent
« frappé, et dans cette pensée, il demandait jus-
« tice au roi de l'insulte prétendue, et selon lui
« préméditée, qu'on lui avait faite, et il était sur
« le point d'envoyer son akond emporter ses
« plaintes à Marly. Après avoir inutilement
« employé la douceur pour le persuader de la
« vérité et de ce qu'il devait faire en conséquence
« de la lettre du roi, qu'on lui traduisit en ma
« présence, je fus obligé de parler avec fermeté ;
« je lui dis que quand Sa Majesté faisait écrire
« par ses ministres qu'Elle était informée des cir-
« constances d'un fait, il n'était pas permis d'en
« douter, et que ce que le roi faisait écrire dans
« des termes si exprès devait passer pour une
« vérité constante. Il me répondit à cela qu'il y a
« un proverbe en Perse qui dit que : qui va seul
« devant le juge a toujours raison ; que ceux qui
« avaient parlé au roi n'avaient parlé que pour
« excuser le mousquetaire, et qu'il voulait envoyer
« son akond au ministre remontrer l'innocence
« de ses domestiques.

« Je lui répondis que, sur une lettre aussi posi-
« tive, on n'entrait point en éclaircissements avec
« un monarque tel que le roi, et qu'il n'était
« question que de résoudre quelle satisfaction
« l'ambassadeur donnerait et quelle réponse je

« porterais à Sa Majesté. Il persista à vouloir
« envoyer son akond, ce qui m'obligea à défen-
« dre aux interprètes Gaudereau et Padéry d'al-
« ler à la Cour sans mon ordre exprès.

« Quand le Persan vit la fermeté avec laquelle
« je parlais, il ne disputa plus, et me pria seu-
« lement de lui donner la nuit pour se résoudre,
« et de vouloir bien prendre la peine de revenir
« le lendemain.

« Comme il n'était pas question avec un homme
« dont les coutumes sont aussi éloignées de nos
« mœurs que celles de l'ambassadeur, de se for-
« maliser sur son manque de savoir-vivre et de
« civilité, je lui accordai sans façon de revenir
« le lendemain, ce que je ne ferais certainement
« pas pour aucun autre ambassadeur en pareil
« cas. Le lendemain, à l'heure convenue, je trou-
« vai que mon vilain s'était mis dans le bain ; je
« ne pus m'empêcher de me mettre en colère et
« de lui envoyer dire qu'il fallait qu'il en sortît
« sur le champ, que c'était abuser de ma poli-
« tesse, et qu'un homme comme moi qui venait
« de la part du roi n'était pas fait pour attendre.
« Il sortit sur cela promptement du bain, et me
« dit avec l'air gracieux qu'il prend quand il lui
« plaît, qu'il reconnaissait en toutes choses que
« j'étais son ami, qu'il avait réfléchi que quand
« un grand roi disait qu'il est informé d'un fait,
« qu'il fallait regarder ce qu'il disait comme une

« vérité constante, et que, dans cette persuasion,
« il allait faire lier les pieds et les mains au do-
« mestique qui avait frappé, et me le livrer pour
« en faire tout ce que le roi ordonnerait. Je lui
« dis qu'il n'était pas nécessaire de me le livrer,
« qu'il fallait attendre l'ordre que le roi me don-
« nerait sur sa réponse, et que j'allais sur le
« champ à Marly rendre compte de sa soumission
« à Sa Majesté. Il me pria d'y ajouter la recon-
« naissance dont il était pénétré de la bonté
« que Sa Majesté avait de s'en remettre à lui
« pour faire justice de son domestique. J'allai à
« Marly, et dès que j'eus rendu compte à Sa Ma-
« jesté de la soumission de l'ambassadeur, et de
« la reconnaissance qu'il avait de la bonté de Sa
« Majesté, Elle me répondit que cette soumission
« lui suffisait, que j'allasse le dire à l'ambassa-
« deur et l'exhorter en même temps à rendre ses
« domestiques sages. Elle m'ordonna aussi d'al-
« ler dire à M. d'Artagnan que puisque Sa Ma-
« jesté était contente, le mousquetaire blessé et
« toute la compagnie devaient l'être aussi. D'Ar-
« tagnan défendit le même jour à la compagnie
« assemblée qu'aucun mousquetaire s'arrêtât ni
« se trouvât désormais, de dessein prémédité ni
« par hasard, dans les lieux où l'ambassadeur de
« Perse s'arrêterait, soit pour faire son jeu, soit
« autrement.

« Quand j'eus rendu compte au roi de la sou-

« mission de l'ambassadeur, je lui dis que pour
« éviter à l'avenir de semblables inconvénients,
« je croyais qu'il serait bon que Sa Majesté per-
« mît que lorsque cet ambassadeur irait hors la
« ville faire l'exercice de ses javelots, il y eût
« une des brigades du prévôt de l'Ile de France
« qui s'y trouvât pour empêcher la grande foule
« de s'approcher de trop près. Sa Majesté agréa
« la proposition en me « disant que c'était à con-
« dition que cela se fît de manière que l'ambas-
« sadeur n'eût pas lieu de croire que ces brigades
« seraient là pour lui faire honneur. »

Le baron de Breteuil était un négociateur habile. Il avait l'oreille du roi et celle des ministres : il savait dompter Mehemet Riza Beg. Il se montra même plus avisé, en cette occurrence, que la police de M. d'Argenson, car il soupçonna, le premier, une nouvelle frime des Persans. Pour augmenter le courroux de leur maître, les domestiques de Son Excellence s'étaient plaints, en revenant des Champs-Élysées, que des filous leur eussent volé un plateau d'argent et quinze tasses de porcelaine avec leur support en filigrane d'argent. De nouvelles difficultés étaient à craindre avec un homme aussi furieux que Mehemet Riza Beg : la subtilité d'esprit de l'introducteur les prévint, en découvrant qu'aucun vol n'avait été commis au détriment de l'ambassadeur.

La leçon des journées des 15 mars et 23 mai

ne fut pas perdue pour les Parisiens qui s'abstinrent, par la suite, d'assister aux exercices de l'ambassade persane, ou tout au moins surent garder les distances.

L'empressement des visiteurs à l'hôtel de la rue de Tournon dura par contre plus longtemps. A Charenton, l'affluence avait été considérable dans la maison de Dionis. Breteuil a constaté lui-même que les carrosses s'alignaient en file devant la porte plus encore qu'à l'Opéra. A Versailles, après la cérémonie royale, une foule de courtisans avaient désiré contempler l'ambassadeur et, au cours des premières semaines, Saint-Olon, chargé de contresigner les billets d'audience, ne chôma guère.

Les femmes, qui se plaisent souvent à reprocher à l'autre sexe un défaut qu'elles connaissent bien, se distinguèrent par leur curiosité, et les dames de qualité ne furent pas les plus réservées. Son Excellence loin de repousser ces hommages s'en montra très flattée. Introduisant toutefois à Paris les mœurs persanes, elle ne voulut jamais admettre ensemble les hommes et les femmes. Il y eut des séries distinctes et l'on n'oserait affirmer qu'on ne fît jamais de tours de faveur. Au cours de ces réceptions, l'on servait du café et du sorbet, au son des violons, et le Persan, assis sur des tapis, fumait sa pipe. A vrai dire certaines personnes avaient des arrière-pensées, et les gazettes se chargèrent d'en citer des exemples. *Le Journal de Verdun* raconte [1] qu'une « assez jolie fille de la moyenne réputation fut « offrir ses services à l'ambassadeur. On lui en « fit faire la proposition par son interprète, « ajoute la gazette. Son Excellence répondit « qu'il trouvait la femme tellement à son goût « qu'elle n'avait qu'à passer dans une chambre voisine où l'un de ses gens lui couperait « la tête pour la porter en Perse comme une « rareté française. Il n'en fallut pas davantage « pour faire prendre la fuite à la donzelle et à « l'entremetteuse. » Si l'offre fut réelle, la fin du récit doit être inexacte. Mehemet Riza Beg était trop galant et de sang trop bouillant pour n'avoir pas été tenté. Le journaliste voulut sans doute rester discret pour ménager la pudeur de ses lectrices... Le baron de Breteuil donne en effet à penser que l'hôtel de la rue de Tournon ne fut pas toujours le théâtre de scènes comiques. Comment se serait-il avisé, si les mœurs et la décence y eussent été constamment sauvegardées, de conseiller amicalement au petit abbé Richard de se retirer au séminaire pendant le carême ? Cette suggestion partait d'un bon naturel : elle fut mal accueillie si l'on en juge par la riposte de l'abbé qui se plaignit en termes plutôt aigres-doux au marquis de Torcy en personne :

1. Tome XXII, avril 1715.

«... M. le baron de Breteuil, lui écrivit-il [1], me
« fit hier une grande exhortation pour m'inspi-
« rer le pieux dessein d'aller faire mon carême
« dans mon séminaire et m'a dit que Votre
« Grandeur lui avait marqué qu'elle était de ce
« sentiment. Je lui ai répondu que j'avais eu ce
« dessein avant même que le carême commençât,
« que j'y pensais très sérieusement, mais que
« touché par ce qu'il avait la charité de me dire,
« je laisserais volontiers ma chambre, qui était
« sans cheminée, à tout autre, pour empêcher de
« parler ceux qu'il me disait trouver mauvais de
« voir un prêtre avec une grande robe dans une
« maison où les dames venaient. Il finit sa prédi-
« cation en m'assurant que c'était en ami qu'il
« me parlait et qu'il ne me disait pas de sortir.
« Quoique je n'aie rien tant à cœur que de vivre
« chez moi et avec mes confrères, et que je me
« trouve ici dans une terre étrangère, je bénis
« Dieu de ce que jusqu'à présent je n'aie pu me
« séparer de l'ambassadeur parce que j'ai trouvé
« l'occasion de faire quelque bien. »

Ce dévouement à Mehemet Riza Beg et à l'intérêt du roi était méritoire. Était-il sincère, on
a peine à le croire. Et ne faut-il pas attribuer
plutôt aux charmes de la vie menée rue de Tournon, la résistance de l'abbé à faire retraite ? Les

---

1. A. E. Perse, t. 4, f° 22.

intrigues galantes où se complut Mehemet Riza Beg rendent cette hypothèse vraisemblable.

La plus scandaleuse de toutes fut la liaison de Son Excellence avec une marquise d'Épinay, fille d'une dame de Roussy, liaison qui donnerait un sujet d'opérette et qui se termina tragiquement. Mme d'Épinay avait-elle été ou était-elle mariée? Madame, duchesse d'Orléans [1], l'affirme, et déclare que le mari, personnage peu recommandable, était un bâtard du premier aumônier de son fils, l'abbé de Grancey, qui avait toujours eu chez lui un petit sérail. Quoi qu'il en soit, la dame était âgée de dix-sept ans et fort jolie. Élevée dans un assez grand monde, accoutumée aux plaisirs de Paris, chrétienne de religion, ses faiblesses pour Mehemet Riza Beg ne s'expliquent guère encore aujourd'hui. Elle passait pour modeste et avait la réputation de n'être ni coquette ni débauchée : fut elle livrée et vendue par sa propre mère? La chose est possible. Bref elle devint la favorite. Elle s'accoutuma assez vite à cette existence un peu spéciale. Au début elle prenait, avec sa mère, ses repas à la table présidée par le vénérable Saint-Olon, en compagnie des interprètes Padéry, Gaudereau et Richard. La position des deux prêtres était délicate. Ce qui sauvait tout, c'est que l'ambassa-

---

1. *Correspondance*, trad. Brunet, Paris 1857, 2 vol. in-12, t. 1, p. 324.

deur, épris au plus haut point de sa sultane, se faisait servir ses repas dans la même salle. Peu à peu il apprivoisa la belle, et réussit à la garder toute la soirée avec lui jusqu'à minuit ou deux heures du matin. Dans la journée, cette petite personne et Mme de Roussy, déposant leurs souliers au bord du tapis de Son Excellence, s'asseyaient sur des coussins au fond de la chambre de Mehemet Riza Beg, à l'exemple de ce qui se passait dans les sérails de Perse. N'éprouvant aucune honte de leur position, elles se donnaient ainsi en spectacle à tous ceux, hommes ou femmes, qui venaient visiter le Persan. A huit heures du soir l'appartement se fermait, et la mère, comme la fille, restaient seules, pour ainsi dire captives, avec un demi-sauvage ignorant le français, comme elles le persan. « Joignez à cela,
« ajoute le baron de Breteuil qui s'en révolte,
« l'horreur naturelle qu'a une chrétienne de se
« livrer aux transports amoureux d'un mahomé-
« tan. Pour moi j'ai vu cent fois ce commerce
« sans pouvoir le concevoir; cependant la mère
« que l'avidité de l'argent avait engagée dans
« un commerce si indigne, ne trouvait pas trop
« de quoi se satisfaire. L'ambassadeur ne pou-
« vait lui donner que ce qu'il épargnait sur les
« 500 francs qu'il touchait du roi tous les jours.
« La vérité est qu'il faisait mourir de faim ses
« domestiques, pour fournir à cette mère qui, sui-

« vant les dires des gens qui étaient auprès de
« Mehemet Riza Beg, n'a pas tiré plus de
« 15.000 ou 16.000 francs de lui, somme modique
« pour tant de beauté et pour une aventure si
« affreuse. Il y avait cent hommes d'affaires à
« Paris qui lui en eussent donné dix fois davan-
« tage, et l'infamie en eût été beaucoup moins
« publique et moins grande. »

L'introducteur était large en morale; il eût admis le marché pourvu que le Persan n'en fût pas le bénéficiaire. Mehemet Riza Beg, le plus heureux des trois, entre la mère et la fille, ne regretta pas l'argent du roi. On comprend dès lors son avarice, son souci constant de toucher son allocation quotidienne, son humeur casanière. Il avait chez lui une distraction peu coûteuse, agréable : il en usa le plus possible, il en profita jusqu'à sa mort.

Les aventures galantes de l'envoyé du grand sophy, colportées d'abord sous le manteau, puis devenues de notoriété publique, eurent un réel succès. Beaucoup s'en scandalisèrent, d'autres s'en amusèrent tout simplement. Retenues par une certaine crainte de cet ambassadeur et par le respect dû à son caractère diplomatique, les gazettes ne se décidèrent à conter ses fredaines avec la marquise d'Épinay qu'après son départ de France. Soucieuses de l'actualité, certaines feuilles jugèrent toutefois convenable de ne pas ignorer la présence à Paris de Mehemet Riza Beg, et de ne pas se contenter, comme la *Gazette de France*, de reproduire seulement les communiqués officiels sur l'entrée et l'audience de Son Excellence. L'une d'entre elles, le *Journal historique sur les matières du temps*, qui s'occupa le plus volontiers de l'ambassadeur persan, donna ainsi l'anagramme de son nom [1].

« Riza Beg est le nom de famille de l'ambas-
« sadeur persan. Si de ce nom on voulait tirer
« une anagramme française en retranchant la let-
« tre g, on trouverait le mot *bizare* et sans faire
« nulle application de ce mot au caractère res-
« pectable dont ce seigneur persan est revêtu, on
« trouvera que le terme de *bizare* convient assez
« à plusieurs circonstances qui se sont passées
« à son occasion par la différence qu'il y a des
« manières de son pays avec ce qui se pratique
« ordinairement dans les plus illustres Cours de
« l'Europe. »

Un lecteur de la même feuille voulut aussi honorer à sa façon Son Excellence persane. Voici le madrigal qu'il composa [2] :

« Alexandre, en son siècle, est seul surnommé Grand
« Pour avoir triomphé jusqu'au fond de la Perse ;
« Depuis, entre plusieurs le surnom se disperse,

1. Tome XXII, avril 1715.
2. *Journal historique sur les matières du temps*, Tome XXII, juin 1715.

« Mais Louis, en nos jours, le porte au premier rang ;
« Le Persan curieux, et terre et mer traverse,
« Pour être plus certain de ce qu'il en apprend. »

L'auteur reçut sans doute d'Alceste quelque méchant compliment. N'était-il pas plus courtisan que poète ?

Avec les mois l'engouement pour Mehemet Riza Beg tomba.

L'heure de célébrité du Persan fut brève et la Palatine, qui jugea si justement parfois les Français, écrivait déjà, avec raison, le 2 mai 1715 : « Der persianische ambassadeur ist zahm wor-
« den, man hoert nichts mehr von ihm. Alles ist
« mode hier. Dieser ambassadeur ist es nicht
« mehr, es wirdt woll widerwass anderst auf die
« Bahn kommen. » (L'ambassadeur de Perse est devenu docile, on n'entend plus rien de lui. Tout est affaire de mode ici. Cet ambassadeur n'est plus à la mode : il surgira bien quelque chose d'autre à bref délai) [1].

---

1. *Briefe der Herzogin E. Ch. von Orléans an ihre frühere Hofmeisterin A. K. von Harling und deren Gemahl.* Ed. Bodemann, Hannover, 1895, 2 vol. in-12.

L'orthographe du passage cité est conforme à celle de l'original.

L'AMBASSADEUR AUX GOBELINS

CHAPITRE IX

LE TRAITÉ FRANCO-PERSAN DE 1715

Le traité de commerce et d'amitié signé à Versailles, le 13 août 1715, par Torcy, Pontchartrain et Desmarets, au nom du roi de France, et par Mehemet Riza Beg, au nom du chah Hussein, a paru aux contemporains moins important que les aventures et mésaventures de l'envoyé du grand sophy.

La Cour, le peuple et les gazettes eurent, il est vrai, à cette époque, de plus graves soucis. Louis XIV, dont l'affaiblissement progressif était devenu particulièrement sensible dès le 11 août, s'éteignit le 1er septembre. Sa disparition, prévue et escomptée dans les dernières semaines de son existence, fit passer à l'arrière-plan toutes les autres questions.

L'ambassade de Mehemet Riza Beg n'eut pas, au reste, de conséquences politiques. Ses résultats, d'un ordre trop spécial, ne pouvaient passionner l'opinion publique et à plus forte raison les gens de qualité. Une des causes du mépris de Saint-Simon pour cette mission n'est-elle pas précisément que le Persan était chargé de régler des « affaires de négoce entre marchands » ?

Établir des relations commerciales fréquentes entre la France et la Perse, ouvrir de nouveaux débouchés à l'industrie et au commerce, développer ainsi la prospérité matérielle du royaume constituait, sans doute, aux yeux des courtisans de Versailles, une tâche moins glorieuse que de négocier un traité de paix après une guerre heureuse. Il s'agissait cependant d'une besogne utile, et l'on doit savoir gré à Louis XIV et à ses ministres de l'avoir tentée. Si le succès ne répondit pas à leurs espérances, la faute en revint autant à la Régence qu'au chah de Perse lui-même, dont l'indolence et la méfiance trouvèrent une facile excuse dans la triste fin de Mehemet Riza Beg. En cherchant à créer un marché avantageux pour la France et à priver les Anglais comme les Hollandais d'une source de bénéfices considérables, Torcy et Pontchartrain se montrèrent les continuateurs de Colbert : aussi l'acte qui porte leur signature, quelque ignoré des contemporains qu'il ait pu être, quelque inconnu qu'il soit demeuré, prouve-t-il la rectitude de leur jugement et leur souci de la grandeur du roi par l'accroissement de la richesse du royaume.

Ce traité de 1715 a marqué, pour ainsi dire, le

couronnement des efforts accomplis en Perse depuis le xvi° siècle pour y introduire l'influence et les produits français. Il a consacré les heureux effets de certaines initiatives individuelles, et modifié, en ce qu'elles avaient de fâcheux pour nos intérêts, les stipulations arrêtées à Ispahan, en 1708, entre le chah et le sieur Michel, envoyé officiel de la Cour de France auprès du grand sophy. Pour en bien apprécier la valeur et la portée, il convient au préalable d'examiner la situation que nous avaient faite à cette époque dans les États du roi des rois la politique commerciale de Colbert, continuée par ses successeurs, ainsi que l'action des marchands et des missionnaires attirés par l'appât du gain ou par le goût du prosélytisme religieux.

En conseillant au roi et en obtenant de lui la permission d'engager les Français à gagner de l'argent, Colbert avait fait un acte hardi et original[1]. A son avis, la grandeur et la puissance d'un État dépendaient de l'abondance d'argent qui s'y trouvait. Les exemples de Venise qui, devenue avant les découvertes maritimes des xv° et xvi° siècles le magasin général des marchandises des Indes, en avait tiré gloire et profit, — de l'Espagne qui avait bénéficié, par sa situation, de l'ouverture des voies maritimes nouvelles, — celui enfin

---

1. E. Lavisse, *Histoire de France*, Paris 1906, t. VII-1, chapitre IV, p. 169.

de la Hollande considérée comme le pays « le plus pécunieux de l'Europe » n'étaient-ils pas assez probants ?

Or pour gagner de l'argent il fallait faire du commerce. Mais comment nier la difficulté d'introduire le commerce dans un royaume « où ni « le général, ni même les particuliers ne s'y « étaient jamais appliqués » ? Le « génie même de la nation n'y était-il pas un obstacle ? » Colbert avait compté sur le roi et sur des réformes pour réaliser ses desseins. Il devait demander ainsi à Louis XIV, « de recevoir avec des mar- « ques particulières de protection et de bonne « volonté tous les marchands qui viendraient à « la Cour, et de les assister en toutes choses. » Ces encouragements de Sa Majesté fortifieraient l'action personnelle du ministre.

L'une des branches de commerce les plus appréciées par Colbert était le commerce du Levant dont le développement au cours du XVIe siècle avait été remarquable et fructueux. Il avait malheureusement décliné au début du XVIIe siècle à la suite des progrès des Anglais et des Hollandais, et d'autres causes, telles que les abus d'autorité des ambassadeurs de France à Constantinople, des consuls des Échelles et la mauvaise conduite des marchands eux-mêmes. Richelieu songea à supprimer ces abus; il ne put finalement y prêter une sérieuse attention et ses projets, si intéressants qu'ils fussent, ne reçurent aucune application. Quant à Mazarin, il ne tenta jamais le moindre effort pour améliorer la situation commerciale française dans le Levant. Nos rivaux anglais et hollandais trouvant le champ libre, profitèrent de nos fautes pour établir leur réputation : leur influence s'étendit et fit des progrès rapides. L'organisation de compagnies, d'associations de marchands, contribuait, dans une large mesure, à leurs succès et, lorsque Colbert arriva au pouvoir, le commerce français en Orient était menacé.

Avec une ténacité remarquable ce grand ministre contribua à organiser la résistance [1]. Son intelligence puissante embrassa d'une vision nette toute la gravité de la situation et les remèdes qu'on devait y apporter ; sa forte volonté s'attacha à vaincre l'opposition de ceux qui profitaient des abus ou même l'hostilité intéressée que rencontraient toutes les initiatives.

Dans la lutte qu'il engagea, Colbert se préoccupa, d'une part, de ruiner la concurrence faite jusqu'en France par les armateurs anglais et hollandais devenus peu à peu les courtiers des Orientaux, et, d'autre part, de la création de débouchés pour nos manufactures.

---

1. Paul Masson, *Histoire du commerce français dans le Levant au XVIIe siècle*. Paris 1896, 1 vol. in-8.

Marseille avait été fort longtemps l'entrepôt des marchandises du Levant : elle souhaitait conserver ce rôle et voulait attirer les vaisseaux étrangers par une complète franchise de droits : elle tenait aussi à se réserver l'entier monopole du commerce dans les Échelles et du transport des marchandises du Levant. Elle réclamait donc des droits spéciaux sur les bâtiments étrangers chargés de ces mêmes marchandises. L'édit d'affranchissement de 1669 lui donna en partie satisfaction. Les marchands étrangers obtinrent de sérieux avantages à Marseille, mais, pour éviter que ces privilèges leur permissent d'accaparer le commerce et pour encourager la construction de navires, un droit de 20 % était créé sur toutes les marchandises du Levant, même appartenant à des Français, qui seraient chargées et apportées sur des bâtiments étrangers. « C'était un
« vrai droit prohibitif, une sorte d'acte de navi-
« gation qui devait réserver à la marine nationale
« tout le commerce du Levant. Les marchan-
« dises qui ne venaient pas « à droiture » du
« Levant à Marseille et avaient été entreposées
« en Italie, étaient assujetties au 20 %, quoique
« apportées par des navires français, car c'eût
« été enlever à ce droit toute son efficacité, si les
« barques françaises avaient été libres d'aller
« charger les marchandises du Levant dans les
« grands entrepôts anglais et hollandais de

« Livourne[1]. » Il fallait aussi empêcher les étrangers de porter ces marchandises dans les autres parties du royaume. Un seul port de l'Océan fut affranchi du droit de 20 %, celui de Rouen, dont la concurrence ne devait guère être préjudiciable aux Marseillais. Déjà Marseille possédait, depuis 1609[2], le privilège exclusif du commerce des soies. La proximité de Lyon et le souci de limiter une importation dangereuse pour l'avenir de l'industrie lyonnaise lui avaient valu ce précieux avantage. L'édit de 1669 eut dès lors pour résultat de faire de notre premier port de la Méditerranée le seul centre du commerce français en Orient. Cette constatation n'est pas inutile ; elle explique l'intervention de Marseille dans les négociations engagées avec Mehemet Riza Beg.

Les garanties données aux navires français par le droit de 20 % n'étaient néanmoins pas suffisantes pour déterminer l'essor du commerce dans les pays orientaux. Colbert attribuait à l'organisation de compagnies, à la force de l'union, le développement commercial rapide des Anglais et des Hollandais. Les jalousies entre marchands marseillais avaient certes contribué aux progrès de nos rivaux. Il semblait donc convenable de fonder une société puissante, disposant de gros

---

1. Paul Masson (*op. cit.*), p. 166.
2. Lettres patentes de 1609, arrêts du conseil de 1633 et 1644. Lettre du 19 septembre 1669.

capitaux, capable d'efforts plus étendus, et susceptible d'élargir notre horizon commercial en coordonnant les initiatives individuelles. Les manufactures du royaume trouveraient, grâce aux agents de cette compagnie, le moyen de vendre leurs produits, et la richesse du pays s'en trouverait accrue. Ces diverses considérations déterminèrent la constitution de compagnies commerciales qui obtinrent un succès médiocre, mais envoyèrent du moins des missions à l'étranger, notamment en Perse.

Les voyages accomplis dans ce pays par François Bernier [1], par Tavernier [2] avaient révélé que des Français pouvaient s'établir et trafiquer avec profit sur le territoire du grand sophy. Les Anglais les y avaient devancés. Ils faisaient le commerce de la Perse par le golfe Persique, depuis 1613, et neuf ans plus tard, leur compagnie des Indes Orientales ayant rendu au chah Abbas le

---

1. Bernier (François), 1620-1698. Il partit pour la Syrie, l'Egypte et la Perse en 1656, devint médecin du grand Mogol et rentra en France en 1675. Il était élève de Gassendi.

2. Tavernier (Jean-Baptiste), 1605-1689. Fils d'un marchand de cartes de géographie d'Anvers, à 22 ans il avait parcouru l'Europe et en savait les langues essentielles. Il fut page du vice-roi de Hongrie (1620) et entra au service du duc de Mantoue. En 1636 il partit pour Constantinople et Ispahan et fit de 1638 à 1663 des voyages en Perse, Mongolie, aux Indes, à Batavia, à Sumatra, où il acquit une énorme fortune dans le commerce des pierres précieuses. Rentré à Paris, il fut emprisonné lors de la révocation de l'édit de Nantes, et se rendit en Suisse et à Berlin. Nommé directeur d'une compagnie des Indes que l'électeur de Brandebourg se proposait d'établir, il mourut pendant le voyage.

service de l'aider à prendre Ormuz aux Portugais, devait obtenir, en échange, trois loges ou comptoirs dans trois villes persanes, vingt mille écus de rente sur les douanes de Bouchir, et l'exemption d'un tiers des droits de douane. Les Hollandais, toujours entreprenants, avaient cherché également à nouer des relations avec les Persans. Quant aux Français, leur action avait pris un caractère plus religieux que commercial. A l'instigation de Richelieu, le roi avait bien chargé un gentilhomme, M. des Hayes, de se rendre en Perse pour y saluer en son nom le chah, le remercier du bon accueil fait à ses sujets, des libertés accordées aux chrétiens, et l'entretenir du commerce à établir entre les deux pays, mais des Hayes n'avait pu réussir à dépasser Constantinople en raison du mauvais vouloir du grand seigneur.

Désireux d'imiter les Pères Augustins et les Carmes déchaussés installés depuis peu à Ispahan, et de créer à leur tour des établissements dans les États du sophy, les Capucins se décidèrent, en 1628, à y envoyer une mission. Ce projet ne pouvait qu'être bien accueilli par le gouvernement royal et il était dû peut-être aux conseils de l'éminence grise de Richelieu (1), le

1. Le P. Joseph (François-Leclerc du Tremblay dit) 1577-1638. Devenu capucin en 1599, il fut le confident intime de Richelieu et son agent dévoué.

P. Joseph. N'était-ce pas une occasion de rappeler au chah le nom de la France ? Les R. P. Pacifique de Provins[1], Gabriel de Paris et Juste de Beauvais, choisis par leur supérieur, s'embarquèrent donc à Marseille au mois de juin, emportant avec eux pour le chah Abbas des portraits de Louis XIII et des deux reines. La relation de ce voyage donnée par le P. Pacifique est curieuse[2]. Les religieux gagnèrent Alep, et Babylone, puis le P. Pacifique seul, se rendit à Ispahan. Il y trouva le meilleur accueil de la part des autorités locales, des R. P. Augustins et des Carmes, ainsi que du prieur de ce dernier ordre, Jean Tadée. Son arrivée inquiéta beaucoup, par contre, les Anglais et les Hollandais qui crurent que ce capucin était chargé « d'établir une compagnie de marchands français avec l'autorité du Roi Très Chrétien. » Les assurances fournies par le P. Pacifique sur le but uniquement religieux de son voyage calmèrent tout d'abord les préoccupations de nos rivaux, mais leur jalousie se réveilla dès que le chah[3] eût fait appeler auprès de lui à Casbin[4] le moine français. L'accueil ré-

1. Le P. Pacifique de Provins devint supérieur-préfet de son ordre. Il mourut à Paris en 1653.
2. *Relation du Voyage de Perse*, par le R. P. Pacifique de Provins, prédicateur capucin. Paris, 1631, 1 vol. in-4°.
3. Le chah était alors Abbas 1er qui régna de 1587 à 1629 et dont Chardin a dit : « Quand ce grand prince cessa de vivre, la Perse cessa de prospérer. »
4. Aujourd'hui Kasvin.

servé au P. Pacifique fut exceptionnel et il paraît avoir embarrassé l'humilité de celui qui en fut l'objet. Les portraits remis au chah Abbas firent merveille et le monarque persan, heureux de cette attention, accorda à l'ordre des Capucins une maison à Ispahan et une autre à Babylone. Il confia enfin au P. Pacifique une lettre pour Louis XIII contenant de vives protestations d'amitié, ainsi que des présents. Le révérend, transformé malgré lui en ambassadeur, repartit en novembre 1628, et, quelques mois après, il s'acquittait auprès du roi, alors à Arles, des commissions du sophy. Tout en protestant de son incompétence en cette matière, le P. Pacifique avait constaté que des relations commerciales fructueuses pouvaient s'établir avec la Perse, et il indiqua qu'il serait avantageux de tirer de ce pays de la rhubarbe, de la soie, des toiles peintes et des cotonnades.

Ce fut toutefois en 1664 seulement que la compagnie des Indes, fondée par Colbert, comprit l'avantage de suivre l'exemple des Anglais et des Hollandais. Elle se décida à dépêcher à Ispahan deux agents, Guéton et Mariage, qu'accompagnèrent de Lalain et de Laboulaye-Legourd, gentilshommes porteurs d'une lettre de Louis XIV[1] au chah Abbas II[2]. La mission s'embarqua à Mar-

---

1. A. E. Perse, t. 1, f°s 73, 77, 117 et 120.
2. Le chah Abbas II monta, à dix ans, sur le trône (1642) et mourut en 1666.

seille en décembre 1664, atteignit le but de son voyage en juillet 1665, et fut reçue par le roi de Perse le 26 septembre. Fort bien traitée, elle obtint, en faveur de la compagnie des Indes, l'exemption, par lettres patentes, des droits de douane, en échange d'un versement annuel de 30.000 livres. Guéton et Mariage restèrent à Ispahan, tandis que de Lalain et de Laboulaye-Legourd gagnaient Bender-Abbas pour y installer un comptoir, mais le premier d'entre eux y trouvait la mort en mai 1667. Guéton ayant été, peu après, enlevé par la peste dans le couvent des Capucins, Mariage partit précipitamment pour Surate. Les rapports commerciaux à peine ébauchés entre la France et la Perse se trouvèrent donc encore une fois interrompus.

En 1671, un M. de Jonchères fut chargé de les rétablir et de faire confirmer par le chah Suléiman [1] l'accord intervenu six ans auparavant. Il emporta également avec lui une lettre de Louis XIV et des présents qui contribuèrent à lui faire octroyer, à nouveau, les privilèges consentis en 1665-66 à la compagnie des Indes orientales [2].

Aucune autre tentative ne fut renouvelée jusqu'à la fin du XVIIe siècle pour rendre plus étroi-

---

1. Le chah Séfi II Suléiman régna de 1666 à 1694. Sa cour fut exceptionnellement brillante.
2. A. E. Perse, t. 1, fos 126 et 128.

tes et multiplier les relations qui s'étaient ainsi renouées, et sans certains prétextes religieux qui furent habilement saisis, le nom de la France eût été vite oublié en Perse. Le succès des Capucins, dû aux portraits de Louis XIII et des reines et au prestige qui était résulté de ce cadeau pour le P. Pacifique, avait prouvé aux moines la valeur de l'appui du roi de France. Aussi, dès 1667, le P. Mathieu, provincial des Dominicains en Arménie, avait-il jugé avantageux de solliciter le renouvellement auprès du chah des démarches faites, trois ans auparavant, par le roi à la demande du P. Antoine-François Sani, en faveur des intérêts des catholiques en Perse [1]. Il avait reçu une lettre de Louis XIV pour Suléiman qu'il avait remise lui-même au sophy, et qui avait été bien accueillie [2]. Le monarque persan répondit même au roi pour l'assurer, par écrit, que des ordres avaient été donnés afin de faire respecter les privilèges des chrétiens et notamment ceux des Arméniens de Nachivan [3]. Cette région renfermait en effet de nombreux villages catholiques, par suite de l'action des Dominicains, mais les gouverneurs ne partageaient guère la tolérance de leur souverain.

En dépit des promesses du chah, le sort des

1. A. E. Perse, t. 2, f° 71.
2. *Ibid.*, f° 118.
3. *Ibid.*, f° 130. — Nachivan est aujourd'hui Nachitchevan.

Arméniens resta précaire. Ces malheureux ayant entendu parler du zèle du roi de France à répandre la religion catholique jusque dans les pays les plus éloignés, ainsi que des démarches qui avaient été déjà faites par ce prince en leur faveur, n'hésitèrent pas, quelques années plus tard (1681), avec les Chaldéens et Syriens catholiques, à faire parvenir leurs doléances à Louis XIV [1]. Leur intermédiaire fut François Piquet [2], évêque de Caesaropolis. Ce prélat accepta de transmettre la lettre des Arméniens et des autres chrétiens, et grâce à l'appui du P. de La Chaise [3], gagné par Piquet à la cause qu'il soutenait, le roi de France s'intéressa au sort des plaignants. Il écrivit au chah et fit même préparer des présents pour le monarque oriental, consistant en « ouvrages à ressort, tels qu'on « n'en avait point encore vus non seulement en « Perse mais en France. Ces ouvrages étaient de « grandes montres, qui avaient trois pieds de « face ou environ. Ces montres représentaient, à

---

1. A. E. Perse, t. 2, f° 131.
2. Piquet (François, né à Lyon en 1626, mort à Ispahan en 1685. Il fut nommé consul à Alep en 1652. Ayant quitté le service de l'État, il fut tonsuré en 1660, devint sous-diacre en 1663, reçut le diaconat et le sacerdoce en 1664, fut nommé vicaire apostolique et évêque de Babylone en 1674, et un an plus tard, évêque de Caesaropolis, en Macédoine; sacré à Aix; en 1677, il retourna à Alep en 1679 et passa ensuite en Perse.
3. La Chaise (François d'Aix de) jésuite, 1624-1709. Il était provincial de l'ordre à Lyon, lorsqu'en 1675 Louis XIV le choisit pour succéder au P. Ferrier, son confesseur.
Il fut remplacé, à sa mort, par le P. Letellier.

« chaque moment, le mouvement ordinaire du
« soleil sur son zodiaque et celui de la lune, leurs
« éclipses, le mouvement des planètes et leur
« conjonction, les heures du jour et de la nuit,
« les mois et les années, et tout cela dans son
« ordre successif et naturel. On entretenait le
« mouvement continuel de ces machines par le
« moyen de clefs qui les montaient comme nous
« montons nos pendules [1]. »

Ces cadeaux « si magnifiques » furent confiés, avec la lettre royale [2], à deux jésuites, les Pères Longeau et Potier qui se rendaient comme missionnaires en Perse. Fait à noter, c'était la première fois que le puissant ordre des Jésuites se disposait à suivre l'exemple des Augustins, des Carmes déchaussés, des Capucins et des Dominicains. Les messagers royaux quittèrent Paris en octobre 1682, et un an après, jour pour jour, ils remettaient à Piquet, alors à Ispahan, les commissions dont ils étaient chargés. Reçu en audience solennelle par le sophy, l'évêque de Babylone lui offrit les cadeaux de Louis XIV et lui présenta la lettre de son souverain. L'impression produite fut excellente et l'avisé prélat en profita pour solliciter en faveur des Jésuites

---

[1]. *Choix des lettres édifiantes écrites des missions étrangères.* Paris, 1826, 8 vol. in-8, t. IV, p. 261 sqq.
[2]. A. E. Perse, t. 2, f° 139.

l'autorisation de s'installer à Érivan [1]. Les Arméniens de Nachivan ne furent pas davantage oubliés ainsi que les autres chrétiens de Perse. Toutes ces demandes furent gracieusement accueillies et, en 1685, le roi de Perse annonçait lui-même cette nouvelle au roi de France en l'assurant de sa bienveillance pour l'évêque, les Arméniens et les « prêtres vêtus de noir » [2].

Ces bonnes dispositions étaient encourageantes. Louis XIV, affirmant ainsi son rôle de protecteur des chrétiens en Perse, n'hésita pas, deux ans plus tard, à intervenir de nouveau pour les Arméniens de Nachivan [3], et Pidou de Saint-Olon [4], nommé évêque de Babylone en 1688, emportait à son tour une lettre royale pour le chah [5]. Cependant les Jésuites avaient développé leurs missions dans les États du sophy, en installant une maison à Chamakié [6] (1687), et le P. Beauvollier qui se rendait en Chine par Ispahan, reçut, en août 1691 [7], un message qui marquait, une fois

---

1. *Lettres édifiantes* (*op. cit.*, p. 262). Les PP. Longeau et Potier créèrent aussitôt une mission à Érivan.
2. E. A. Perse, t. 2, f° 146.
3. *Ibid.*, f° 164.
4. Saint-Olon (Louis-Marie Pidou de), religieux théâtin, orientaliste, né à Paris le 8 septembre 1637, mort à Ispahan le 20 novembre 1717. Il était le frère du gentilhomme ordinaire de la maison du roi qui fut attaché à la personne de Mehemet Riza Beg.
5. A. E. Perse, t. 2, f° 167.
6. Chamakié était la capitale de la province de Chirvan : c'est aujourd'hui Schemacha.
7. A. E. Perse, t. 2, f° 207. Le P. Antoine de Beauvollier

de plus, la sympathie du roi pour la compagnie de Jésus. Jaloux de ces témoignages réitérés de protection, les Carmes déchaussés sollicitèrent également (1696) un appui auprès du sophy [1] et ces recours réitérés à l'intervention de la France en grandirent le renom auprès des Persans.

Le terrain était en somme assez bien préparé quand, au début de 1703, le marseillais Billon de Cansevilles parut à Ispahan, envoyé par la compagnie des Indes. Sans mission officielle, autorisé seulement, disait-il, par le gouvernement royal à promettre au chah Hussein, l'appui de la France pour s'emparer de Mascate, Billon de Cansevilles demandait, en échange, le rétablissement et l'extension des privilèges accordés, en 1671, à ses compatriotes et à la compagnie. Les intrigues des Anglais et des Hollandais qui avaient déjà vu avec jalousie l'immixtion française dans les questions religieuses, firent néanmoins échouer les efforts de Billon de Cansevilles. Ce personnage obtint seulement une « instruction » du roi de Perse dans laquelle Hussein se plaignait de n'avoir pas été félicité par Louis XIV, après son avènement (1694), priait Billon d'aller le dire à Paris et de réclamer l'envoi à la cour d'Ispahan d'un ambassadeur de France. Il promettait d'ailleurs

---

(1657-1708) arriva en Chine en 1699 et mourut, en vue des côtes du Portugal, à bord du navire qui le ramenait.

1. A. E. Perse, t. 2, f° 211.

d'agréer les requêtes relatives aux marchands français quand il aurait reçu le représentant de Sa Majesté Très Chrétienne [1].

Pour répondre au désir qui lui était ainsi exprimé et sur les instances de ses secrétaires d'État, Louis XIV décida alors de faire partir un envoyé pour la Perse. J.-B. Fabre, frère d'un ancien directeur de la compagnie de la Méditerranée, fut désigné pour cette mission et chargé d'examiner « les moyens d'introduire en Perse « les marchandises des manufactures du royaume « et de lever les obstacles qui peuvent s'y opposer, pour entrer, s'il est possible, en concurrence avec le commerce qu'y font les Anglais « et les Hollandais. » Les aventures de Fabre, celles de la dame Marie Petit qui l'accompagna et qui ne craignit pas de se présenter au chah, à Ispahan, après la mort de son ami survenue à Érivan, ont été joliment contées [2]. La mission n'eut, en tout cas, aucun résultat pratique, tandis que celle confiée à Louis Michel, deuxième secrétaire de l'ambassade à Constantinople, dès la nouvelle du malheureux sort de J.-B. Fabre, devait aboutir à la conclusion d'un traité, en bonne et due forme, signé à Ispahan en septembre 1708 [3]. Michel avait été invité à demander

---

1. A. E. Perse, t. 2, f⁰ˢ 223 sqq.
2. Maulde de la Clavière (*op. cit.*)
3. Pièces justificatives, p. 333.

au chah, en faveur des négociants français, tous les privilèges, franchises sûretés de nature à favoriser l'établissement d'un commerce sérieux et durable. Il devait en outre rappeler à la bienveillance du sophy les églises et communautés catholiques, provoquer la confirmation et l'accroissement de leurs privilèges. Malgré toute sa bonne volonté et ses efforts, Michel ne réussit pas à signer un traité entièrement favorable aux intérêts français. L'exemption des droits de douane n'était accordée à nos marchands que pour une durée de cinq ans, et en échange d'un présent « honnête et agréable » au trésor du chah. Après ce laps de temps, nos produits acquitteraient un droit de 3 %. Deux clauses assez obscures tendaient à fixer l'importation et l'exportation annuelles des marchandises d'or et d'argent au chiffre de 300.000 piastres sévillanes [1], et l'importation des autres marchandises à celui de 300.000 piastres. Il ne nous était permis d'acheter, chaque année en Perse que huit chevaux entiers et quatre juments ! Les droits de capitation et ceux payés aux gardes des chemins en Perse étaient exigibles, dans certains cas, des Français. Enfin une clause peu avantageuse pour

1. La piastre sévillane était le douro espagnol, d'une valeur de 8 réaux d'argent, soit environ 5 francs de notre monnaie. Elle avait cours dans tout le Levant et était connue aussi sous le nom de « piastre aux colonnes » car deux colonnes étaient figurées au revers.

l'amour-propre de la Cour de France, n'attribuait à ses ambassadeurs et envoyés que les « honneurs et les cérémonies convenables à chacun d'eux » sans spécifier « les premiers honneurs et la préséance » sur tous les autres représentants européens.

Les articles les plus satisfaisants étaient d'ordre judiciaire et surtout d'ordre religieux. Les commandements accordés antérieurement aux évêques et religieux francs étaient confirmés et ratifiés, et les missionnaires se trouvaient autorisés à demeurer et à donner librement l'instruction dans toutes les villes où ils étaient installés. Michel s'engagea, en outre, au nom du roi, à fournir des vaisseaux pour défendre les ports persans, promit la restitution des prises faites par les corsaires français, sur des vaisseaux ennemis, des marchandises appartenant à des Persans. Le chah demanda enfin l'envoi d'ouvriers pour les choses de la guerre, pour la construction d'objets de précision, etc.

Tel qu'il était rédigé le traité d'Ispahan ne constituait aucun progrès sur les accords déjà en vigueur avec la Perse. Sa valeur résidait surtout dans le fait qu'il constituait la première convention passée officiellement entre les deux États, les arrangements précédents n'ayant été conclus qu'entre les compagnies intéressées et la Perse.

Michel rentra en France au mois d'octobre 1709 :

pour récompenser ses efforts on le nomma consul général à Tunis, mais le roi hésita trois ans avant d'envoyer la ratification du traité d'Ispahan. Cet acte ne fut d'ailleurs pas exécuté car on le considéra comme trop onéreux pour la France [1].

Pour en tirer le bénéfice espéré et surtout pour obtenir le concours de la flotte française dans l'expédition projetée contre Mascate, le chah, en se décidant à envoyer un ambassadeur à la Cour de France, devait naturellement se préoccuper de la mise en vigueur du traité de 1708 et de l'exécution des promesses du sieur Michel. Mais la question de Mascate était délicate et il semblait préférable de ne la traiter que verbalement. Mehemet Riza Beg reçut des instructions à cet égard en même temps que des pouvoirs suffisants pour traiter à Paris.

La lettre du sophy remise au roi, à Versailles, le 19 février, avait fait nettement connaître ceux des désirs du gouvernement persan qu'on pouvait sans inconvénient consigner par écrit. La phraséologie habituelle en Orient les enveloppe seulement de formules élégantes.

« Nous avons reçu dans ce temps, mandait le
« chah Hussein à Louis XIV [2], une lettre du très
« sublime et éclatant empereur, remplie des fleurs

---

1. A. E. Perse, t. 5, f⁰ˢ 110-117.
2. Pièces justificatives, p. 362.

« de l'amour, qui nous a comblé de joie et par
« l'odeur de laquelle nous avons connu qu'elle
« venait de sa part et combien sincère était son
« amitié qui en a été le pinceau.

« Michel, qui était venu par ordre de l'empe-
« reur en qualité d'ambassadeur, ayant reçu
« dans le grand et puissant empire de Perse des
« marques d'amitié et obtenu ce qu'il souhaitait
« en faveur des négociants sujets de ce grand
« empereur, on leur a accordé la permission de
« venir en Perse et pour cela on a signé le traité
« de l'union et on l'a donné afin que les mar-
« chands, puissent venir négocier sans difficultés,
« et on a été d'accord que les négociants persans
« auront aussi la permission d'aller en France,
« selon ce dont on est convenu et qui doit être
« exécuté, le tout ayant été approuvé et ayant
« plu à votre esprit pur comme loi et semblable
« à un miroir éclatant comme le soleil... Il y a
« longtemps que Michel est retourné près du
« miroir éclatant de la bonté même, pour faire
« ratifier les conventions. Puisqu'il n'y a plus
« aucun empêchement et que les chemins sont
« ouverts, l'empereur étant si puissant, notre
« esprit, éclairé comme la chimie, faisant réflexion
« sur ce que les négociants ont retardé jusqu'à
« présent à se rendre à notre glorieuse Porte, a
« pensé que Votre Majesté n'était pas informée
« de ce qui se passait. C'est pourquoi nous avons

« ordonné au beglerbeg ou gouverneur de Chou-
« kourissat, de choisir une personne de confiance
« qui pût apporter sûrement la lettre d'amitié
« selon mes ordres, qui pût aussi faire augmen-
« ter cette amitié et accomplir tout ce qui est
« marqué ci-dessus. *Nous nous reposons sur son
« savoir, nous approuvons tout ce qu'il dira... Nous
« serons contents de tout ce qu'il aura fait et tout
« ce qu'il aura fait sera bien fait.* »

Un autre passage de cette lettre est relatif aux missionnaires et contient quelques plaintes contre le prosélytisme un peu agressif des religieux à l'égard des Arméniens, non catholiques romains, qui payent pourtant tribut afin de conserver en paix leur religion [1].

Le khan d'Érivan, dans son message personnel à Torcy, marquait, à son tour, le désir de son maître de voir enfin appliquer le traité de 1708. « Micael, disait-il, nommé en français Michel, vint
« il y a quelques années ici par ordre de l'Em-
« pereur et fut notre hôte avec le nom d'ambas-
« sadeur. Étant arrivé à la Porte heureuse, élevée
« jusqu'aux cieux et de laquelle tout le monde
« désire s'approcher, la Sublime Porte, l'échelle
« des cieux, il a apporté une lettre et représenté
« qu'il avait les pouvoirs de traiter par rapport
« au commerce qu'on peut faire des étoffes et aussi

---

1. Pièces justificatives, p. 364.

« en or et en argent et autres marchandises curieu-
« ses de son pays en Perse, que Dieu conserve
« selon les intentions de l'empereur de France
« éclatant comme le soleil, dont il a présenté la
« lettre à cette dite Porte de l'empereur des rois,
« dont les armes sont formidables; on lui a fait
« toutes les faveurs et rendu tous les honneurs et
« il a obtenu les commandements tels qu'il a sou-
« haités, que les ministres, vizirs et juges de Perse
« sont obligés d'observer. On lui a remis de plus
« le traité et une lettre pour l'empereur en ré-
« ponse à la lettre qu'il avait apportée et on l'a
« renvoyé en France. Des lettres et des ambassa-
« deurs sont venus ensuite, de la part de l'em-
« pereur, à notre Sublime Porte, auxquels on a
« répondu comme auparavant et on les a renvoyés
« avec honneur. Quoiqu'il se soit passé beaucoup
« de temps depuis cette époque, on n'a point
« cependant encore vu de consuls ni de marchan-
« dises, ni or ni argent ni autre chose : seulement
« M. de Gallisson est venu de nouveau et nous a
« apporté une lettre, par ordre de votre empe-
« reur au nôtre, qui regarde le traité.

« C'est pourquoi notre empereur a voulu écrire
« une lettre d'amitié à votre grand empereur pour
« demander pourquoi les consuls et marchands
« et dites marchandises marqués dans les capitu-
« lations n'étaient pas encore venus [1]. »

1. Pièces justificatives, p. 377.

Ces divers documents officiels, d'une authenticité indiscutable, établissent la réalité et le caractère sérieux de la mission de Mehemet Riza Beg. Ils élucident définitivement le problème historique que la méfiance des contemporains avait posé et ils ont de plus l'utilité de préciser la tâche confiée à l'habileté du kalender d'Érivan.

L'ambassadeur lui-même faisait grand bruit de ses pouvoirs et parlait volontiers de l'œuvre qu'il venait accomplir. Ses dispositions personnelles étaient excellentes lorsque la colère et sa barbarie naturelle ne l'entraînaient pas à des actes inconsidérés. Il les exagérait un peu sans doute en déclarant à l'abbé Gaudereau [1] que le futur traité ne devait pas avoir pour but l'intérêt de la Perse mais celui de la France et que le roi son maître, faisant tant de cas de l'alliance et de l'amitié de Louis XIV, accorderait à l'empereur de France tout ce qui lui serait demandé.

Son Excellence cherchait peut-être ainsi à séduire les ministres par un étalage de sentiments conciliants, avec le secret espoir de les trouver plus disposés à réaliser les desseins du chah contre les Arabes de Mascate. Ce qui le donnerait à penser c'est qu'il avait apporté avec lui de Perse, outre les copies des lettres du roi de France remises au chah depuis une quarantaine d'années

---

1. A. E. Perse, t. 4, p° 89.

par Guéton, de Lalain, Piquet, Marie Petit, Michel et autres, l'espèce de promesse du sieur Michel relative à l'envoi des vaisseaux pour défendre les ports du golfe Persique contre toute attaque ennemie [1]. Mehemet Riza Beg fondait sur cet acte les plus grandes espérances. Dans ses entretiens avec Padéry, Richard, Gaudereau, il revenait sans cesse sur ce sujet qui lui tenait à cœur. Il annonçait qu'après entente avec la France, le chah enverrait par terre des troupes pour nous aider à prendre Mascate : la flotte française bloquant cette place, le succès serait certain. Il insistait sur l'importance de cette position stratégique, à l'entrée du golfe Persique, et sur la nécessité de tenir secrètes les négociations qui seraient engagées afin d'éviter l'intervention des Anglais et des Hollandais.

Il ressortait de ses propos que l'objet capital de son ambassade était la conclusion d'une sorte d'entente politico-militaire, et qu'il entendait user des négociations commerciales comme d'un appât ou d'un objet d'échange.

Pour parvenir à ses fins, Mehemet Riza Beg aurait dû posséder d'autres qualités et une expérience plus grande des choses diplomatiques. Le point de vue auquel il se plaçait ne répondait guère, en effet, à celui des ministres de Louis XIV.

1. A. E. Perse, t. 4, f° 108.

Nul ne se souciait en France de s'engager dans des aventures orientales, de donner la chasse aux Arabes du golfe Persique ou de prendre Mascate. L'état du royaume et celui de la flotte, après la guerre de la succession d'Espagne, ne se prêtaient pas à ce genre de politique. En eût-il même été autrement que le grand âge du roi eût interdit une entreprise de longue haleine. Toutes les tentatives de Mehemet Riza Beg pour nous déterminer à une action navale quelconque étaient, dès lors, vouées à un échec certain. La question commerciale, par contre, nous intéressait fort, et il était habile de prendre au pied de la lettre le message du chah Hussein comme celui du khan d'Érivan. On esquivait ainsi les difficultés politiques, et on courait la chance de modifier, dans un sens favorable à nos intérêts, le traité de 1708.

Pontchartrain, dont le commerce avec la Perse regardait le département, était le disciple de Colbert. Il avait les mêmes conceptions économiques, un vif souci du développement de la richesse du royaume, et les mesures qu'il avait prises depuis son entrée en fonctions s'inspiraient de l'esprit de son illustre devancier. Sa tâche n'avait pas été aisée, car les maux de la guerre l'avaient compliquée : certaines stipulations du traité d'Utrecht [1], applicables aux Anglais par le

---

1. « Les Hollandais avaient cru retirer de grands avantages

jeu de la clause de la nation la plus favorisée, avaient fait craindre, heureusement à tort, la ruine de notre commerce du Levant et celle du port de Marseille. Il convenait dès lors de s'assurer l'avenir et de se prémunir, puisque l'occasion en était offerte, au moins du côté de la Perse, contre une concurrence préjudiciable au pays.

Avant d'entrer en pourparlers avec Mehemet

« de l'article 9 de leur traité ainsi conçu : « à l'égard du com-
« merce du Levant en France et du 20 % qui se lève à cette
« occasion, les sujets des États Généraux des Provinces Unies
« jouiront aussi de la même liberté que les sujets du Roi Très
« Chrétien, tellement qu'il sera permis aux sujets de Etats Gé-
« néraux de porter des marchandises du Levant à Marseille et
« autres places permises en France, tant par leurs propres
« vaisseaux que dans les vaisseaux français ; et que, ni dans
« l'un ni dans l'autre cas, lesdits sujets ne seraient assujettis
« au 20 % sinon dans les cas où les Français y sont sujets...
« et en ceci ne pourra se faire aucun changement au préjudice
« des sujets des États Généraux. » Il y eut à ce sujet un mo-
« ment d'inquiétude à Marseille : si les Hollandais étaient dis-
« pensés de payer le 20 %, grâce à l'infériorité de leurs prix
« de fret, ils seraient bientôt les maîtres du commerce de la
« France avec le Levant ; les Anglais, auxquels l'article 8 de
« leur traité accordait les avantages de la nation la plus favo-
« risée, jouiraient aussi de la même exemption. Pontchartrain
« proposa au conseil de commerce de chercher les moyens
« d'éluder l'exécution de ces articles, mais la Chambre put dé-
« montrer que les avantages accordés aux Hollandais étaient
« en grande partie illusoires ; ils devaient en effet être traités
« sur le même pied que les Français : or ceux-ci ne pouvaient
« faire entrer les marchandises du Levant dans les ports du
« Ponant qu'en payant le 20 % à moins qu'elles n'eussent
« été prises à Marseille ; les Hollandais ne seraient donc exemp-
« tés du 20 % qu'en déchargeant à Marseille, mais les Fran-
« çais ne pourraient pas charger sur leurs navires, car, d'après
« les ordonnances, ils étaient assujettis au 20 % quand ils
« chargeaient sur des navires étrangers. Les autres nations, et
« particulièrement les Arméniens et les Juifs, ne pourraient pas
« non plus emprunter les navires hollandais, car l'ordonnance

Riza Beg et même au cours des négociations, Pontchartrain ne négligea aucune source d'informations ou de renseignements, il provoqua au besoin les avis des intéressés ou des personnages qui avaient voyagé en Perse et connaissaient les ressources du royaume du sophy. Cette enquête lui permit, ainsi qu'à ses collaborateurs, de se faire une idée plus exacte du commerce à instituer et à favoriser entre la France et la Perse, et des modifications à apporter au traité de 1708. Le sieur Billon de Cansevilles se montra l'un des plus disposés à faire profiter l'État de son expérience. Son mémoire au marquis de Torcy, en date du 20 mars 1715, contient tout un programme. Les projets qui s'y trouvent formulés sont presque trop séduisants car ils ne tiennent pas assez compte des difficultés et de la longueur du trajet entre la France et la Perse. Mais le document est curieux [1].

« du 21 octobre 1687, rendue exécutoire pour toutes les Échel-
« les, par arrêt du conseil du 27 janvier 1694, défendait expres-
« sément l'entrée en France des marchandises pour le compte
« des Arméniens, Juifs et autres étrangers, à peine de confis-
« cation et de 3 000 livres d'amende ; l'avantage accordé aux
« Hollandais était donc limité à l'entrée par Marseille des
« marchandises du Levant chargées sur leurs bâtiments, pour
« le compte de ceux de leur nation « ce qui ne pouvait être
« que d'un petit objet, car ce trafic détournerait leur route de
« retour, et les frais du retard ainsi occasionnés excéderaient
« les bénéfices du fret des marchandises qu'ils déchargeraient
« à Marseille. » La Chambre se montrait donc rassurée sur les
« effets du traité à condition que dans l'exécution on s'en tînt à
« son interprétation. » Paul Masson (*op. cit.*), p. 348-49.

1. A. E. Perse, t. 1, f° 30.

« Il est de la politique des ministres de toutes
« les Cours de l'univers, écrit Billon de Canse-
« villes, de procurer aux sujets des princes
« qu'ils servent le plus d'exemptions et de pri-
« vilèges qui leur est possible, pour la facilité du
« commerce qui rend les royaumes le plus flo-
« rissants.

« L'empire de Perse où les arts et les scien-
« ces ne sont pas à beaucoup près si en usage
« qu'ils sont en France, serait d'une grande uti-
« lité pour le bien de notre commerce.

« Premièrement, nous pourrions établir des
« magasins dans les provinces d'Asterabad, de
« Khorassan, y débiter aux marchands qui y
« viennent de la grande Tartarie et aux Persans
« les marchandises qu'on y aurait apportées en
« France comme quincaillerie, draperie, pape-
« terie, miroiterie, tapisseries, horlogerie, ver-
« roteries, toiles de chanvre et autres choses
« qu'un commerce ouvert découvre.

« L'on pourra établir des magasins dans tou-
« tes les provinces et vendre aux étrangers qui
« sont à portée des dites provinces les marchan-
« dises qui leur conviendront. Par le moyen
« de ces établissements nos marchands auront
« commerce avec la grande Tartarie, la Mosco-
« vie, la Circassie, le Kurdistan, la Mésopotamie,
« l'Arabie heureuse, les États du grand Mogol
« et autres voisins.

« Nous tirerons de la Perse plusieurs sortes
« de drogues, toutes les qualités de laines à
« fabriquer chapeaux, tricots, gants, bas, bon-
« nets, camisoles, beaucoup de pierreries, telles
« que diamants, rubis, saphirs, turquoises, per-
« les, etc... toutes sortes de toiles de coton,
« tapisseries en laine et en soie. Les marchandi-
« ses qui seront prohibées en France seront por-
« tées en Espagne ou en Italie...

« Si les sujets du roi étaient une fois bien
« établis dans toutes les provinces de la Perse et
« que la France vînt à avoir la guerre avec les
« Anglais et les Hollandais, nos corsaires pour-
« raient aller aux Indes faire la course à ces
« nations, et porter le butin en Perse.

« Il y a dans la province de Nachivan [1], douze
« couvents de R. P. Dominicains arméniens, des
« R. P. Jésuites, des R. P. Capucins, Dominicains,
« Carmes déchaussés et Augustins, qui, par suite
« de cet établissement de commerce, seront trai-
« tés plus favorablement dans ce pays, et le roi
« en recevra tout l'honneur et la gloire comme
« l'unique protecteur de la sainte Église et de
« toutes les missions orientales et occidentales. »

Le sieur Billon de Cansevilles était certain,
d'avance, que son mémoire serait bien accueilli.

---

1. Ce développement du catholicisme dans la province de Nachivan avait été, comme on l'a vu, considérablement favorisé par le roi de France.

Cette évocation du roi « unique protecteur de « la sainte Église et de toutes les missions orien- « tales et occidentales » devait plaire au monarque dominé par Mme de Maintenon. Il faut ajouter que les indications données sur les objets ou produits à importer ou à exporter de Perse étaient exactes. D'autres renseignements fournis spontanément à Torcy et à Pontchartrain permettaient d'en compléter la liste. On pourrait citer ainsi, parmi les marchandises d'un placement certain dans les États du sophy, les lames de sabre, les tableaux représentant des batailles, les portraits de princes et princesses de la Cour, les dentelles d'or et d'argent. De sérieux débouchés devaient donc s'ouvrir et les futures opérations commerciales avec la Perse s'annonçaient comme lucratives.

Dans une négociation en somme importante, l'avis des premiers intéressés n'était pas à dédaigner. Pontchartrain, qui le sentait, jugea bon de consulter la Chambre de commerce de Marseille[1]. La seule éventualité redoutée par Marseille était l'ouverture de tous les ports du Ponant au commerce du Levant. Les Marseillais s'ingénièrent, en conséquence, à persuader aux ministres qu'il n'y aurait profit pour personne à détourner ce commerce de la Méditerranée. Les frais de trans-

---

1. Lettre du 20 mars 1715.

port de marchandises ou de caravane par terre à travers la Turquie et même les droits de douane payés au grand seigneur atteignaient, à leur avis, un chiffre encore moins considérable que le coût du détour par le cap de Bonne-Espérance. Ne fallait-il pas pour aller de France en Perse, par mer, une longue navigation qui obligeait à passer et repasser sous l'équateur, et gâtait les marchandises ? Ne risquait-on pas, en abandonnant les Échelles du Levant, de compromettre leur prospérité, de diminuer le fret du retour des navires français qui les visitaient ? Que deviendrait le privilège de Marseille pour l'introduction en France des soies, si l'Océan attirait dans ses ports les produits orientaux ? Il convenait enfin de refuser les facilités excessives aux Persans et surtout aux Arméniens et de maintenir en vigueur l'édit rendu en 1687 pour leur interdire le commerce dans notre pays.

La tendance nettement conservatrice et protectionniste dominait dans les communications de la Chambre de commerce marseillaise, mais les intérêts généraux du royaume étaient à considérer. Convaincu que les affaires avec la Perse seraient promptement réglées, Louis XIV avait désigné ses négociateurs aussitôt après la réception solennelle de Versailles. Leur qualité prouvait assez le prix qu'il attachait à la mission persane. Le marquis de Torcy, ministre et secrétaire d'État, le comte de Pontchartrain, secrétaire d'État, et Nicolas Desmarets, ministre d'État et contrôleur général des Finances, étaient investis, par la confiance de Sa Majesté, des pouvoirs de conférer, négocier et traiter avec Mehemet Riza Beg. Le rang de ces plénipotentiaires, autant que l'accueil flatteur et magnifique fait à Son Excellence par Louis XIV, n'avaient pas manqué de surprendre même les étrangers, et une personne de confiance mandait d'Amsterdam, dès le mois de mars, au comte de Pontchartrain [1], « que les Hollandais « voyaient déjà les Français leur enlever le com- « merce de Perse. A leur avis tout ce que nous « gagnions ou pouvions gagner leur était volé. » Mehemet Riza Beg avait-il par hasard raison en affirmant avec assurance que les États Généraux et l'Angleterre étaient jaloux de son voyage et de sa présence à Paris ?

Ces inquiétudes de rivaux purent, en tout cas, se prolonger plus de trois mois sans motif plausible, car Son Excellence n'était nullement pressée ; la vie agréable qu'elle menait en France, les dangers du voyage de retour en Perse ne lui faisaient pas souhaiter de terminer trop rapidement sa négociation. Les prétextes ne lui manquèrent pas pour retarder les entretiens sérieux. Il fallut cependant, le 13 juin, accepter une pre-

[1]. A. E. Perse, t. 4, f° 25.

mière conférence avec Torcy, Pontchartrain et Desmarets. Le fond du débat n'y fut pas encore abordé. On convint que les objections de la France contre le traité de Michel seraient mises par écrit, traduites et communiquées à l'ambassadeur. En outre des « personnes habiles et ins- « truites sur le fait du commerce », seraient choisies pour exposer les modifications nécessitées par le bien réciproque des sujets des deux Rois.

Louis XIV approuva cette procédure qui déchargeait ses ministres d'une discussion fastidieuse et désigna M. de Landivisiau, maître des requêtes et intendant de commerce [1], Crozat [2] et

---

1. Danycan de Landivisiau, maître des requêtes, intendant de commerce pour la généralité de Paris sauf la ville, les trois généralités de Normandie (Rouen, Caen et Alençon), Orléans et Bourges, le commerce de la Savoie et du Piémont, la partie de l'Afrique depuis Gibraltar jusqu'au Cap et la côte d'Espagne sur l'Océan. Membre du conseil de commerce. (Almanach royal).

2. Crozat (Antoine), marquis du Châtel, Moüy, Vandeuil, Tugny, Trugny (titre acheté au prince de Ligne en 1704), 1655-1738. Il fut receveur général du clergé et des finances de Bordeaux, trésorier des États du Languedoc, administrateur du comté de Dreux sous le duc Louis-Joseph de Vendôme. Il acheta, le 28 septembre 1715, la charge de grand trésorier des ordres du roi. La grande fortune qu'il possédait lui permit aisément de prêter 60.000 livres au régent, après la mort de Louis XIV. Il se démit en 1724, en faveur du garde des sceaux de France, Armenonville, de sa charge de grand trésorier. Il avait obtenu par lettres patentes du 14 septembre 1712 le monopole du commerce dans la Louisiane, mais il les rendit au régent à la suite d'un arrêt du conseil du 24 août 1717, ce qui permit à Law de constituer la compagnie des Indes orientales. (Cabinet des titres. Dossier bleu, 226.)

Moreau [1], ses secrétaires, afin de débrouiller les questions avec Mehemet Riza Beg. L'ambassadeur trouverait lui-même un réel avantage à cette méthode de travail, car il lui serait plus aisé de présenter ses observations, et préparer ses réponses. Une dernière réunion suffirait alors pour régler définitivement tous les points avec les ministres, et la signature du nouveau traité s'effectuerait rapidement dans les conditions les meilleures.

Le 6 juillet, les délégués techniques se réunirent à l'hôtel de la rue de Tournon. L'ambassadeur commença par se plaindre de ne plus traiter avec Torcy et Pontchartrain et on dut lui représenter qu'il y avait déjà consenti. Le Secrétaire d'État des Affaires Étrangères prit la peine, le lendemain, de lui rappeler qu'il avait sollicité lui-même « d'aplanir les difficultés avec des per-
« sonnes capables de lui donner des éclaircisse-
« ments » [2] et qu'il ne s'agissait nullement de ravaler son caractère. Ne devait-il pas être persuadé de la considération et des égards qu'on avait pour lui par la façon dont on l'avait reçu depuis son arrivée dans le royaume ?

---

1. Moreau (Pierre), fils d'un marchand drapier de la rue Saint-Denis à Paris, fit une grosse fortune avec les fournitures des régiments. Il devint secrétaire du roi et trésorier général des Invalides et mourut en 1725. (Cabinet des titres. Dossier bleu, 471).
2. A. E. Perse, t. 4, f° 130.

Le Persan n'insista pas : il entra en rapports avec Landivisiau, Crozat et Moreau et, le 12 juillet, l'abbé Gaudereau pouvait écrire au marquis de Torcy [1] que l'accord s'était établi sur les points principaux. Mehemet Riza Beg tenait toutefois à ne pas annuler le traité de 1708, ratifié par son maître, et devenu à ses yeux une chose sacrée. Il réclamait l'instrument de cet acte afin d'y apporter les modifications convenues.

C'était là une pure question de forme. Landivisiau renonça donc au nouveau traité en vingt articles qu'il avait rédigé, et chercha à donner satisfaction aux scrupules de l'ambassadeur. Les vingt articles furent condensés en dix dont le dernier indiquait implicitement le maintien du traité de 1708 [2].

1. A. E. Perse, t. 4, f° 128.
2. L'article 10 du projet de Landivisiau était rédigé comme suit :
« Outre les immunités, franchises et privilèges accordés
« aux Français tant par le traité de 1708 que par les présents
« articles, ils jouiront de tous les autres privilèges ou exemp-
« tions qui ont pu et pourraient ci-après être accordés aux au-
« tres nations ; et ceux des articles dudit traité de 1708 qui
« se trouveront contraires à ceux-ci, et ceux qui, en restrei-
« gnant les privilèges des Français, rendaient leur condition
« moins avantageuse, seront et demeureront révoqués et anéan-
« tis au moyen des dits articles ci-dessus. »
Cette formule se trouva modifiée par la suite et rendue plus claire. Le traité du 13 août 1715 porte en effet à l'article premier :
« *Le traité de 1708 subsistera et sera exécuté dans tout ce qui*
« *ne s'y trouve point contraire aux nouveaux articles ci-des-*
« *sous et à l'égard de ce qui s'y trouve être contraire aux dits*
« *articles il demeurera nul et de nul effet.*
« *Et outre les immunités, franchises et privilèges accordés*

Au retour de son excursion à Saint-Cloud [1], Mehemet Riza Beg prit connaissance de la traduction de ces articles. Sa mauvaise humeur se manifesta par quelques objections. Il demanda ainsi que les privilèges et exemptions résultant de l'article 2 fussent réservés exclusivement aux Français et refusés à ceux qui navigueraient seulement sous le pavillon de France. Cette remarque s'expliquait par l'étendue des concessions qui nous étaient accordées. Cet article 2, très avantageux en effet, était conçu en ces termes :

« *Les Français ou autres qui feront le commerce
« en Perse avec passeport et sous la bannière de
« France, pourront porter, soit par mer ou par
« terre, dans tous les États de la domination du
« roi de Perse, et en rapporter, en telle quantité
« que bon leur semblera, toutes sortes de marchan-
« dises, tant des Indes que d'Europe, sans payer
« aucun droit d'entrée ni de sortie, ni générale-
« ment aucuns autres droits soit au roi de Perse,
« soit aux gouverneurs des provinces et places,
« seigneurs persans, et communautés qui sont en
« possession de lever des droits sur les autres na-
« tions ou sur les Arméniens.* »

« aux Français tant par le traité de 1708 que par les dits arti-
« cles) il a été convenu qu'ils jouiront de tous les autres pri-
« vilèges ou exemptions qui ont pu et qui pourront ci-après
« être accordés aux autres nations pour quelques causes que
« ce soit. »

1. Notée p. 207.

Cette demande ne fut pas agréée. L'ambassadeur n'obtint pas davantage que l'exportation des chevaux persans fût limitée. L'article 9 rédigé par Landivisiau laissait à cet égard une liberté pleine et entière :

« *Les Français,* y était-il dit, *pourront acheter*
« *des chevaux entiers et des juments dans les*
« *États du roi de Perse en tel nombre qui leur*
« *conviendra, et il leur sera permis de les emme-*
« *ner dans leur pays ou dans les Indes après*
« *néammoins qu'ils auront été passés en revue*
« *devant le grand écuyer, si c'est à Ispahan, ou*
« *devant le gouverneur de la ville ou du pays, si*
« *c'est dans un autre lieu, et à condition encore*
« *que ce ne seront pas des chevaux de l'écurie du*
« *roi de Perse ni de ses haras, et ils ne pourront*
« *pour ce être contraints de faire le moindre pré-*
« *sent.* »

La réputation des chevaux persans que Chardin[1] avait contribué à établir, avait provoqué cette correction du traité de 1708. La réserve

---

1. « Les chevaux de Perse, dit Chardin (*op. cit.*, t. 2, p. 366,
« sqq.) sont les plus beaux de l'Orient Ils sont plus hauts
« que les chevaux de selle anglais, étroits de devant, la tête
« petite, les jambes fines et déliées à merveille, fort bien
« proportionnés, fort doux, de grand travail, et fort vifs et
« légers. Aisés à nourrir, ils servent jusqu'à dix-huit ou vingt
« ans. Ils sont fort chers et les beaux valent depuis mille francs
« jusqu'à mille écus. Le grand transport qui s'en fait en Tur-
« quie, et particulièrement aux Indes, est ce qui les rend si
« chers. On ne peut en emmener que par permission spéciale
« du roi. »

relative aux chevaux provenant des haras royaux était toutefois capitale car, affirmait Chardin, il n'y avait que le roi de Perse qui pût avoir des haras [1]. Mehemet Riza Beg dut s'en contenter.

Un dernier scrupule arrêtait l'envoyé du grand sophy. Il voyait bien les avantages concédés à la France par les dix articles, mais il en cherchait la contre-partie pour son pays. Landivisiau lui dépeignit le profit que valait à un État l'accroissement du nombre des marchands étrangers dépensant de l'argent l'abaissement du prix des marchandises européennes et l'augmentation de la valeur des produits indigènes. L'ambassadeur riposta, avec assez de justesse, que cela servirait au peuple seulement, et que le roi son maître y perdrait les revenus des douanes et taxes sur les produits français. Sa résistance dura peu cependant. Après avoir conféré avec son mollah et certains de ses officiers, il envoya le soir même (16 juillet) Padéry et l'abbé Gaudereau chez M. de Landivisiau pour notifier son acceptation des articles. Au cours d'une conférence qu'il eut, le lendemain, avec les trois commissaires, il fit

---

1. « Il n'y a aussi que le roi qui puisse tenir des haras en
« Perse. Les gouverneurs et les intendants des provinces qui
« en ont à eux, les tiennent sous son nom. Le roi a de très
« grands haras partout en Médie, dans la province de Perse,
« et particulièrement proche de l'ancienne Persépolis où sont
« les plus beaux chevaux du royaume. Il a aussi des écuries
« dans toutes les provinces et dans la plupart des grandes vil-
« les. » (Chardin, *op. cit*, tome 3, p. 367.)

encore ressortir les sacrifices consentis en faveur des Français, puis il jura qu'il adhérait aux dix articles. M. de Landivisiau, charmé de ce succès, pria Son Excellence d'indiquer ce qu'elle désirait par réciprocité. Mehemet Riza Beg répondit :
« 1° qu'il demandait à Dieu d'accorder à l'em-
« pereur de France de longs et heureux jours ;
« 2° qu'il priait Sa Majesté d'ordonner que son
« ambassadeur, des consuls et négociants se
« tinssent prêts à partir avec lui, ayant ordre de
« son maître de ne point revenir sans eux ; 3°
« qu'il sollicitait, selon la promesse faite par
« Michel, l'envoi de vaisseaux pour détruire les
« Arabes de Mascate, et que sur ce point Sa
« Majesté voulût bien faire une réponse positive
« à l'empereur son maître, tant pour le temps
« que pour la manière. »

Le grand mot était lâché au moment opportun : *Mascate*. Landivisiau fut tout surpris de l'esprit du Persan ; il déclara qu'il transmettrait au marquis de Torcy les demandes de l'ambassadeur. La tactique suivie dès ce moment — puisque le traité préparé n'était pas encore signé — fut de tromper la confiance de Mehemet Riza Beg par de bonnes paroles, de distraire son esprit de Mascate, et lui prouver, par des procédés obligeants, le prix qu'il devait attacher à la conclusion définitive d'un accord purement commercial.

Padéry fut tout d'abord chargé de traduire à Mehemet Riza Beg les avantages que trouverait le sophy dans un traité avec la France. Le roi de Perse acquerrait le droit d'obtenir de Sa Majesté Très Chrétienne des ingénieurs, des fondeurs et autres gens d'artillerie n'existant pas dans son royaume. Il aurait le moyen d'avoir quelques vaisseaux, jouissant de l'avantage d'en acheter en France, sous le bon plaisir de Sa Majesté. Le commerce du golfe Persique ruiné par les fraudes des étrangers et la crainte des corsaires, se rétablirait. L'île de Bahréïn et le port de Congo [1] où s'effectuait la pêche des perles, seraient à l'abri des attaques des Arabes de Mascate que la terreur de la France tiendrait en respect. Enfin les sujets du roi de Perse bénéficieraient de la protection française dans tous les lieux où Sa Majesté Très Chrétienne entretiendrait des ambassadeurs et des consuls [2].

Ces perspectives étaient certes séduisantes, mais il ne s'agissait là que de profits aléatoires et problématiques. L'abbé Gaudereau s'en rendait compte : aussi pour mieux convaincre Mehemet Riza Beg, se fit-il autoriser à rédiger quelques articles en utilisant les souvenirs de ses conférences avec le grand vizir, en 1699. Son travail

---

1. Kongoun ou Kaugun, sur la côte du Farsistan. Port assez médiocre.
2. A. E. Perse, t. 4, f° 146.

une fois approuvé par l'ambassadeur, fut soumis à M. de Landivisiau. Le maître des requêtes l'examina soigneusement avec ses collègues et rendit compte au comte de Pontchartrain du résultat de cette étude. Son rapport est trop clair et précis pour avoir besoin d'être commenté.

« J'ai l'honneur, écrivait le commissaire, le 31
« juillet 1715, au secrétaire d'État de la Marine,
« de vous envoyer, ci-joint, copie des cinq articles
« proposés par l'ambassadeur de Perse en faveur
« de sa nation. Je les ai soigneusement examinés
« avec les sieurs Crozat et Moreau, après avoir
« entendu le sieur Philippe, député de Marseille [1],
« et j'ai fait mettre en marge de chacun de ces
« articles ce qui nous a paru pouvoir être accor-
« dé. L'avis du député de Marseille serait de
« n'écouter là-dessus aucune proposition et de ne
« pas permettre le commerce de France aux
« marchands persans. La raison qu'il nous en a
« donnée est que leur commerce pourra faire tort
« à celui des Marseillais parce que les mar-
« chands persans pourront donner les soies du
« Levant à meilleur marché qu'eux, et que, d'ail-
« leurs, les marchands de cette nation sont de
« très mauvaise foi et n'ont coutume d'apporter
« à Marseille que très peu de bonnes soies mé-
« langées de soie de rebut ou d'une qualité infé-

[1]. Spécialement délégué pour la négociation.

« rieure, ce qui est tellement reconnu que le roi
« a jugé à propos d'interdire tout commerce en
« France aux Juifs et aux Arméniens par une
« ordonnance du 22 octobre 1687, à l'exécution de
« laquelle Sa Majesté a enjoint aux échevins de
« Marseille de tenir la main.

« Quoique cette remontrance du député de Mar-
« seille nous ait paru mériter quelque sorte d'at-
« tention, nous n'avons point cru néanmoins qu'on
« y doive avoir égard jusqu'au point d'exclure
« absolument les Persans de tout commerce avec
« nous. Cela ne se peut faire qu'en renonçant de
« notre part à tout commerce avec la Perse et
« les avantages que la nation française peut trou-
« ver à faire le commerce de ces pays, en y mê-
« lant celui des Indes, joints à la faveur qu'une
« liaison entre Sa Majesté et le roi de Perse peut
« procurer aux missionnaires que nous avons
« dans les États de ce prince, (ce qui est le prin-
« cipal objet que nous avons en vue), ces avanta-
« ges, dis-je, sont de nature à ne devoir pas être
« balancés par la considération et l'intérêt par-
« ticulier de quelques marchands de Marseille.
« Cette considération n'a pas paru devoir empê-
« cher que l'on accorde aux Hollandais la liberté
« de pouvoir trafiquer dans le port de Marseille
« puisque cela leur a été permis par l'article 9
« du traité conclu à Utrecht avec la Hollande.
« Pourquoi cette considération serait-elle plus

« puissante par rapport aux Persans ? Ils sont,
« dit-on, sujets à n'apporter que peu de bonnes
« soies mélangées de beaucoup de mauvaises.
« Cette raison ne nous a pas paru suffisante pour
« devoir fermer l'entrée de nos ports à ces étran-
« gers, d'autant plus qu'il est facile de se garan-
« tir de la fraude qu'on leur impute en n'achetant
« leurs soies qu'après avoir eu soin de les bien
« visiter, et en leur offrant un bas prix lorsqu'el-
« les se trouvent de mauvaise qualité, qu'ils soient
« obligés de les remporter et qu'ils n'osent entre-
« prendre de revenir qu'avec des soies d'une
« qualité qui convienne.

« Lorsque l'ordonnance de 1687, qui interdit le
« commerce de France aux Arméniens, a été ren-
« due, nous n'avions aucun engagement avec le
« roi de Perse, et comme nous avons depuis, par
« le traité de 1708, lié un commerce avec ce
« prince, cette ordonnance a cessé à son égard
« en ce qui pouvait concerner ses sujets.

« Aujourd'hui qu'il envoie son ambassadeur
« demander l'exécution de ce traité de 1708, nous
« représentons qu'il y a dans ce traité des dispo-
« sitions qui ne nous conviennent pas, et cet
« ambassadeur consent que nous y fassions les
« changements que nous jugerons à propos ; il
« paraît juste que, de notre part, pour ne nous
« pas montrer peu sociables, nous ne lui refusions
« pas sur les articles qu'il nous propose en faveur

« de sa nation, ce qui peut être accordé sans pré-
« judicier aux intérêts de la nôtre.

« Par le premier de ces articles, il demande que
« les marchands persans puissent venir trafiquer
« à Marseille et qu'ils y puissent jouir des mêmes
« privilèges que les autres négociants sujets du
« roi.

« Cet article paraît pouvoir être accordé en y
« ajoutant quatre conditions : 1° qu'il n'aura lieu
« qu'en faveur des marchands persans venant
« véritablement des États du roi de Perse et non
« de ceux établis hors des États de ce prince,
« comme en Turquie ou ailleurs ; 2° qu'ils n'ap-
« porteront en France aucune des marchandises
« dont l'entrée y est prohibée ; 3° que pour le
« transport de ces marchandises permises, ils ne
« se serviront que de vaisseaux français ; 4° que
« ce seront toutes marchandises du cru des États
« du roi de Perse, ce qui se justifiera par un cer-
« tificat du consul de la nation française dont ils
« auront eu soin de se munir.

« Par le deuxième de ces articles, il demande
« qu'il y ait à Marseille un consul de sa nation,
« qu'il y jouisse de l'exemption de tous impôts, et
« qu'il lui soit donné pour son logement une
« maison du domaine du roi. Il n'y a dans cet
« article que la demande d'une maison pour le
« logement du consul qui paraisse faire difficulté ;
« comme cela n'est point d'usage en France, c'est

« une nouveauté que nous ne croyons pas qu'on
« doive introduire. Le surplus de l'article pour-
« rait être accordé.

« Par le troisième de ces articles, il demande
« que le consul de sa nation ait seul droit de
« connaître des différends que les marchands
« persans pourront avoir entre eux. Cela nous a
« paru très juste, en ajoutant à l'article que si le
« différend arrive entre les Persans et les sujets
« du roi ou gens d'une autre nation, ce sera aux
« juges de France à en connaître. Pour ce qui
« est de ce qu'il prétend par le même article, que
« si un Français débiteur d'un Persan vient à
« faire faillite, le Persan pourra s'emparer de ses
« biens pour être payé de sa dette par préférence
« à tous autres, c'est une prétention déraisonna-
« ble et qui doit être rejetée. Il doit suffire au
« Persan que ses droits lui soient conservés et
« qu'il les puisse exercer comme les sujets du
« roi, suivant les règles établies dans le royaume
« pour ces sortes de cas.

« Le quatrième de ces articles pour l'exemp-
« tion de la moitié des droits de la douane et
« des frais de voiture, en cas qu'un Persan juge
« à propos de transporter ses marchandises d'un
« lieu à l'autre dans le royaume, est encore une
« demande que nous n'avons pas cru devoir être
« écoutée. Les raisons en sont trop sensibles
« pour avoir besoin d'explication.

« Enfin l'ambassadeur de Perse, par son cin-
« quième et dernier article, prévoit le cas, qui
« peut arriver, de la mort d'un Persan pendant
« qu'il sera à négocier en France, et demande
« qu'après sa mort on ne puisse apposer le scellé
« dans sa maison et que ses effets soient remis
« au consul de Perse pour les conserver aux hé-
« ritiers. C'est une chose qui est encore juste et
« l'on ose espérer que le roi voudra bien, en
« faveur du commerce, remettre aux marchands
« persans son droit d'aubaine.

« Il convient cependant d'ajouter à cet article
« que le consul de Perse ne se pourra saisir des
« effets du défunt qu'après que ce qu'il pourrait
« devoir aux sujets de Sa Majesté aura été ac-
« quitté.

« Voilà, Monsieur, quel est notre avis sur les
« cinq articles proposés par l'ambassadeur de
« Perse, sur quoi j'aurai l'honneur de vous faire
« deux observations :

« L'une, que par ces articles, non seulement
« il n'est rien accordé aux Persans dont les Fran-
« çais ne doivent aussi jouir en Perse, au moins
« par les nouveaux articles qui seront ajoutés de
« notre part au traité de 1708, mais qu'au con-
« traire les Français y auront plusieurs autres
« privilèges considérables que nous n'accordons
« pas aux Persans.

« L'autre observation est que nous leur accor-

« dons beaucoup moins qu'ils n'ont obtenu des
« Hollandais par les traités faits avec eux en
« 1631 et 1652 dont vous m'avez fait l'honneur
« de m'envoyer copie. Car par ces traités, la con-
« dition des Persans en Hollande est non seule-
« ment rendue égale à celle des négociants hollan-
« dais les plus considérés, mais de plus, les Persans
« peuvent vendre et acheter dans les États de la
« République toutes sortes de marchandises sans
« aucune réserve ni exception. La République
« leur doit fournir une maison pour leur loge-
« ment, leur accorde l'exemption de tous impôts
« pour les marchandises consomptibles qui sont
« consommées dans leur maison, avec la faculté
« de se servir des poids et mesures de Perse
« pour vendre et acheter les denrées nécessaires
« pour leur usage, et plusieurs autres douceurs
« et franchises que nous ne leur accordons pas.
« J'attendrai, s'il vous plaît, incessamment vos
« ordres sur ce dont j'ai l'honneur de vous ren-
« dre compte afin que je puisse rendre la réponse
« à l'ambassadeur de Perse [1]. »

Le comte de Pontchartrain s'appropria les observations de Landivisiau. Le 5 août, il en avisait, de Marly [2], le marquis de Torcy et sous les réserves indiquées, les demandes de Mehemet Riza Beg étaient acceptées.

1. A. E. Perse, t. 4, fos 165-174.
2. A. E. Perse, t. 4, fo 208.

L'ambassadeur se vit accorder encore d'autres témoignages de la satisfaction des ministres du roi pour l'heureuse issue des négociations. Pendant son séjour à Paris, il avait reçu de sa Cour l'instruction de réclamer la restitution à un Arménien persan, le sieur Cogia Aronthion [1], des marchandises lui appartenant qui avaient été prises, quelques années auparavant, par des corsaires français à bord d'un vaisseau ennemi. Le roi ordonna qu'on déférât à cette demande et agréa en outre une requête présentée par Mehemet Riza Beg afin d'obtenir la mise en liberté de treize sujets persans retenus aux galères de Marseille. Il s'agissait là de menues politesses difficiles à refuser, le traité de commerce préparé nous étant extrêmement avantageux et annulant les clauses fâcheuses du traité de 1708.

La liberté absolue des importations et des exporations, sans limitation quantitative ou qualitativet n'était-elle pas reconnue aux marchands français ?

Aucune restriction n'était, au surplus, maintenue pour l'achat des chevaux persans, et l'exemption des taxes et droits, de quelque nature qu'ils fussent, était complète. Les consuls et négociants français obtenaient gratuitement des maisons en Perse et l'ambassadeur de Sa Majesté Très Chrétienne était assuré de la préséance à la Cour du

1. Il était arrivé lui-même à Paris pour apporter des instructions spéciales à Mehemet Riza Beg.

sophy. Enfin un dernier article garantissait à la France le bénéfice du traitement de la nation la plus favorisée [1].

Quelques points de détail restaient à fixer, tels que la désignation du futur consul de France et des ingénieurs chargés d'accompagner en Perse Mehemet Riza Beg, et surtout le choix de l'endroit où le traité serait signé. Une dernière conférence entre Torcy, Ponchartrain, Desmarets, qui avaient reçu de pleins pouvoirs [2], et le Persan, permit de tout régler, et on prit rendez-vous pour l'échange des signatures à Versailles, le jour de l'audience de congé de Son Excellence.

La mission du kalender d'Érivan touchait à son terme : elle aboutissait, en dépit de tous les pronostics désobligeants, à la conclusion d'un traité dit de commerce et d'alliance entre la France et la Perse.

Mehemet Riza Beg, de retour dans son pays, serait-il, par hasard, en droit de jouer les grands diplomates ?

1. Pièces justificatives, p. 370.
2. Pièces justificatives, p. 368.

CHAPITRE X

FIN DE MISSION

Le succès des négociations engagées avec l'envoyé du sophy prouvait le caractère sérieux de la mission persane, et démentait les insinuations malveillantes qui avaient trouvé trop d'écho et de crédit à la Cour. Il justifiait les égards dont Son Excellence avait été entourée depuis son arrivée en France : il permettait enfin de renvoyer Mehemet Riza Beg dans son pays.

Ce dernier résultat n'était pas le moins appréciable car le séjour à Paris des Persans avait assez duré. Les incidents provoqués par le *djeryd-bâz*, l'intrigue avec Mme d'Épinay, avaient exaspéré les gens de qualité et indigné les esprits les plus tolérants. Bien que sa santé déclinât chaque jour, Louis XIV était instruit de toutes les frasques de l'ambassadeur : son mécontentement pouvait se marquer d'un moment à l'autre par quelque éclat préjudiciable à la fortune des ministres qui s'étaient constitués les défenseurs de Mehemet

Riza Beg. On comprend, dès lors, l'impatience de Torcy et de Pontchartrain et les manifestations de ce sentiment naturel. Ainsi le ministre des Affaires étrangères n'hésitait pas le 12 août, à répondre à l'abbé Gaudereau annonçant de nouvelles chicanes de la part de Son Excellence, que « l'am-
« bassadeur aurait en ce cas le déplaisir de s'en
« retourner sans faire de traité et que ce ne serait
« pas un mal pour le royaume [1]. »

Cette fermeté un peu tardive ne manquait pas de prudence. N'était-on pas à la veille de l'audience royale de congé et de la signature du traité, cette formalité essentielle devant s'accomplir à Versailles après la réception de l'ambassadeur par Louis XIV ? Pouvait-on admettre à la Cour de France qu'un caprice de Mehemet Riza Beg remît en question l'accord intervenu avec l'agrément royal, et bouleversât le programme approuvé par Sa Majesté ?

Son Excellence fut déconcertée par ce changement d'attitude : elle avait cependant acquis une expérience suffisante des affaires pour ne pas sentir que la décision de la congédier, à tout prix, était irrévocable. Elle comprit la nécessité de renoncer aux allures qu'on lui avait pardonnées au début de sa mission et l'inutilité de ses mouvements de colère. Le moment approchant où

[1]. A. E. Perse, t. 4, f° 222.

elle rendrait compte à son maître de son ambassade, il lui parut sage de s'assurer, par une docilité opportune, le témoignage favorable des ministres du roi de France. Ses velléités de résistance s'évanouirent, et ce ne fut ni le « taureau » ni « l'ours mal léché » trop connu de Breteuil, mais un doux agneau que le chevalier de Sainctot, introducteur en service pendant le deuxième semestre de l'année, conduisit, le 13 août, au château de Versailles.

Rentré de Marly deux jours auparavant, le roi fit, en cette circonstance, comme le dit Saint-Simon, « son dernier effort et sa dernière action publique ». Sa faiblesse ne permit pas de déployer le même apparat que le 19 février, et le deuil de la Cour, causé par la mort d'un frère du duc de Lorraine [1], supprima « toute magnificence d'habits » ; les dames n'y furent pas admises et la durée en fut réduite au strict minimum pour éviter autant que possible de fatiguer Sa Majesté. La cérémonie eut lieu non plus dans la grande galerie, mais dans la chambre du trône du grand appartement.

D'une aménité et d'une modération vraiment exceptionnelles, l'ambassadeur n'éleva aucune prétention : il eut même l'heureuse pensée de simplifier la tâche de l'introducteur en renonçant

---

1. François-Joseph de Lorraine, abbé de Stablo-Malmédy.

spontanément à la pompe qu'on ne désirait ni ne pouvait plus donner à l'audience royale. Il refusa, par exemple, que le chevalier de Sainctot et le maréchal de Bezons, préposés à sa conduite, vinssent le chercher à Paris avec le carrosse de Sa Majesté : accompagné de sa suite, il se rendit à cheval à Versailles et laissa dans la maison de Bontemps son étendard et ses fusiliers. Le cortège jusqu'au Château n'eut ni l'éclat ni l'originalité que les badauds avaient admirés six mois avant, et la réception elle-même n'eut pas la même solennité. Son Excellence, attendue au bas de l'escalier des ambassadeurs par le marquis de Dreux, grand-maître des cérémonies, et par M. des Granges, maître des cérémonies, trouva à la porte de la salle des gardes le capitaine de quartier, le duc de Villeroi [1]. On l'introduisit auprès du roi qui était debout sur un trône élevé de deux marches, et après un bref échange de compliments avec Sa Majesté, Mehemet Riza Beg se retira aussitôt. Il vit ensuite quelques instants le dauphin, passa dans l'appartement du marquis de Torcy et y signa le traité. Puis il remonta à cheval avec sa suite, la pipe à la bouche, et au lieu de traverser une fois de plus les régiments des gardes qui formaient la haie, il passa derrière eux et rentra chez Bontemps. Le seul incident

1. Villeroi, (François de Neufville, duc de), 1644-1730. Maréchal de France.

marquant de cette journée d'adieux fut une grosse pluie qui obligea le Persan à regagner Paris en carrosse de louage [1].

Louis XIV se trouva incommodé par la durée, courte cependant, de la cérémonie, car il souffrait, raconte Dangeau, de ses douleurs de sciatique, et il eut envie de se coucher après le départ de l'ambassadeur. S'étant toutefois ravisé, il fit appeler les ministres pour tenir le conseil des Finances, dîna comme à l'ordinaire, travailla [2] avec le chancelier [3] et consacra la soirée à Mme de Maintenon [4]. La journée s'acheva donc paisiblement à la Cour comme elle se termina sans ennui à l'hôtel de la rue de Tournon.

Le lendemain l'ambassadeur persan eut une agréable surprise. Le chevalier de Sainctot lui apporta les présents que le roi lui offrait, à titre personnel et en souvenir de sa mission. Le cadeau était d'importance, car il atteignait une valeur d'au moins vingt mille livres. Les objets avaient été habilement choisis pour donner une haute

---

1. *Journal historique sur les matières du temps*, t. XXIII, octobre 1715.
2. Ce jour-là le roi écrivit un codicille à son testament qui prescrivait de conduire le jeune roi dans un lieu où l'air est très bon, « au château-fort de Vincennes ». La précaution avait quelque chose d'outrageant pour le régent car elle indiquait que Louis XIV le jugeait capable de commettre un crime. Michelet (*op. cit.*) t. XV, p. 285-286
3. Le Chancelier était alors Daniel François Voysin (1654-1717).
4. *Journal de Dangeau*, du 13 août 1715, t. 16, p. 11.

idée des industries françaises : ils comprenaient deux montres en or, dont une à répétition ; une grande pendule à sonnerie pouvant marcher six semaines, et une autre d'un mécanisme moins compliqué ; une aigrette composée de magnifiques émeraudes et de diamants ; un fusil enrichi d'or ; un fusil enrichi de filets d'argent et damasquiné ; une paire de pistolets incrustés d'or ; dix-huit aunes d'étoffe d'argent à franges, douze aunes d'étoffe d'or et ponceau et brochée d'or, bleu, vert avec chenilles assorties ; quatre-vingts aunes en drap écarlate, violet, bleu, jaune, le plus beau qu'on fabriquât en France, enfin un tapis de la Savonnerie pris au garde-meuble de Sa Majesté [1]. Sur le désir exprimé par Son Excellence, on lui promit encore un lustre de cristal, et on lui annonça l'envoi ultérieur des présents destinés au grand sophy.

Ce témoignage de bienveillance et ces marques de générosité tombaient fort à propos, et elles contribuèrent à faciliter le règlement des difficultés qu'une question assez délicate risquait de soulever avec Mehemet Riza Beg. Contrairement aux usages et pour s'épargner des cris, on avait laissé à l'ambassadeur persan depuis son entrée la jouissance de l'hôtel de la rue de Tournon. Mais cette prévenance devait avoir une fin. Un ambas-

1. A. E. Perse, t. 4, f° 307.

sadeur du Portugal était annoncé à Paris et il convenait de le loger comme ses collègues pendant les premiers jours de sa mission, après avoir effectué à l'hôtel des ambassadeurs certains travaux d'aménagement, de réfection et de nettoyage indispensables. Préoccupé d'une éventualité qui se réaliserait aussitôt après l'audience royale de congé, le marquis de Torcy en avait entretenu Padéry et l'abbé Gaudereau et les avait priés d'amener doucement Son Excellence à l'idée d'un déménagement. Entre temps, et afin d'être prêt à toute éventualité, il avait prescrit de chercher et de préparer pour les Persans une nouvelle installation située de préférence aux environs immédiats de la capitale. Il s'agissait, dans sa pensée, d'un arrangement provisoire, le départ définitif de l'ambassade du sophy ne pouvant guère être retardé après que Sa Majesté aurait reçu Mehemet Riza Beg. Son Excellence ne devant plus avoir, dès l'audience de congé, un caractère officiel, on ne pouvait la loger dans un immeuble de la couronne et, d'ailleurs, l'expérience avait appris que ses gens en prenaient fort à leur aise avec les maisons qu'ils habitaient. Leur réputation valait celle de leur maître et comme elle s'était répandue dans le public, les malheureux propriétaires auxquels on songea à confier l'honneur de recevoir l'ambassade persane, cherchèrent-ils à l'envi à décliner cette flatteuse proposition. Le même sieur de Cansevilles qui avait voyagé en Perse, possédait une maison confortable à Boulogne-sous-Saint-Cloud. On lui donna la préférence et, le 8 août, un émissaire du marquis de Torcy vint l'inviter à tout préparer pour héberger Mehemet Riza Beg. Jamais ordre royal ne fut plus mal accueilli. Billon de Cansevilles, affolé par la perspective d'avoir tout son mobilier gâté, adressa sur l'heure au secrétaire d'État des Affaires étrangères une supplique touchante afin d'échapper « à un chagrin qu'il n'avait pas mérité ».

« J'espère de la protection dont vous m'hono-
« rez, lui écrivait-il, que vous voudrez bien me
« permettre de vous demander une grâce pour un
« fait assez singulier. Un homme est venu aujour-
« d'hui de votre part chez ma mère, à Boulogne,
« lui demander notre maison pour loger l'am-
« bassadeur de Perse pendant quelques jours. Ma
« mère, qui a, comme moi, tout le respect possible
« pour votre nom, a répondu sur le champ qu'elle
« était trop heureuse de trouver cette occasion
« de vous en donner les marques, cependant au
« désespoir au fond qu'il faille qu'elle, et sa fa-
« mille, quittent cette maison parce que cet am-
« bassadeur veut être le maître partout où il est,
« avec une autorité peu connue et encore moins
« usitée en France. Moi, d'ailleurs très persuadé,
« Monsieur, que vos ordres ne sont point de faire
« prendre notre maison, je ne suis pas moins

« convaincu que votre bonté et votre justice vous
« feront recevoir favorablement nos très humbles
« remontrances à cet égard. Ma mère a quatre-
« vingt-un ans, sa maison de Boulogne la fait
« vivre et nous avons besoin qu'elle vive. Vous
« savez en outre, Monsieur, que les gens mal
« disciplinés de la suite de l'ambassadeur cau-
« sent facilement de très grands désordres, et s'il
« en arrivait, cela serait capable de la faire mou-
« rir. Je doute aussi que l'intention du roi et la
« vôtre soit autre que de permettre à l'ambassa-
« deur d'en louer ou que, si l'on doit en prendre
« une d'autorité, l'on en choisisse de celles qui ap-
« partiennent à des gens qui ne sont point exempts
« de logement. Cependant il n'est plus question de
« privilège si c'est votre volonté. Je vous supplie
« donc très humblement, Monsieur, de vouloir
« bien me faire savoir vos intentions afin que nous
« nous y conformions, mais en même temps de
« nous faire la grâce de nous exempter de ce
« chagrin que nous n'avons point mérité [1]. »

Le marquis de Torcy ne se montra point intraitable : il déchargea Billon de Cansevilles de la
corvée de loger Mehemet Riza Beg mais il se
trouva dans un réel embarras car il fallait une
autre victime. L'abbé de Rouillie à Auteuil, M. Oursot et MM. Brillon et Dubois, agents de change

---

1. A. E. Perse, t. 4, f° 215.

à Passy, faillirent être désignés. Leur maison était vaste mais non meublée et cela les sauva. M. Quarente, à Chaillot, avait déjà eu comme hôtes l'électeur de Bavière et le prince Rakoczi : était-il juste de recourir encore à sa bonne volonté ? Après avoir hésité entre M. de Laporte et M. Lefeuvre, notaire, le ministre choisit M. Lhomme, marchand de soies, rue Saint-Denis, qui avait le tort d'être propriétaire, à Chaillot, d'une maison toute neuve, avec belle porte cochère, cour, petit jardin et comprenant un salon, une garde-robe et une grande salle avec billard, huit chambres, une cuisine-office et une écurie pour six chevaux [1]. Le 14 août, Othon, exempt de la prévôté, recevait l'ordre d'aller à Chaillot « marquer » [2] la maison de M. Lhomme et celle de M. de Laporte qui était contiguë. La Tournelle accompagna Othon avec la mission d'assurer aux propriétaires que leurs immeubles seraient occupés fort peu de temps, qu'il n'y serait fait aucun dégât, et, qu'en cas contraire, les dommages seraient payés. Il semble que ces deux dernières promesses aient été quelque peu aventurées, car Lhomme s'étant, plus tard, plaint au régent des dégradations considérables faites chez lui par les

---

1. A. E. Perse, t. 4, f° 309.
2. L'expression signifie : désigner. Elle provient de ce que l'on « marquait » à la craie la porte des logements retenus pour le service du roi.

Persans, obtint, comme seule compensation, d'être à l'avenir exempt du logement des gardes du corps de Sa Majesté. L'indemnité fut oubliée car le roi et les ministres avaient changé.

Si l'on en juge, à vrai dire, par l'état où Son Excellence et ses gens laissèrent l'hôtel de la rue de Tournon, on peut croire que Lhomme eut fort à faire pour rendre sa maison habitable après le départ des Persans. Un contemporain, Jean Buvat [1], ne note-t-il pas dans son journal que l'ambassadeur du Portugal, succédant à Mehemet Riza Beg dans l'hôtel de la rue de Tournon, fit des difficultés pour y rester « à cause de la puanteur « insupportable que Son Excellence y avait lais- « sée ainsi que ses gens, par leur malpropreté et « leurs superstitions ridicules. Comme ces infidè- « les, ajoute Jean Buvat, avaient scrupule de « s'exposer dans les lieux communs de cet hôtel, « quoique très propres et très commodes pour « cet usage, ils jetaient leurs ordures dans un « tonneau qui s'en était trouvé rempli dans un « coin de la maison [2]. »

---

1. Jean Buvat, né à Châlons ou dans les environs, le 4 juillet 1660. Écrivain à la bibliothèque du roi. Il se trouva mêlé comme copiste à la conspiration de Cellamare et la fit échouer en avertissant l'abbé Dubois et le régent. Il mourut le 30 avril 1729. Son *Journal* est curieux car il nous fait connaître les nouvelles des rues de Paris,

2. *Journal de la Régence* (1715-1723), par Jean Buvat, écrivain de la bibliothèque du roi, publié par Émile Campardon, Paris 1885, 2 vol. in-8, tome 1, p. 38.

Il paraît que cet inconvénient ne gênait guère Mehemet Riza Beg puisque cet ambassadeur quitta, avec une vive répugnance et un profond chagrin, un hôtel si mal odorant. L'abbé Gaudereau mandait encore le 11 août à Torcy [1] qu'il ne lui paraissait pas aisé de déterminer le Persan à se retirer quelques jours dans une autre maison et « à l'empêcher de regarder comme
« une injure la sortie de l'hôtel pour y faire place
« à l'ambassadeur du Portugal. Le secrétaire
« d'État n'était pas d'humeur à accepter des al-
« garades et il ripostait aussitôt à Gaudereau :
« Employez tous vos soins pour empêcher les
« mauvaises difficultés que cet ambassadeur
« pourrait faire, dont on se lasse à la fin, et je
« serais fâché qu'étant sur le point de terminer
« son ambassade, il reçût quelque désagrément
« après tant de peines prises pour lui épargner
« ceux que ses prétentions et son humeur au-
« raient pu lui attirer en tout autre pays qu'en
« France. Au surplus, écrivait le marquis de
« Torcy, je ne sais pas pourquoi on a parlé à
« l'ambassadeur de Perse de faire place à l'am-
« bassadeur du Portugal ; ils n'ont rien de com-
« mun l'un avec l'autre, et quoiqu'il soit vrai que
« l'ambassadeur du Portugal doive loger diman-
« che prochain à l'hôtel des ambassadeurs, c'est

---

1. A. E. Perse, t. 4, f° 219.

« un détail que celui de Perse pouvait ignorer
« et dont on ne devait pas lui parler. La raison
« de le faire sortir demain de l'hôtel des ambas-
« sadeurs est que sa mission sera finie d'abord,
« qu'il aura reçu du roi son audience de congé,
« qu'il sera censé dès lors être en chemin pour
« son départ, et qu'il ne doit plus retourner loger
« à Paris dans la maison de Sa Majesté. C'est ce
« que vous lui ferez entendre, s'il vous plaît,
« sans qu'il soit question de nommer seulement
« l'ambassadeur du Portugal [1]. »

Mehemet Riza Beg, menacé en somme d'expulsion, ne pouvait résister. Il se résigna au principe d'un déménagement après l'audience royale et se borna à en pleurer de désespoir ! Il était toujours fort triste lorsque, le 16 août, il s'installa à Chaillot et Landivisiau recueillit ses doléances [2].

D'autres questions plus importantes préoccupaient, il est vrai, l'ambassadeur, qui rappelait constamment les engagements pris au sujet de Mascate, en 1708, par Michel. On le calma en lui répétant que Sa Majesté n'étant pas informée de l'état de cette ville de l'Oman, n'avait pas jugé prudent de s'engager dans une expédition, mais que dès le retour en France de l'ambassadeur désigné pour aller saluer le sophy, une décision

A. E. Perse, t. 4, f° 222.
Ibid., f° 260.

définitive serait prise. Mehemet Riza Beg insista pour que cette réponse fût insérée dans la lettre de Louis XIV au roi de Perse, et que ce document dont il lui serait agréable d'avoir une copie mentionnât également l'envoi d'un ambassadeur, de consuls, d'ingénieurs et d'architectes. Il demanda, en outre, que le marquis de Torcy écrivît au khan d'Érivan, et qu'on répondît à la réclamation de son compatriote Aronthion. Enfin il sollicita une récompense en faveur de Padéry et de l'abbé Gaudereau.

A sa grande satisfaction, l'envoyé du sophy vit favorablement accueillir presque toutes ses requêtes. Louis XIV, dans sa lettre au roi de Perse [1], aborda, avec une précision suffisante, tous les points indiqués par l'ambassadeur. Il rendit même un hommage, moins sincère que courtois, aux mérites de Son Excellence, en déclarant « qu'elle n'avait pas moins fait paraître de
« lumières et de zèle pour son service, durant
« son séjour à Paris, qu'elle avait témoigné de
« prudence et de courage pour surmonter les
« obstacles qui s'opposaient à son passage. »
Le marquis de Torcy se montra aussi gracieux que son maître. « Je suis persuadé », mandait-il de son côté au khan d'Érivan [2], « que connais-
« sant particulièrement le mérite et les qualités

1. Pièces justificatives, p. 377.
2. Pièces justificatives, p. 380.

« personnelles de Mehemet Riza Beg, vous serez
« disposé à lui rendre auprès de l'empereur de
« Perse tous les bons effets qu'il peut justement
« attendre, et de l'amitié dont vous l'honorez, et
« de son attention à répondre aux marques que
« vous lui avez déjà données de votre estime. Je
« dois encore vous assurer qu'il est digne que
« Votre Excellence lui en accorde la continuation,
« et elle doit être persuadée aussi que nous ap-
« prendrons toujours avec plaisir que sa gloire
« et sa prospérité répondent aux grandes qua-
« lités qui la distinguent. »

Transmises au Persan, les lettres du roi au chah Hussein, et de Torcy au khan d'Érivan, étaient accompagnées d'un billet du secrétaire d'État des Affaires étrangères, très gracieux et ainsi conçu :

« Illustre et magnifique seigneur.

« Quoique je voie avec beaucoup de plaisir dans
« les lettres que j'envoie à Votre Excellence les
« témoignages avantageux que l'empereur mon
« maître veut bien rendre à la prudence et à l'ha-
« bileté qu'elle a fait paraître pendant le cours de
« son ambassade, la satisfaction que j'ai de ce qui
« doit vous être agréable en cette occasion n'est
« pas pure, ayant en même temps à donner des
« regrets à l'éloignement de Votre Excellence, et
« ne pouvant la suivre que par les vœux que je
« fais pour son bonheur. Je vous prie de croire

« qu'ils seront toujours très sincères et que la
« distance des lieux ne me fera jamais perdre le
« souvenir de l'amitié que vous m'avez promise.
« Comptez aussi sur la mienne et lorsque vous
« aurez quelque commission à donner dans le
« pays que vous quittez, ne me faites pas le dé-
« plaisir de vous adresser à d'autres qu'à moi que
« vous devez regarder toujours comme votre
« parfait ami [1]. »

Saint-Olon, chargé de l'agréable commission de remettre lettres et billet à Mehemet Riza Beg, s'en acquitta le 24 août. Il en résulta un réel apaisement dans l'esprit de Son Excellence. Les principaux officiers avaient, de leur côté, reçu une médaille en or avec chaîne d'or d'une valeur de 1.000 livres ; Padéry obtint des promesses, seul l'abbé Gaudereau semblait devoir être sacrifié en raison de certaines hostilités ou jalousies. Le curé de Saint-Sulpice, par exemple, ayant ouï parler des démarches de Mehemet Riza Beg en faveur du curé d'Amboise, n'avait pas jugé contraire à la charité chrétienne de protester, par avance, auprès du marquis de Torcy [2], contre toute marque de bienveillance qui pourrait être donnée à son collègue. « On dit que le roi a eu
« la bonté de promettre à l'ambassadeur de
« Perse un bénéfice, pour la prochaine nomi-

1. A. E. Perse, t. 4, f° 287.
2. *Ibid.*, f° 266.

« nation, en faveur de l'abbé Gaudereau, ce qui
« serait un grand déshonneur à la religion, ce
« curé étant une espèce de scélérat des plus
« extraordinaires... J'ai été obligé d'avertir Mon-
« seigneur le cardinal de Noailles [1] de ce qui
« regarde le curé d'Amboise et j'ai défendu de-
« puis longtemps à notre sacristie de lui laisser
« dire la sainte messe dans notre église. »

« Tant de fiel entre-t-il dans l'âme des dévots »,
se fût écrié Mehemet Riza Beg s'il eût connu la
démarche insidieuse du curé de Saint-Sulpice
et... *le Lutrin !* Vexé toutefois que ses recom-
mandations n'eussent pas été plus efficaces, il
revint à la charge auprès du marquis de Torcy
en lui écrivant le 24 août :

« Je suis un peu mortifié de ce qui regarde
« M. l'abbé Gaudereau puisque j'ai pris la liberté
« de faire son éloge en présence du grand em-
« pereur couronné du soleil aussi bien qu'à Votre
« Grandeur. La vérité est telle qu'il est homme
« d'esprit et savant, et homme nécessaire à la
« Cour : s'il ne s'était pas trouvé dans nos af-
« faires je ne sais comment cela se serait passé.
« Il a de la pudeur et il entend les affaires, et il
« faut que ces sortes d'hommes soient récom-
« pensées [2]. »

---

[1]. Noailles (Louis-Antoine de) 1651-1729. Archevêque de Paris (1695). Cardinal (1700).
[2]. A. E. Perse, t. 4, f° 286.

L'éloge était trop complet pour que l'intéressé y fût étranger... Mais le curé d'Amboise avait raison de se défendre, et ses services avaient été assez réels pour mériter, en dépit de dénonciations suspectes, une juste récompense.

En réalité l'ambassadeur persan pouvait se consoler de l'échec de ses démarches en faveur de Gaudereau. Ne lui donnait-on pas pleine satisfaction sur les choses qui lui tenaient particulièrement à cœur quoiqu'on refusât un bénéfice à l'un de ses protégés ? Il n'avait donc, de ce chef, pas de motif sérieux de se plaindre, et surtout pas de prétexte pour refuser de quitter la France.

Selon les prévisions des ministres, Son Excellence devait séjourner fort peu de temps à Chaillot et s'y considérer déjà comme étant en cours de voyage. Il fallut néanmoins presque la bousculer et la menacer de lui couper les vivres pour la résoudre à se mettre en route.

L'itinéraire de retour était choisi depuis plusieurs semaines. L'ambassadeur avait désiré, avant tout, éviter le territoire ottoman et échapper aux ennuis et aux dangers d'une trop longue traversée. Le souvenir des mésaventures causées en Turquie par l'avidité des douaniers et la jalousie de la Sublime Porte, l'algarade faite à Marseille à un malheureux sujet du grand seigneur, les menaces inconsidérément proférées contre les hauts dignitaires de Constantinople, expliquaient assez la répugnance du Persan à revoir le Bosphore ou Smyrne. Contourner l'Afrique, subir les affres du mal de mer, n'était guère plus tentant. Il avait semblé, dès lors, à Mehemet Riza Beg qu'il valait mieux rentrer dans son pays par la Moscovie et des dispositions préliminaires avaient été prises à cet effet. On avait décidé ainsi qu'une frégate royale conduirait à Saint-Pétersbourg l'ambassade du sophy, et le Havre avait été désigné comme port d'embarquement. La question principale une fois réglée, les mesures d'application paraissaient toutes simples à arrêter. Mais il fallait toujours compter avec l'imprévu dès qu'il s'agissait de Mehemet Riza Beg et l'on avait jugé prudent de se concerter au préalable avec lui. Gaudereau fut l'intermédiaire et le conciliateur entre Son Excellence et le marquis de Torcy. La faveur exceptionnelle dont il jouissait auprès de l'ambassadeur le désignait pour ce rôle délicat. La question financière était la première à résoudre : l'envoyé du sophy insistait pour qu'on le défrayât de Paris à Astrakhan ! Il entendait toucher jusqu'au Havre les 500 livres que le sieur Morel lui versait quotidiennement, et il acceptait que, par la suite, on se bornât à régler ses dépenses, à la condition qu'on lui prêtât, à la fin, de l'argent pour achever son voyage. Le marquis de Torcy repoussa ces prétentions exorbitantes, et déclara qu'une fois au Havre, Son Excellence ne recevrait plus rien sinon la nourriture à bord de la frégate. Le sieur Morel y veillerait, et comme il accompagnerait les Persans dans cette ville avec Saint-Olon et Gaudereau, il mettrait en garde le commandant du bâtiment contre des exigences inadmissibles, et il serait muni d'instructions sur ce point. La composition de la suite de l'ambassadeur devait également être précisée. Agobjan et Aronthion rentraient en Perse, avec quelques domestiques, par la Méditerranée, et cependant Mehemet Riza Beg voulait emmener avec lui trente-huit personnes. Si on ne le limitait à ce chiffre déjà considérable, ce ne serait plus une frégate mais deux bâtiments qu'il faudrait aménager. L'ambassade faisant boule de neige, tous les Orientaux résidant en France se donneraient comme sujets du sophy et essaieraient de rentrer chez eux sans bourse délier en passant par la Perse. Déjà la libération des treize galériens, sollicitée de la bonté du roi, et consentie pour complaire à Son Excellence augmentait le nombre des voyageurs. Il convenait donc, pour n'être pas dupé, de ne rapatrier que des Persans authentiques. A cet égard la fraude n'était pas impossible et il ne fallut rien moins que le zèle des interprètes pour éviter les supercheries.

La crainte d'incidents analogues à ceux qui

avaient signalé le trajet entre Marseille et Paris, détermina enfin les ministres du roi à proposer à l'ambassadeur de se rendre au Havre en bateau. Ce mode de transport était économique, il supprimait les difficultés de logement ; il assurait, en même temps, à de bonnes conditions, l expédition des ballots et bagages. Par bonheur Mehemet Riza Beg se déclara disposé à en user, et l'on prépara en hâte trois chalands. Ces bateaux avaient de treize à quatorze toises de long et neuf pieds de large environ, dans le fond. L'un fut aménagé spécialement pour l'ambassadeur, avec une chambre et un cabinet réservés à Son Excellence, et une antichambre destinée aux officiers. La décoration en était faite d'une tapisserie de bergame et de tapis ; une forte toile cirée les abritait contre l'humidité et la pluie. Le deuxième chaland devait servir à la suite, le troisième aux bagages. Il en coûta près de 3.000 livres pour que tout fût bien conditionné et prêt dans le délai fixé [1].

Rien ne s'opposait plus à ce que Mehemet Riza Beg quittât la maison du sieur Lhomme ; la saison s'avançait, le roi se mourait décidément, et Son Excellence, tantôt se déclarant « accablée d'écritures », tantôt manifestant l'intention d'attendre l'arrivée des galériens libérés, retardait

---

1. A. E. Perse, t. 4, f° 194.

de jour en jour son départ. Le 27 août, le secrétaire d'État des Affaires étrangères ne dissimulait plus son exaspération. Pour en finir il donnait l'ordre à Morel de cesser le paiement des cinq cents livres si le Persan persistait dans son système de lenteurs calculées ; il l'invitait, en outre, à refuser de faciliter un emprunt de dix mille livres que l'envoyé du sophy négociait afin d'acquitter certaines dettes trop criardes. C'était là un procédé un peu brutal, mais tout nouvel ajournement du voyage risquait d'entraîner de sérieuses complications. La menace produisit, d'ailleurs, d'autant plus d'effet que l'ambassadeur venait d'achever, à son gré, la seule affaire qui le retînt réellement encore en France.

De plus en plus épris des charmes de Madame d'Épinay, inconsolable à l'idée de s'en séparer, il avait décidé cette dame à l'accompagner et, dans le plus grand mystère, avait tout fait préparer pour un enlèvement. Depuis quelque temps déjà la mère de la favorite soupçonnait quelque machination. Elle s'était adressée tout éplorée à d'Argenson, lui exposant ses craintes à l'égard de sa fille, et le lieutenant de police avait transmis ses doléances au marquis de Torcy [1].

La seule précaution efficace consistait à faire

1. A. E. Perse, t. 4, f° 269.

enfermer Mme d'Épinay. On hésita à s'y résoudre et la conséquence fut que cette personne, devenue enceinte des œuvres de l'ambassadeur, terrifiée à l'idée d'être jetée en prison, et peut-être aussi désireuse de voyager, quitta furtivement la maison maternelle dans la nuit du 29 au 30 août, et s'enfuit en chaise de poste à Rouen avec un des officiers de Son Excellence. D'après le plan adopté, elle devait attendre Mehemet Riza Beg cachée dans cette ville, puis se faire enfermer dans une caisse spécialement construite à cet effet qui serait embarquée à Chaillot sur le chaland de bagages, et transbordée au Havre à bord de la frégate royale. Le hasard favorisa l'aventure. Si étrange que cela paraisse, l'enlèvement, connu dès le matin, réussit malgré la police et à sa barbe !

Mme d'Épinay ayant quitté Paris dans la nuit, l'ambassadeur se mit en route le 30 août au matin, après avoir adressé au secrétaire d'État des Affaires étrangères un dernier adieu. « Ne
« pouvant avoir l'honneur de vous voir avant
« mon départ, lui mandait-il, j'ai celui de vous
« écrire pour vous demander la continuation de
« votre amitié et pour vous remercier des honnê-
« tetés que vous m'avez faites et des services que
« vous m'avez rendus. J'en conserverai le souve-
« nir toute ma vie et je n'oublierai rien pour
« engager le khan d'Érivan, l'etmadolet et le

« roi même à suppléer à l'impossibilité où je
« suis de les reconnaître [1]. »

« Le 2 septembre, est-il conté dans le *Flambeau*
« *astronomique* [2], à huit heures du soir, arriva
« de Paris au cours de Rouen, Mehemet Riza
« Beg, ambassadeur du grand sophy de Perse,
« dans une diligence par eau dans laquelle il
« coucha. Et le lendemain 3, sur les neuf ou dix
« heures du matin, il fit son entrée à Rouen,
« précédé des compagnies des arquebusiers et
« de la cinquantaine qui furent au-devant de
« lui hors le pont : il entra par la porte Grand
« Pont au bruit des tambours et trompettes, il
« fut salué par le canon du château. Il était à
« cheval, magnifiquement vêtu d'une veste de
« drap d'or et d'une soutane de même étoffe, avec
« un bonnet très riche : à côté de lui marchaient
« son interprète, ses officiers et domestiques
« aussi à cheval, trois de ses officiers, le premier
« portant le grand étendard de Perse, le second
« son sabre ou cimeterre, le troisième sa pipe,
« et il continua sa marche jusque devant les
« Carmes, suivi d'un grand nombre de noblesse
« dans des carrosses, et fut loger avec toute sa
« suite chez le sieur Bigot, tapissier... Monsei-
« gneur le premier président, M. le comte de

1. A. E. Perse, t. 4, f° 301.
2. *Le Flambeau astronomique* ou *Calendrier de l'année bissextile 1716*, par M. H. R. B., à Rouen.

« Beuvron, gouverneur du château, furent ainsi
« qu'un grand nombre de noblesse, le saluer et
« lui rendre les honneurs dus à son rang... Après
« avoir séjourné en cette ville jusqu'au 6 sep-
« tembre, il en partit environ à trois heures après-
« midi et fut s'embarquer dans le vaisseau qui
« lui était préparé. Dans toutes les rues, sur le
« quai, il y avait beaucoup de peuple qui s'était
« rendu dans les lieux de son passage pour le
« voir passer. A quatre heures après-midi, son
« vaisseau mit la voile; passant devant le châ-
« teau, il fut salué du canon. »

Le rédacteur du *Flambeau astronomique* fait en outre allusion, dans son récit, à l'émotion que Mehemet Riza Beg éprouva à Rouen en y apprenant le décès de Louis XIV. « L'ambassadeur », dit-il, « fut vivement touché de la mort de ce grand « prince et le pleura. » Si le renseignement est exact, Mehemet Riza Beg était devenu bien sensible : il se montra, en tout cas, courtois en adressant aussitôt ses condoléances au secrétaire d'État des Affaires étrangères dans les termes ci-après :

« Très illustre et très magnifique seigneur, no-
« tre cher et bon ami, M. le marquis de Torcy,
« ministre et secrétaire d'État, grand vizir.

« Après vous avoir salué de cœur, que votre
« tête soit saine et que Dieu conserve le nouveau
« et successeur, l'empereur couronné du soleil,
« et lui donne une longue et heureuse vie et par

« suite résidence en son empire, et qu'il confonde
« ses ennemis. La vérité est telle que cette fâ-
« cheuse nouvelle m'a touché au vif. Si j'avais
« perdu mon père, je ne serais pas plus touché :
« mais que faire puisqu'il n'y a pas de remède à
« la mort, puisque celui qui naît il faut qu'il
« meure ; la volonté de Dieu soit faite puisqu'il
« n'y a pas d'autre remède que la patience. Je
« souhaite que vous vous portiez bien et que vous
« soyez regardé d'un œil doux du nouvel et puis-
« sant empereur. N'oubliez pas la promesse de
« votre amitié et celle de vos ordres que je tâ-
« cherai d'exécuter.

« Que votre vie soit heureuse[1]. »

La disparition du vieux monarque eut, d'ailleurs, pour l'ambassadeur, un effet heureux. Mme de Roussy n'avait cessé, depuis le 30 août, de multiplier ses démarches afin d'obtenir l'ordre d'arrêter sa fille partout où elle serait. Le marquis de Torcy, excédé des plaintes et des sollicitations de cette femme, pourtant indigne, fit préparer le 1er septembre, une lettre à l'adresse de l'intendant de Rouen, M. Roujaut[2], par laquelle il annonçait l'arrivée de l'ambassadeur persan, celle de Mme d'Épinay, et révélait le projet de Son

---

1. A. E. Perse, t. 4, f° 353.
2. Roujaut (Nicolas-Étienne), conseiller du roi en ses conseils, maître des requêtes ordinaires de son hôtel, intendant de justice, police et finances de la généralité de Rouen.

Excellence d'enfermer la jeune personne dans une caisse: « La mère, était-il ajouté, réclame le se-
« cours de l'autorité du roi. Comme Sa Majesté
« avait fait connaître sa volonté à cet égard, avant
« la maladie dont elle vient de mourir, ordre est
« donné d'arrêter la demoiselle et de l'enfermer,
« en évitant tout éclat, et sans dire à l'ambassa-
« deur autre chose, à savoir que la demoiselle s'est
« absentée. »

Ainsi qu'on peut le supposer, les ministres du feu roi eurent, après le décès de leur maître, d'autres sujets de préoccupation que Mehemet Riza Beg et Mme d'Épinay. La question de la régence, la lutte entre les bâtards et le duc d'Orléans, étaient autrement passionnantes puisque de leur solution dépendait, en quelque sorte, l'avenir du nouveau monarque et de la monarchie. Dans la confusion qui régna à Versailles, dans l'effervescence de la Cour, la lettre pour l'intendant de Rouen ne fut pas expédiée : on l'oublia quelques jours et ce délai assura définitivement la réussite du plan machiavélique de Mehemet Riza Beg.

L'homme de confiance de l'ambassadeur qui avait accompagné à Rouen Mme d'Épinay, le nommé Saïd, persan d'origine, donné comme interprète à Marseille par M. Arnoul, avait conduit la dame à bord du bateau de Son Excellence, le 2 septembre. « Dès que ce Joseph, écrit le baron
« de Breteuil dans ses mémoires, eut mis la per-

« sonne entre les mains de l'ambassadeur, il
« revint à Paris, et me vint dire qu'il n'avait ja-
« mais connu passion plus violente que celle de
« cette jeune chrétienne pour ce laid, ce brutal
« mahométan; que la joie de ces deux amants,
« quand ils s'étaient rejoints à Rouen, ne pouvait
« s'exprimer, et que cette malheureuse victime,
« à qui il avait offert, pendant le voyage, de la
« sauver dans un couvent de religieuses, lui avait
« dit que se trouvant grosse de quatre mois, et
« menacée d'être mise à la Pitié pour le reste de
« ses jours, elle aimait mieux s'exposer à tout ce
« qui pourrait lui arriver de plus terrible en
« Perse; qu'elle avait eu dans les commencements
« une répugnance et une horreur infinies à s'aban-
« donner à l'ambassadeur; mais que sa mère l'y
« avait forcée, et l'avait même battue pour en
« tirer de l'argent, et qu'à présent elle avouait
« qu'elle s'était accoutumée à l'aimer, et à l'aimer
« éperdument. »

Comme l'ambassadeur craignait, avec raison, qu'on ne laissât pas embarquer au Havre « cette jeune chrétienne » pour le suivre en Perse, il ne lui permit plus de redescendre à terre. Pendant les quatre jours qu'il passa à Rouen, il la fit garder à bord et, afin de ne s'en point séparer, il renonça à son projet de continuer à cheval son voyage. L'heure du départ arrivée, Mme d'Épinay s'installa dans la caisse à trous construite pour elle et rendue habitable grâce à un matelas et à un oreiller; on la transborda avec les autres bagages des Persans sur le petit navire qui devait conduire l'ambassade au Havre, et l'opération s'effectua par les soins des gens de Mehemet Riza Beg, Son Excellence ayant interdit aux chrétiens de toucher, et même d'approcher, la caisse sous prétexte qu'elle renfermait les livres de sa religion [1], des porcelaines fragiles, des bijoux et les archives de la mission. Bien que le secret en eût été bien gardé, la présence à Rouen et l'internement de Mme d'Épinay furent connus des habitants. L'intendant, n'ayant pas reçu d'ordres, feignit d'ignorer l'aventure : quant à Saint-Olon, Padéry et Gaudereau, la crainte que Son Excellence leur inspirait les rendit sourds et aveugles. Déjà Mehemet Riza Beg avait été furieux de la disparition d'un de ses pages qui s'était enfui pour ne pas retourner en Perse, ainsi que de la perquisition opérée dans les bagages de sa suite

---

[1]. Le prétexte que la caisse contenait les livres de sa religion était heureusement choisi. On n'ignorait pas, grâce aux renseignements donnés par Chardin (*op. cit.*, t. 9, p. 176) « la profonde vénération et la parfaite déférence » des musulmans pour le Coran. « Parler contre ou le manier sans révérence », écrit le célèbre voyageur, « est, à leur avis, un crime digne de tous les « supplices. Il faut observer de plus que les Mahométans dé- « fendent de toucher ce livre sans être net de ces sortes d'im- « puretés que leur religion enseigne qui rendent pollu. »

On comprend, dès lors, que faute d'ordres formels, l'intendant de Rouen, le sieur de Saint-Olon et les interprètes, aient hésité à prescrire des recherches qui eussent paru violer les préceptes et les scrupules religieux des Persans.

pour en extraire, d'après les instructions du marquis de Torcy, les hardes et effets d'un nommé Hussein, Persan demeurant à Paris, qui avait refusé, au dernier moment, de quitter la France avec l'ambassade. S'exposer à de nouvelles difficultés pour sauver, malgré elle, une demoiselle somme toute peu intéressante, était vraiment excessif. Les interprètes et le gentilhomme du roi le pensèrent et prirent le parti de se laisser tromper par les apparences de la fameuse caisse à trous et les déclarations de l'ambassadeur.

Cette complaisance et les égards dont on continuait à l'entourer, décidèrent Mehemet Riza Beg à ne pas trop perdre de temps entre Rouen et le Havre. Le 11 septembre, il atteignait ce port où l'attendait, depuis quelques jours déjà, la frégate l'*Astrée*. Saint-Olon l'y avait précédé et avait fait préparer et meubler l'hôtel de ville pour le cas où Son Excellence désirerait descendre à terre. La présence de la favorite et l'ennui de s'en séparer, fût-ce une nuit, retinrent le Persan à bord de son bateau. Le lendemain 12, ayant donné l'ordre de porter sur la frégate royale ses bagages et ses ballots, il s'y embarquait lui-même avec ses gens, les treize galériens libérés qui l'avaient rejoint, Padéry, et un ingénieur français, le sieur Lajoue. Le commandant de l'*Astrée*, M. de Marolles, le reçut avec solennité au bruit du canon, et le conduisit dans la cabine spécialement aménagée à son intention. Mehemet Riza Beg fit apporter aussitôt la caisse contenant Mᵐᵉ d'Épinay, et l'ayant installée au chevet de son lit, il plaça à la porte un de ses domestiques avec défense expresse de laisser pénétrer dans la cabine qui que ce fût, même le capitaine.

Saint-Olon prit, peu après, congé de l'ambassadeur, ainsi que l'abbé Gaudereau et Morel : leur tâche ingrate était finie.

Le lendemain 13 septembre, l'*Astrée* gagnait la haute mer tandis qu'un courrier spécial, galopant à franc étrier, apportait l'ordre, expédié le 11 seulement, de s'opposer au départ de Mᵐᵉ d'Épinay.

La mission de Mehemet Riza Beg avait décidément un dénouement d'opérette : les carabiniers arrivaient trop tard.

EPILOGUE

DERNIÈRES AVENTURES
DE MEHEMET RIZA BEG

Avec ses trente canons, son brillant état-major et ses nombreux matelots, *l'Astrée* devait flatter la vanité de l'ex-ambassadeur persan. Mehemet Riza Beg s'éloignait de France presque dans une apothéose, et le contraste était saisissant entre ce départ « en beauté » et l'arrivée modeste, un peu ridicule à Marseille, de l'Excellence persane, fuyant, à bord de *la Vierge de Grâce*, les mauvais traitements des Turcs. Les satisfactions d'amour-propre que devait causer à l'envoyé du sophy l'embarquement sur *l'Astrée*, étaient encore accrues par des joies plus vulgaires et matérielles. Le commandant de Marolles avait reçu de Morel, d'après les instructions du marquis de Torcy, quinze mille livres pour régler les dépenses du voyage jusqu'à Saint-Pétersbourg. L'ambassadeur n'était donc pas exposé — et il ne le regrettait guère — à écorner de suite le fort joli pécule qu'il avait amassé en vivant comme un grippe-sou aux frais du roi de France.

Mais la fatalité trouble parfois les prévisions humaines et bouleverse les arrangements les plus heureux. Elle se manifesta, en l'occurrence, par un déchaînement des éléments.

A peine la frégate royale avait-elle majestueusement déployé ses voiles, et s'élançait-elle sur les flots, qu'un vent violent se prit à souffler, soulevant d'énormes lames. Le roulis, le tangage, ballottèrent le navire et incommodèrent aussitôt l'ambassadeur et Mme d'Épinay, enfin extraite de sa boîte à trous. Son Excellence, qui souffrait atrocement, et qui voyait avec effroi le piteux état de sa favorite, voulut faire virer de bord et retourner au Havre. Le commandant s'y refusa : colère, prières, imprécations, supplications, le laissèrent insensible. La saison était déjà avancée ; en attendant une improbable accalmie on risquait de trouver les bords de la Baltique bloqués par les glaces ; quant à laisser débarquer Mehemet Riza Beg on n'y pouvait songer, le retour imprévu en France de l'ex-ambassadeur devant provoquer le mécontentement du régent et causer de graves ennuis aux ministres. M. de Marolles était chargé de conduire en Moscovie les Persans, il était maître à son bord : le voyage continua.

Au fur et à mesure que *l'Astrée* s'éloignait des côtes de France le temps ne s'améliorait pas. La mer était toujours déchaînée et Mme d'Épinay, enceinte de quatre mois, paraissait sérieusement malade. Mehemet Riza Beg, entre chacune de ses crises de mal de mer, retrouvait sa voix de taureau pour protester contre la cruauté avec laquelle on le traitait, et ses accès de fureur prenaient même un caractère inquiétant. Une nouvelle apparition sur le territoire du royaume semblant désormais impossible, ou tout au moins facile à prévenir, le commandant de *l'Astrée* retrouva quelque pitié dans la mer du Nord. Il fit offrir à Son Excellence de la laisser à Amsterdam. Cette solution lui eût permis d'interrompre une navigation qui s'annonçait comme dangereuse. Cette fois Mehemet Riza Beg eut une lueur de bon sens : il se vit abandonné en Hollande sans lettres de créance pour les États généraux, sans caractère officiel, sinon sans argent, et il préféra encore poursuivre par mer la route vers la Moscovie. Son courage fut néanmoins de courte durée. Arrivé le 22 septembre à Copenhague, il prit la résolution irrévocable d'y débarquer et de gagner, par la voie de terre, Saint-Pétersbourg [1]. Sur sa demande formelle, Padéry assez fatigué lui-même, descendit avec un des officiers persans, saluer le gouverneur de la place et le premier ministre danois M. Krabbe, et solliciter des ordres pour qu'une maison fût mise à la disposition de Mehe-

---

1. A. E. Perse, t. 4, f° 345.

met Riza Beg. Le lendemain tout était prêt à le recevoir : l'ex-ambassadeur quittait l'*Astrée* après avoir assez poliment pris congé de M. de Marolles. Lorsqu'il mit pied à terre, les autorités de la ville vinrent le complimenter.

Cette modification au programme arrêté par le marquis de Torcy troubla profondément le malheureux Padéry qui comptait revenir de Saint-Pétersbourg avec la frégate, et qui n'avait pas emporté avec lui une somme d'argent considérable [1]. Très perplexe déjà, il était en outre excédé par les exigences du Persan. Mehemet Riza Beg avait en effet la prétention de l'emmener avec lui, avec l'ingénieur Lajoue, en quelque sorte comme otage, et pour justifier auprès du sophy l'absence du consul français, M. Gardanne [2], que la mort du roi avait empêché de s'embarquer sur l'*Astrée*. Le sort de l'interprète n'offrait, dès lors, qu'un médiocre agrément : après quinze mois de services pénibles auprès de l'ambassadeur, Padéry méritait cependant une autre récompense. Les brusqueries du Persan et ses changements d'humeur compliquaient encore la situation.

1. A. E. Perse, t. 4, f°s 361 sqq.
2. Ange, seigneur de Sainte-Croix, fils de Charles de Gardanne, du régiment des gardes du corps. Son propre fils fut consul à Chypre et à Tripoli. Un de ses ascendants avait été consul du roi à Seyde (1611).
Le général Gardanne, ministre en Perse du 12 avril 1807 au 20 août 1809, et son premier secrétaire, Paul-Ange-Louis Gardanne, appartenaient à cette même famille qui était originaire de Marseille.

A peine délivré du souci que lui causait une navigation désagréable, Mehemet Riza Beg s'était montré charmant. Il avait tenu à annoncer lui-même au régent sa présence à Copenhague dans une lettre où il rendait hommage au zèle et au mérite de M. de Marolles et de son état-major.

« Très illustre, très puissant, très magnifique
« et très excellent prince régent du vaste empire
« du grand empereur de France, couronné du
« soleil », écrivait-il au duc d'Orléans, « je pré-
« sente mes très humbles respects à Votre Altesse
« royale en lui demandant devant toutes cho-
« ses l'état de sa santé, que Dieu la lui conserve
« en prospérité dans le gouvernement de sa ré-
« gence et que les liens de l'amitié soient toujours
« stables et se fortifient toujours de plus en plus.
« Si elle souhaite savoir l'état de ma santé, Dieu
« aidant, j'ai la vie. Le gentilhomme M. de Marol-
« les, commandant le vaisseau qu'elle a ordonné
« pour me transporter à Pétersbourg, m'ont, lui et
« ses officiers, le capitaine en second, M. Degand,
« M. Jamin, premier lieutenant, M. Deblois, lieu-
« tenant en second, M. de Maisonneuve officier,
« M. Tassin, écrivain, le chirurgien en chef, les
« deux gardes de marine et l'aumônier, rendu
« tous les services imaginables. Je suis très
« content et très satisfait d'eux. Ils ont voulu
« exécuter le commandement de Votre Altesse
« royale mais la grande incommodité que j'ai eue

« sur la mer et ne pouvant pas supporter davan-
« tage les fatigues, j'ai demandé, de ma libérale
« arbitre, que l'on me débarquât à Copenhague,
« ville capitale de Sa Majesté danoise, avec l'es-
« pérance de continuer mon voyage par terre. Je
« supplie Votre Altesse royale que la prunelle de
« ses yeux soit sur M. de Marolles et sur les
« officiers ci-dessus nommés [1]. »

Quelques jours plus tard, la transformation était complète. Mehemet Riza Beg était redevenu l'atrabilaire maniaque et le coléreux personnage qui avait scandalisé la Cour de France. Ayant été honoré, sans raison, de la visite du gouverneur de Copenhague, il s'obstina à ne pas rendre la politesse, et se refusa à se présenter chez le premier ministre. Padéry fit vainement tous ses efforts pour l'y décider en essayant de lui faire comprendre qu'il n'était rien en Danemark, qu'il y était incognito. « Soutenant sa fierté ordinaire », l'ex-ambassadeur ne voulut rien entendre, et la conséquence de son opiniâtreté fut que les ministres danois, piqués d'un sans-gêne et d'un manque d'usages trop manifestes, se déclarèrent sans ordres pour assurer la continuation du voyage vers la Moscovie. Avec sa violence et son incohérence accoutumées Mehemet Riza Beg s'en prit à l'innocent Padéry et, dans sa fureur, il adressa au

---

1. A. E. Perse, t. 4, f° 393.

régent un message dont le ton et la fausseté sont caractéristiques.

... « J'ai déjà eu l'honneur, y est il dit, d'in-
« former Votre Altesse royale qu'étant encore
« dans le vaisseau, Padéry, l'interprète, vint un
« soir me trouver pour me dire que le capitaine
« lui avait dit que si je ne descendais pas à terre
« à Copenhague il ne me donnerait plus d'eau
« pour boire, et qu'il laisserait aller le vaisseau
« au gré des vents, qu'il ne pouvait passer outre
« parce qu'il savait bien que la mer était glacée.
« Ce qu'ayant entendu, je me suis débarqué en
« cette ville où dès que j'ai été arrivé il m'a fait
« écrire à Votre Altesse royale et aux ministres,
« lesquelles lettres je n'ai point cachetées de mon
« vrai cachet. Ayant reconnu depuis quelques
« jours que le capitaine ne lui a point parlé de
« cela, je demande en grâce à Votre Altesse
« royale de ne lui faire aucune peine. C'est une
« menterie de Padéry qui avait envie de me faire
« venir ici pour se faire panser d'une maladie
« qu'il a, et pour m'obliger d'envoyer un homme
« à moi avec l'ingénieur Lajoue pour chercher
« ses papiers et son argent en France. Ce qu'ayant
« refusé de faire, il m'a dit avec toute l'insolence
« possible que ni lui, ni Lajoue, ne me suivraient
« en Perse et il a fait cacher Lajoue dans Copen-
« hague. Me trouvant ici fort embarrassé, n'ayant
« point d'interprète, et ne sachant comment me

« tirer d'affaire pour trouver des voitures pour
« m'en aller par terre, je lui ai demandé pour-
« quoi il ne voulait pas me suivre et me rendre
« les services à quoi il est obligé. Il a répondu
« que si je voulais lui donner 1000 écus et lui four-
« nir des voitures, qu'il m'accompagnerait, et
« 1000 francs à l'ingénieur. Sur quoi je lui deman-
« dai s'il avait oublié que je lui avais donné
« 1.500 francs à Chaillot et 100 écus à Lajoue avec
« 200 francs au Havre, et que j'étais las de lui en
« donner. Sur quoi il m'a répondu que si je ne lui
« donnais pas ce qu'il me demandait, ils ne revien-
« draient ni l'un ni l'autre. Sur quoi je l'ai me-
« nacé de faire savoir à la Cour de quelle façon
« il en usait avec moi. Ce qu'ayant eu peur, il a
« cru le prévenir en lui écrivant contre moi des
« mensonges et des faussetés dont je ne suis pas
« capable et qui n'entrent ni dans les sens ni dans
« les manières d'un homme comme moi, ni de
« mon caractère. Entre lesquelles faussetés il
« disait que j'accusais les Français de n'avoir ni
« probité, ni honneur, ni parole, que je le faisais
« mourir de faim, que j'étais une bête féroce dont
« on ne pouvait tirer aucune raison, et cent autres
« choses, tant de conséquences et de minuties, dont
« je ne veux pas importuner Votre Altesse royale,
« lesquelles lettres j'ai surprises et lui ai fait voir
« entre mes mains, lui demandant à quel dessein
« il les avait remplies de tant de mensonges et

« si c'était là la reconnaissance de mes bontés et
« des bienfaits dont je l'avais comblé : de quoi
« il est demeuré sans pouvoir parler, sinon pour
« me demander pardon et se jeter à mes genoux,
« me donnant pour excuse que c'était sa maladie
« qui lui avait tourné la tête, et que celui par qui
« il les avait fait écrire, n'en ayant pas la force,
« avait ajouté tout ce qu'il y avait de mauvais,
« ce que j'ai fait semblant de croire. Il a écrit à
« M. le gouverneur de Copenhague et lui a mandé
« que le roi lui avait ordonné à la Cour de me
« suivre en Perse, mais comme il était parti de
« France auparavant que le consul qui était chargé
« de ses ordres et de son argent fût arrivé au
« Havre où je me suis embarqué, il se trouvait
« fort embarrassé sur ce qu'il devait faire, parce
« que je le voulais emmener, et qu'il le priait ins-
« tamment de lui faire savoir ce qu'il jugeait à
« propos, ou qu'il me suivît, ou qu'il restât à
« Copenhague jusqu'à ce que ses ordres fussent
« arrivés. M. le gouverneur lui a répondu que
« j'étais un ambassadeur de Perse, que le roi de
« France et le roi de Perse étaient amis, et puis-
« qu'on lui avait ordonné de me suivre pour me
« servir d'interprète, cela ne serait pas comme il
« faut de me laisser dans l'embarras pour traver-
« ser des pays dont je n'entends pas la langue, et
« qu'il serait fort mal encore de rester à Copen-
« hague. Qu'après cela il fît tout ce qu'il voudrait,

« qu'il ne lui conseillait rien. M. le gouverneur
« m'a fait l'honneur de venir me rendre visite et
« m'a dit ce que Padéry lui avait mandé et qu'il
« lui avait fait cette réponse. Je supplie Votre
« Altesse royale de faire attention s'il est juste
« qu'un homme comme moi, qui a été honoré de
« la part de mon roi de la commission de venir
« pour renouveler l'amitié entre le grand empe-
« reur de France et lui, à quoi il a paru que j'ai
« réussi par les honneurs infinis et les satisfac-
« tions dont on m'a comblé en France, sans faire
« mention de la différence qu'il y a entre un in-
« terprète et une personne comme moi, s'il est
« juste, dis-je, que j'en sois le jouet. Je laisse à
« Votre Altesse royale et à sa justice ma ven-
« geance, espérant qu'elle me satisfera. J'aurai
« l'honneur de continuer à lui dire que j'ai été
« obligé de donner à nouveau à cet interprète
« 1.500 francs en pur don et 900 francs pour
« s'acheter un équipage pour me suivre, dont à
« peine il est content, puisqu'il a eu encore l'in-
« solence, après avoir reçu l'argent, de me dire
« qu'il ne partirait que cinq jours après moi pourvu
« qu'il se portât mieux. Lajoue, à la fin, s'est re-
« trouvé après que Padéry a eu reçu de l'argent,
« car il a été assez hardi pour exiger de moi de
« lui donner et qu'après cela Lajoue viendrait.
« Quand j'ai interrogé Lajoue sur ce qu'il se ca-
« chait, il m'a répondu qu'il était fort content de

« moi, mais que c'était Padéry qui lui avait fait
« faire et qui lui avait aussi fait écrire contre moi.
« Ils sont résolus tous deux, par ce moyen dont je
« me suis servi, de me suivre. Je pars demain qui
« est le 11 du mois, tout seul, espérant qu'ils ne
« me tromperont point et qu'ils viendront me
« joindre. Je demande avec toute l'instance pos-
« sible à Votre Altesse royale la grâce de me
« faire savoir si elle aura fait attention à ce que
« j'ai l'honneur de lui demander. C'est dans cette
« espérance que je m'attends d'en trouver la ré-
« ponse à Pétersbourg en Moscovie où je vais me
« rendre le plus tôt qu'il me sera possible. Je la
« prie de vouloir excuser si cette lettre n'est pas
« construite dans les termes de grandeur qui lui
« sont dus, mais c'est une personne qui ne les
« sait point et qui n'est pas assez bon interprète
« pour pouvoir traduire les termes dont je me
« sers dans leur véritable sens. J'attends tout de
« la justice de Votre Altesse royale [1]. »

Cette lettre porte la date du 10 octobre 1715 ; le lendemain, Mehemet Riza Beg, ayant réussi à se procurer un bateau, abandonnait Padéry à Copenhague avec une partie de ses gens, lassés des avanies qui leur étaient faites. Mme d'Épinay et l'ingénieur Lajoue, moins fortunés, suivaient, comme des captifs, la marche fort peu triomphale de l'extraordinaire Persan.

[1]. A. E. Perse, t. 4, f° 356.

La première étape de leur calvaire fut Hambourg où ils arrivèrent le 16 octobre ; ils avaient mis cinq jours pour effectuer un aussi court trajet et cette lenteur désespérante en faisait présager d'autres pour l'avenir ! Les Hambourgeois se montrèrent très surpris du passage de l'ancienne ambassade persane auprès de Louis XIV, et la curiosité que Mehemet Riza Beg leur inspira obligea les magistrats de la ville à faire garder constamment par six grenadiers la porte du logement de Son Excellence. Le sieur Poussin, résident de France, jugea convenable de visiter l'ex-ambassadeur, mais non de rendre compte à sa Cour de son acte de politesse. Personne en France ne pensait plus à l'envoyé du sophy.

Après avoir passé douze journées à Hambourg, Mehemet Riza Beg gagna Berlin où il resta, dit-on, jusqu'au 12 novembre, afin d'en connaître les curiosités. Songea-t-il alors, comme l'affirmèrent certaines gazettes, à se mêler à la politique des puissances du Nord, et à se rendre à Stralsund au camp des alliés ? Il est impossible de le savoir. Quoi qu'il en soit, le *Journal de Verdun* [1] était, certes, ironique en écrivant au mois de décembre 1715 :

« Il semble qu'on n'estime pas que les forces
« des cinq grandes puissances suffisent pour ache-

---

1. T. XXIII, décembre 1715.

« ver d'accabler l'infortuné roi de Suède [1], puis-
« que, suivant les lettres venues de Hambourg et
« d'autres villes du nord de l'Allemagne, le célè-
« bre et incomparable Riza Beg, ambassadeur
« persan, a, dit-on, promis aux ministres danois
« que le roi son maître voulait entrer dans la
« confédération contre le roi de Suède et qu'en
« faveur de la ligue il déclarerait la guerre aux
« Turcs. La suite nous apprendra si les puissan-
« ces confédérées ont fait quelque attention à la
« proposition de cet ambassadeur qui, bien cer-
« tainement, ne fut point chargé d'une pareille
« négociation lorsqu'il partit d'Érivan, et que ce
« n'est que par un bizarre accident qu'il a touché
« au Danemark. »

Au départ de Berlin, la suite de Mehemet Riza Beg se trouva considérablement réduite, car un grand nombre de domestiques et même d'officiers s'étaient enfuis. Mais par raison d'économie, l'ex-ambassadeur ne les fit pas rechercher, et son ordinaire avarice autant que ses incorrigibles emportements lui valurent le désagrément d'être abandonné par ses voituriers à Stargard, en Brandebourg. Il fallut que le conseil de régence prussien le tirât d'embarras, en ordonnant au Magistrat [2] de Berlin de lui fournir des chevaux [3].

1. Charles XII, 1682-1718.
2. Nom de la municipalité.
3. *Journal de Verdun*, t. XXIV, janvier 1716.

En décembre, Mehemet Riza Beg était à Dantzig où il resta trois mois. Mme d'Épinay y fit ses couches le mois suivant, et fut la seule à ne pas regretter que la neige et les glaces eussent rendu tous les chemins impraticables. Cet arrêt prolongé obligea en effet Son Excellence à manger en partie ses économies, et une attaque opérée par des brigands contre la caravane, lorsqu'on quitta Dantzig, consomma la ruine de Mehemet Riza Beg. L'ambassadeur se vit réduit désormais, pour vivre, à vendre successivement les cadeaux destinés au sophy.

Comment et dans quelles conditions se poursuivit le voyage, quelles en furent les vicissitudes à travers la Pologne et la Moscovie? Aucun document ne donne à cet égard le moindre renseignement. On sait seulement qu'au mois de mai 1717, c'est-à-dire vingt et un mois après son embarquement au Havre, Mehemet Riza Beg rentrait à Érivan. Il avait le chagrin d'y apprendre que son protecteur Mehemet Kenly Khan avait été remplacé dans ses fonctions par un enfant de treize ans. A Ispahan des changements s'étaient également produits, le grand vizir avait succombé à une intrigue de palais. Ces nouvelles terrifièrent Mehemet Riza Beg qui sentait son crédit compromis par son inconcevable retard à rendre compte de sa mission, et par la perte de presque tous les présents destinés à son maître.

ÉPILOGUE

Se sentant perdu, il s'empoisonna. Mme d'Épinay, qui l'avait suivi avec une admirable fidélité et une constance digne de pitié, fut recueillie par un frère de son amant : elle se convertit à l'islamisme et partit courageusement pour Ispahan afin de remettre au chah ce qui restait des cadeaux du roi de France [1]. Quant à l'ingénieur Lajoue, épuisé par un si long et si pénible voyage et les mauvais traitements qu'il avait subis, il refusa d'entrer plus avant en Perse et s'installa à Érivan.

Le mois suivant (juin 1717), le consul Gardanne, que la disparition de Louis XIV avait empêché, par bonheur pour lui, d'accompagner l'ambassadeur persan, entrait à son tour dans Érivan. Il y apprenait la fin dramatique du personnage et certain que cette nouvelle intéresserait la Cour de France, il l'annonçait aussitôt au baron de Breteuil.

En se donnant la mort, Mehemet Riza Beg avait devancé seulement le sort qui l'attendait s'il avait osé paraître à Ispahan. Comme le déclara plus tard à Gardanne le nouveau grand vizir, l'ambassadeur s'était bien gardé de communiquer au chah ou à ses ministres le traité qu'il avait conclu : il avait, affirmait-on, outrepassé ses pouvoirs, ayant été envoyé uniquement pour solliciter

---

1. A. E. Perse, t. 5, f° 150.

l'exécution du traité de 1708. On en aurait donc fait un exemple à cause de sa mauvaise conduite, si un trépas opportun ne lui eût permis d'échapper à un juste châtiment [1].

En dépit de ses efforts, Gardanne ne put obtenir la ratification du traité de Versailles. Padéry devenu consul à Chiraz, en 1718, fut plus heureux, et réussit en 1722, à la faveur d'une révolte menaçante pour le chah Hussein, à faire confirmer l'acte signé par Mehemet Riza Beg le 13 août 1715.

Cette sorte de réhabilitation posthume du kalender d'Érivan, a échappé aux historiens : elle a même été pratiquement inutile, car les révolutions survenues peu après ont, durant des années, éloigné de Perse les marchands français.

Faut-il toutefois considérer aujourd'hui la mission de Mehemet Riza Beg comme un de ces bâtons flottants dont le bon La Fontaine a écrit :

« De loin c'est quelque chose et de près ce n'est rien [2] » ?

Il y aurait injustice et inconvenance à le prétendre.

L'ambassade du kalender d'Érivan est certes un incident plutôt qu'un événement du règne de

1. A. E. Perse, t. 5, f° 174.
2. La Fontaine, *Fables*, Livre IV, fable X.

Louis XIV ; mais c'est aussi une page de l'histoire diplomatique d'un pays qui admire et aime la France comme le génie français.

Ne méritait-elle pas, à ce seul titre, d'être contée par un Français?

FIN

PIÈCES JUSTIFICATIVES

PIÈCES JUSTIFICATIVES

N° 1.

1708. Septembre. Capitulation entre la France et la Perse, faite et apportée par le sieur Michel, envoyé du roi de France[1].

Dieu soit glorifié et exalté. Le royaume est à Dieu : la victoire vient de Dieu, et la conquête est facile ; annonce cela aux fidèles, ô Mahomet ! ô Aly !

Dieu est ma confiance !

Le serviteur du roi de la sainteté, Hussein. 1112 (c'est-à-dire 1701).

Quiconque n'est pas du parti d'Aly, quel qu'il puisse être, je ne l'aime point. Quiconque n'est comme la terre devant sa porte, quand ce serait un ange, que la terre soit sur sa tête.

Ce commandement auguste a été expédié portant que, comme dans ce temps, le plus grand roi de l'Europe, le très excellent empereur de France Louis XIV, dominateur souverain des pays, royaumes, provinces, villes de Paris, Normandie, Bretagne, Aquitaine, Gas-

---

1. A. E. Perse, t. 2, folios 35-40 et *Recueil des traités de commerce et de navigation de la France avec les puissances étrangères, depuis la paix de Westphalie en 1648.* Paris, 1835, 1re partie, t. 2, p. 376.

cogne, Poitou, Saintonge, Limousin, Bordeaux, Grenoble, Provence, Périgord, Angoulême, Toulouse, Anjou, le Maine, Touraine, Pays chartrain, Nivernais, Lyonnais, Picardie, Calais, Champagne, Dunkerque et autres villes et royaumes, ayant dessein d'affermir avec notre sacrée Majesté les fondements de l'amitié et de la bonne intelligence, il a pour cet effet envoyé au trône de la grandeur et de la puissance, le sieur Michel, en qualité de son envoyé extraordinaire, en qui il a confiance, et dont il fait cas, avec une lettre pleine d'amitié tendant à resserrer plus étroitement, par un véritable nœud, le lien de l'union et de la concorde, et à établir à perpétuité les articles suivants sur lesquels elle roule et est fondée.

Son intention royale étant donc de rendre perpétuelles la sincérité et la bonne correspondance, par l'ouverture du commerce et le passage réciproque de l'un à l'autre empire, son envoyé ayant été revêtu des pouvoirs nécessaires, et sa lettre royale nous ayant recommandé d'ajouter pleine et entière créance à ce qu'il représenterait de sa part au pied de ce trône impérial, successeur des califes, le même envoyé a fait entendre aux oreilles de notre glorieuse Majesté qu'en conséquence de l'union indissoluble que ledit empereur de haute renommée maintient avec notre Majesté Impériale toujours auguste, il désirait qu'il fût aidé et donné secours aux marchands et négociants français et autres de ses sujets qui iraient et viendraient dans le pays du vaste empire de Perse; et afin que ladite nation pût tirer quelque utilité de ce commerce, il demande qu'il lui soit accordé quelques privilèges ou exemptions; outre cela, il désirerait encore notre secours et protection royale en faveur des religieux et moines français et autres Européens, suivant l'ancienne coutume.

Ses demandes ont été entérinées à sa plus grande satisfaction, offrant aussi ledit seigneur, empereur de France, que ce qui lui serait demandé de notre part, ainsi que nos affaires et commissions qui lui seraient représentées, nous seraient accordées par un effet de cette parfaite union et alliance.

Dans cette vue a été dressé ce traité de capitulations entre notre très auguste, très noble et souveraine Majesté, etc., et ledit seigneur empereur de France, couronné du soleil, contenant les articles sur lesquels est fondée l'alliance entre les deux couronnes.

Article premier. — Les marchands et autres de la nation française, qui viendront tant par mer que par terre aux ports et frontières du vaste empire de Perse, seront reçus agréablement et traités honnêtement par les beglerbeys, vizirs, gouverneurs, officiers et commissaires du Divan, auxquels enjoignons par ce présent de le faire, comme l'un des principaux points de leur devoir ; leur défendant de rien faire qui soit contraire aux circonstances de l'amitié, de tyranniser, de commettre envers eux aucun excès, de concevoir avidité pour leurs biens, ni d'exiger d'eux qu'aucune chose de tout ce qui leur appartient, soit de leurs marchandises, soit de leurs bêtes et voitures ou autres choses; bien au contraire, leur ordonnons de les aider et secourir en toute occasion, lorsqu'ils en auront besoin; afin que, sans crainte et sans inquiétude, ils puissent librement et en tout temps, aller et venir selon leur bon plaisir et se rendre en tel lieu que bon leur semblera, sans que l'on puisse exiger d'eux aucune chose par force et par avanie, et qu'ils séjournent et s'arrêtent autant de temps qu'ils voudront dans les ports et autres lieux de notre obéissance, et que toutes et quantes fois qu'ils voudront s'en aller, qui que ce soit ne puisse les empêcher, et s'il arrivait que quelqu'un leur eût pris quelque chose par force et par violence, après vérification et conviction des coupables, elle leur sera restituée et les auteurs châtiés comme se doit.

Art. 2. — Ledit envoyé ayant représenté que, pour établir les affaires du commerce, les marchands sont obligés de faire des dépenses considérables au commencement de leurs entreprises, il a requis que des diverses marchandises qu'ils doivent apporter en Perse, suivant la convention, ils fussent exempts pendant quelques années de payer aucun droit au Divan à raison desdites marchandises, mais qu'en reconnaissance de cette exemption, ils remettraient au trésor royal un présent honnête et agréable : à ces causes, et pour favoriser encore plus ledit seigneur empereur de haute dignité, nous avons promis que jusqu'à cinq années, ils seront exempts des droits ci-dessous spécifiés, mais qu'après lesdites cinq années, pour les marchandises qu'ils apporteront au pays de notre obéissance et pour celles qu'ils en emporteront en d'autres royaumes, ils exécuteront les conditions ci-après déclarées, et dont on est convenu.

Art. 3. — Il a été arrêté et convenu qu'après la ratification des articles de ce traité d'amitié et l'arrivée des chefs de comptoir dudit seigneur empereur de haute dignité, s'ils veulent faire leur séjour à Ispahan, le vizir et tous les officiers leur assigneront une maison du domaine royal qui leur sera convenable, dans laquelle ils logeront, et laquelle, s'ils veulent, ils pourront bâtir et rétablir toutes et quantes fois il leur plaira.

Art. 4. — Qu'après l'arrivée desdits chefs de comptoir et la ratification du traité, toutes et quantes fois qu'ils voudront faire bâtir des hôtels pour leur demeure, dans les ports de Bender-Abassy, de Congo et de Ric, ils achèteront une maison du consentement de son propriétaire, et ils bâtiront avec la connaissance du gouverneur et du commandant ès dits ports un hôtel, selon leur état, qui soit assez grand pour les loger commodément, dans lequel ils demeureront, à condition qu'ils ne le bâtiront pas plus grand que les maisons et édifices ordinaires, et à l'égard dudit hôtel qu'ils auront fait bâtir pour leur propre logement, lorsqu'ils voudront s'en aller, que personne ne puisse les contraindre à le vendre, et qu'au contraire il demeure en tel état et situation qu'à leur retour ils puissent y loger derechef.

Art. 5. — Ledit envoyé ayant représenté et requis que sur l'hôtel que lesdits marchands auront dans chacun desdits ports qu'il soit permis d'arborer sur le toit dudit hôtel, le pavillon de France à l'exemple des autres Européens, quoique les Anglais, depuis quelque temps, ayant rendu des services importants et se soient pour ainsi dire sacrifiés, et que les Hollandais aient procuré de grands avantages au profit du Divan, ayant apporté de grandes sommes, en présents, au pied de ce trône qui est l'appui du monde, en sorte qu'ils se sont élevés au-dessus de leurs pareils par cette honnêteté et marque de distinction; cependant, afin de favoriser ledit seigneur empereur, qui a jeté les fondements de notre amitié, nous avons permis par ces présents et permettons, que sur les maisons qu'ils auront dans les ports, ils arborent une enseigne à la manière des autres Européens.

Art. 6. — Comme la puissance, la supériorité, l'union, l'amitié et la grandeur dudit empereur de haute dignité au-dessus des autres rois de la religion, sont connues de nous et des officiers de notre auguste trône, nous convenons et permettons que, lorsque les ambassadeurs ou envoyés de ce seigneur empereur viendront à notre salle d'audience, semblable au paradis, ils y recevront les honneurs et les cérémonies convenables à chacun d'eux.

Art. 7. — Au sujet de la quantité et du nombre des marchandises d'or et d'argent que les marchands français apporteront en Perse et de celles qu'ils emporteront hors de Perse, il a été convenu que l'or et l'argent monteront à 300.000 piastres sévillanes, chaque piastre valant 100 dinars, et le tout faisant la valeur de onze cents tomans, et suivant cette disposition ils apporteront des marchandises d'or et d'argent. A l'égard des autres sortes de marchandises, il a été convenu que :

Art. 8. — Les marchandises des Indes et autres pays qu'ils apporteront en Perse seront de valeur de 100.000 piastres, qui font 7.000 tomans.

Que les marchandises de Turquie et d'Europe, comme les draps, les serges, et autres qui n'ont rien de commun avec les marchandises des Indes qu'ils apporteront en Perse, seront de la valeur de 200.000 piastres, qui font 14.000 tomans.

Ce qui fait par chacun an la somme de 100.000 piastres sévillanes, et la valeur du poids de 50.000 piastres en barres d'argent qu'ils apporteront de leur pays en Perse, soit par mer, soit par terre, et la valeur de 60.000 sequins d'or séparément, ou le même poids d'or en lingots non monnayés, à condition que les piastres et l'or, soit l'un, soit l'autre, seront portés à notre monnaie royale et seront vendus aux prix courants, sans délai, au trésor royal, et leur sera compté, et recevront en échange la valeur en monnaie courante en Perse ; et tout de même les sequins seront aussi vendus, et ils en recevront la valeur de la même manière ;

et si dans l'année ils veulent porter desdits sequins du côté des Indes, en ce cas ils seront tenus de faire compter lesdits sequins en présence du gouverneur et du fermier du creuset des sequins entiers, et il leur sera permis d'en emporter le nombre de 30.000 seulement, en tel pays que bon leur semblera, et pour raison de ces 30.000, il ne leur sera rien demandé, et ils les porteront où ils voudront, après que les officiers du commissaire à ladite affaire auront apposé leur cachet à l'orifice de chaque, sans qu'il soit permis auxdits marchands d'en emporter un plus grand nombre hors du royaume, le surplus devant être vendu en Perse; car s'ils voulaient le porter ailleurs, ils en paieraient les droits de 3 % attribués au Divan. Il ne leur sera pas non plus permis de transporter hors du royaume de Perse l'argent ni l'or en barre non monnayés, qu'ils n'en payent de même les droits de 3 % au profit du Divan, et outre cela encore, un droit de 1 % au Divan, ainsi que quelques autres droits; cependant le susdit envoyé, ayant requis une diminution de quelque partie de ces droits, afin de favoriser ledit seigneur empereur, du consentement dudit envoyé, il a été convenu que des piastres, des sequins, de l'or, de l'argent, des étoffes, des drogues aromatiques, des draps, des serges, et autres, dont la somme et la quantité ont été ci-dessus spécifiées, et de toutes les espèces de marchandises qu'ils apporteront en Perse, dans le temps de leur entrée, paieront 3 %, et dans le temps de leur sortie aussi 3 %, et faisant ce paiement au Divan, ils en retireront une quittance cachetée du cachet des commissaires; à condition que les diverses marchandises, si elles viennent par mer, seront visitées en présence des douaniers des ports, et si elles viennent par terre, en présence des beglerbeys, gouverneurs commandants et gens commis pour les affaires du royaume, lesquels, après visite faite desdites marchandises et espèces d'or et d'argent, dont ils auront en mains un mémoire net, détaillé et spécifié de toutes, et chacune d icelles marchandises, en sortant, leurs ballots doivent être cachetés du commissaire des affaires du Divan, et sans cachet elles n'entreront ni ne sortiront, et celles qu'ils apporteront à Ispahan, les officiers et les commissaires du Divan les visiteront en ces lieux-là. Lesdits marchands donneront auxdits officiers état de leurs marchandises; et recevront lesdits officiers un autre état cacheté, contenant la quantité des effets tant d'or et d'argent que de marchandises et d'étoffes; et s'ils apportent en Perse des marchandises et denrées en plus grande quantité que celles dont on est convenu, ils paieront au Divan la douane d'icelles, tant d'entrée que de sortie, selon l'usage du pays, sur le pied de 1/10.

Art. 9. — De toutes les marchandises qu'ils apporteront en Perse tous les ans, par quelque route que ce soit, et celles qu'ils emporteront, moitié en allant, moitié en venant, la quantité de 500 charges sera exempte du droit des rahdars, ou gardes des chemins, lesquels ne pourront rien exiger d'eux pour ladite quantité, à condition que lesdits marchands auront en mains un état signé des officiers et des commissaires du Divan de chaque lieu, portant la quantité de leurs ballots, et, s'il s'en trouvait davantage, le surplus paierait les droits ordinaires desdits rahdars.

Art. 10. — Il leur sera fourni, en payant, autant de provisions de bouche qu'ils en auront besoin, tant pour leur séjour dans les villes que pour leur voyage, ainsi que des bêtes de voiture, sur le même pied de louage et au même prix qu'on les fournit ordinairement aux musulmans; ils les leur vendront au même prix, sans pouvoir les molester en leur demandant davantage.

Art. 11. — Il ne sera point exigé de tribut, de carage [1], ni de capitation des français et marchands français, ni de tous les Européens qui seront avec eux, non plus que des domestiques et arméniens ou indiens, jusqu'au nombre de vingt personnes, qui seront à leur suite, et encore moins de leurs interprètes.

Art. 12. — Toutes les diverses marchandises qu'ils apporteront en Perse et celles qu'ils emporteront de Perse en d'autres royaumes seront appréciées et estimées sur le pied du courant, et ils en paieront les droits à proportion de ladite destination, et si au lieu d'espèces sonnantes, ils les veulent payer en marchandises, il leur sera loisible, et on ne les pourra contraindre à les payer en argent monnayé.

Art. 13. — Après qu'ils auront une fois payé les droits requis dans un port ou autre lieu, pour les marchandises qu'ils apporteront en Perse en tel lieu qu'il leur plaira, on ne pourra leur demander autre chose en aucun endroit pour cesdites marchandises après le premier payement et les quittances reçues des commissaires des affaires du Divan.

Art. 14. — Et d'autant que l'empereur de haute dignité, dans la lettre qu'il a écrite à notre sacrée Majesté, a promis d'exécuter ce qui lui serait demandé. De notre part, il a été remis entre les mains de son envoyé un mémoire cacheté des ministres de cette magnifique couronne, afin que, suivant la convention, Sa Majesté fasse exécuter ce qui est contenu dans ledit mémoire.

Art. 15. — Toutes les diverses marchandises, pias-

---

1. Ou *caragi*, c'est-à-dire droits d'entrée ou de sortie pour les marchandises.

tres, or, argent ou étoffes, que les Français apporteront seront vendues de leur consentement, au prix courant, et ils ne pourront être contraints de faire monnayer les piastres ni l'or.

Art. 16. — S'il arrivait quelque difficulté entre deux Français, le consul aura soin de terminer leur différend. Entre les Français et les autres nations, ce sera aux gouverneurs et officiers du pays à éclaircir la vérité de l'affaire, en présence du consul, et à la terminer conformément aux maximes de la justice musulmane et de la droite vérité.

Art. 17. — S'il arrive un différend entre le consul, qui est le chef des marchands Français, et une personne de quelque autre nation, les juges musulmans ne pourront les appeler en leur présence, ni en leur Divan, sauf au préalable en avoir fait requête au trône sublime, et ne pourront lesdits juges, apposer les scellés de leur autorité aux maisons des Français; mais, après requête présentée, ils exécuteront ce qui aura été ordonné.

Art. 18. — S'il arrivait un meurtre entre les Français, le consul jugerait selon ses maximes ; et s'il en arrivait un entre les Français et les Musulmans, ou les autres Européens, les juges, les officiers de la justice musulmane feront les informations conformément aux maximes musulmanes, en présence du consul, et les Français ne pourront être emprisonnés ni mis à l'amende sans preuve et conviction.

Art. 19. — S'il arrivait que quelque vaisseau français, ayant enduré la tempête, fût en péril, les commandants et les subalternes des navires de Perse et d'Europe leur donneront toute sorte d'aide et de secours, et lorsque les capitaines et les chefs des comptoirs français auront quelque besoin, il leur sera donné aide et secours, et ils payeront les dépenses qu'on aura faites pour eux, et les effets et marchandises qui seront retirés de la mer leur seront restitués en propres espèces, sans qu'on puisse par avidité rien exiger d'eux à ce sujet.

Art. 20. — Si quelque marchand français ayant commerce de marchandises et négoce avec quelqu'un s'était endetté, et était devenu insolvable, sans qu'aucun Français l'eût cautionné, il ne sera pas permis de demander raison de ses dettes aux autres Français, cela étant contraire à la justice et à la religion des douze imans, à laquelle il est défendu de contrevenir, et l'on ne pourra exiger de ladite nation le prêt qui aura été fait à ce particulier, sous le prétexte qu'il était Français, et les juges de la justice civile ne les inquiéteront pas à ce sujet ; et si quelque particulier de ladite nation venait à mourir dans le pays de Perse, après avoir fait un testament, il sera procédé conformément à ce qui sera porté par ledit testament, sans y ajouter ni diminuer, et s'il était mort *ab intestat*, les effets et hardes par lui laissés seront remis ès mains du consul, sans que les officiers persans puissent en prendre connaissance, à moins qu'il ne se trouvât débiteur envers quelqu'un, et qu'il en fût donné preuve et conviction en justice. En ce cas, les dettes seront payées sur les meubles qu'il aura laissés, et le reste sera rendu au consul, sans que personne puisse se mêler de ses affaires, ni disposer de ses biens, ni s'emparer de ses effets, sans preuve et conviction.

Art. 21. — En cas d'achat, de vente, d'intérêts, de négoce et de cautionnement, qui se passeront entre eux, le consul et l'interprète de la nation française en donneront avis au chahbender, ou prévôt des marchands, ou aux juges, ou aux vizirs, ou au dérogas, et leur feront savoir la manière dont se sera passée l'affaire, et ils en prendront un reçu authentique dont ils leur remettront une copie, afin qu'ils les enregistrent dans leur registre, et pour y avoir recours quand besoin sera, et si quelqu'un les inquiétait sur cela, il ne pourrait, sous une simple prétention, leur faire procès, etc., et si quelque Musulman prétendait qu'un Français l'eût injurié et lui eût dit des paroles déraisonnables, comme il se pourrait faire que cette plainte fût un effet de haine et d'inimitié, on ne pourra inquiéter le Français à ce sujet sans une preuve et conviction juridique.

Art. 22. — Si quelque Français fait esclave se trouvait entre les mains de quelque nation non musulmane, et ne se fût pas fait musulman lui-même, il en donnerait avis au consul, ou au chef du comptoir, lequel le ferait savoir au beglerbey, ou au juge du pays où il serait, lesquels s'étant informés de la vérité, lui rendront la justice qui lui sera due selon le droit et l'équité ; et si l'on amenait des Français esclaves du côté de Turquie ou d'autre part, pour les vendre en Perse, et lesdits esclaves étant reconnus par les Français de leur nation, s'ils n'ont pas embrassé la religion musulmane, on obligera leurs maîtres de les remettre entre les mains de Français, en leur payant les prix qu'ils les avaient achetés.

Art. 23. — Il résidera un chef de comptoir, capitaine ou consul, dans tous les ports de Perse, et lorsque le seigneur empereur de France voudra les changer et en mettre d'autres à leur place, les gouverneurs officiers seront obligés de rendre à ces derniers les mêmes honneurs qu'ils rendaient aux premiers, et de se comporter avec eux dans toutes leurs affaires avec honnêteté et civilité, conformément à ce traité.

Art. 24. — Si quelqu'un avait un procès avec quelque Français, le demandeur fera requête au juge du lieu ; ledit juge appellera l'interprète du consul et l'enverra au consul pour qu'il termine le différend ; et si le consul se trouvait occupé à quelque affaire, ou si son interprète était absent, en sorte que dans ce moment il ne pût vaquer à cette affaire, il lui sera donné autant de temps que faire se pourra pour finir son affaire ; mais il donnera un écrit, afin que quand le délai qui lui aura été donné sera expiré, s'il ne termine pas le procès, le juge en agisse comme de raison.

Art. 25. — Dans le temps que lesdits marchands français iront et viendront dans la Perse, ils seront secourus par les commandants et par les rahdars ou gardes des chemins ; et si, sur leur chemin, les voleurs leur enlevaient quelque chose, lesdits officiers seront obligés de trouver et d'arrêter ces voleurs et de restituer aux Français ce qui leur aurait été pris, et si les voleurs ne pouvaient être arrêtés, après preuve et conviction, lesdits officiers seront tenus de restituer de leurs deniers la valeur de ce qui aurait été volé.

Art. 26. — Comme sous les règnes précédents de nos magnifiques aïeux, dont Dieu illumine les tombeaux, on a reçu dans l'empire de Perse plusieurs religieux européens auxquels on a accordé des commandements pour qu'ils fussent bien traités ; à présent, le seigneur empereur de France nous ayant demandé, par la bouche de son envoyé, un bon traitement en leur faveur, à ces causes : nous promettons que les évêques et les religieux francs résidant en tout notre empire pourront s'occuper à leurs prières et faire exercice de leur religion dans les lieux et maisons où ils seront logés, sans que personne puisse les empêcher ni les inquiéter, à condition qu'à l'extérieur et dehors de leurs maisons ils ne feront rien qui soit contraire à la religion des douze imans ; à l'égard des Européens habitant à Nachivan et autres lieux de notre empire, personne ne contreviendra aux commandements qui leur ont été ci-devant accordés, et ne pourra les inquiéter. Nous promettons, outre cela, de confirmer et ratifier les commandements qui leur ont été accordés par nos prédécesseurs, et si ceux de la nation arménienne ou les religieux des autres nations d'Europe les avaient attaqués et maltraités dans leur état, contre droit et raison, après preuve et conviction, ils seront tenus de payer au Divan royal la somme de 50 tomans taurisiens, par forme d'amende pécuniaire ; et les religieux, carmes, dominicains, capucins, augustins, jésuites et autres, établis dans les pays de Chirvan, de Calcal, d'Achor, à Tcharbag [1], en Aserbijane [2] ou Médie, à Ispahan, à Tauris, à Tiflis, à Gandja, à Érivan, à Nachivan, à Chiraz, Benderabassy [3], et autres villes et pays de notre obéissance, ils pourront y demeurer, et partout où bon leur semblera ; et tous les Arméniens et chrétiens et leurs enfants, qui voudront aller et venir chez eux, y faire leurs études et entendre leurs leçons, personne ne pourra s'y opposer ni les en empêcher ; et lorsque ceux de ladite nation enterreront leurs morts dans les cimetières ordonnés pour leur sépulture, ils pourront les enterrer à leur mode et manière, selon leur rite, sans que personne puisse les en empêcher, et ils seront admis à faire leurs plaintes, sur lesquelles il leur sera rendu justice comme il appartiendra ; et s'il apparaît que, contre droit et raison, quelqu'un leur ait fait

1. Régions arméniennes.
2. Aserbeidjan.
3. Bender-Abbas.

quelque injustice, il sera mis à l'amende, châtié, corrigé et réprimandé comme il se doit.

Art. 27. — Nous permettons que le consul de France et les religieux fassent du vin dans les maisons destinées à leur logement, pour leur usage particulier, autant qu'il leur en faut, et qu'il n'y ait qu'eux qui en boivent, qu'ils n'en vendent à aucun Musulman, et outre les deux cent cinquante charges de marchandises et d'effets dont nous leur avons exempté les droits de radhars ou gardes-chemins, tout autant de vin, d'eau rose et de turchy [1] fabriqués à Chiraz qu'ils voudront transporter à leurs vaisseaux ; ils seront de même exempts des droits des rahdars, et personne ne les pourra inquiéter, pourvu qu'ils n'emportent point à leurs vaisseaux d'autres denrées que celles marquées ci-dessus ; et lorsqu'ils transporteront lesdites denrées de ville en ville du pays de Perse, pour l'usage de leurs domestiques et officiers, il ne sera exigé d'eux aucun droit.

Art. 28. — Il sera permis aux Français d'acheter tous les ans huit chevaux entiers et quatre juments, du consentement de ceux à qui ils appartiendront, après qu'ils auront été passés en revue devant Son Excellence le Mir-Akour-Bachy ou grand écuyer, si c'est à Ispahan, et par devant le juge ou gouverneur, si c'est en un autre endroit, pourvu que ce ne soient pas des chevaux des écuries ou haras du roi ; et ils pourront librement, et sans être inquiétés, les transporter dans leurs pays.

Art. 29. — Si quelque Français voulait se marier dans notre royaume et demander en mariage quelque fille chrétienne, arménienne ou autre de la religion de Jésus,

---

1. Sorbet aigre; voir la note 1 de la page 40.

il ne pourrait pas être inquiété là-dessus ; et si l'un des deux venait à mourir sans avoir créé un tuteur aux enfants venus du mariage, ils seront remis entre les mains du consul, qui, s'il le juge à propos, les renverra dans leur pays.

Art. 30. — L'envoyé a promis que si des marchands et négociants persans se trouvant dans l'Indoustan ou autres pays de la domination d'autres rois, et par la crainte de leurs ennemis et des pirates, n'osaient passer sur mer, les Français les recevraient dans leurs vaisseaux en payant le droit ordinaire du nolis [1], et qu'ils auraient soin de les garder, eux et leurs marchandises, et de les amener en Perse.

Art. 31. — Tout ceci a été écrit et mis au net, afin que sa teneur soit exécutée à perpétuité, de règne en règne, entre les deux empereurs, et que qui que ce soit, gens de guerre ou particuliers, marchands ou négociants, et autres sujets desdits empires, ne puisse y contrevenir.

A l'égard de quelques articles particuliers dont on est convenu, afin que le consentement du seigneur envoyé à les faire mettre à exécution soit notoire, il en a été dressé un mémoire qui a été remis ès mains des ministres de ce trône semblable au céleste, pour être enregistré dans les registres perpétuels et être gardé dans les protocoles royaux. Aussi notre auguste Majesté, conformément au consentement dudit seigneur envoyé, avons promis et promettons que les magnifiques beglerbeys, les émirs et illustres juges, les vizirs et tous nos vénérables commandants et officiers ainsi que les dérogas, prévôts des marchands, les conducteurs de caravanes et tous les officiers des affaires du Divan des provinces du royaume, observeront

1. Louage d'un navire.

fidèlement ce traité qui vient d'être passé entre notre auguste Majesté Impériale et le très haut et excellent empereur du trône élevé, couronné du soleil, l'empereur de France ; ci leurs mandons, ordonnons et enjoignons qu'ils se donnent bien de garde de violer ce qui est porté par ledit traité, et que se conduisant dans tous les points et articles, conformément à l'observation exacte de l'amitié et de l'union, ils ne fassent rien contre la sincère et bonne intelligence, mais qu'ils admettent à observation ce traité, qui en est le fondement, et que ceux qui contreviendront aux articles ci-dessus spécifiés sachent qu'ils encourront la colère et l'indignation de notre redoutable Majesté ; qu'ils regardent les articles comme ordres indispensables, et qu'ils les exécutent tous en général et en particulier, afin qu'il ne soit pas nécessaire de les renouveler tous les ans par un commandement à cet effet. Lors donc que le commandement sera orné, paré, ajusté, embelli et illustré de l'authentique, sublime, formidable sceau très saint, très élevé, très redoutable et très haut, que foi y soit ajoutée.

Donné au mois de Redjeb-Elmouredieb, l'an 1120 (c'est-à-dire au mois de septembre 1708).

Au dos est écrit :

Le signe et sceau de l'Etmadolet.

Conformément au commandement très haut.

Dans le sceau :

Il n'y a pas d'autre Dieu que Dieu. Le roi véritable, manifeste.

    Soit enregistré :   Chah Kouly.

Et plus bas :

Enregistré au registre des droits du haut Divan.

Et plus bas :

Enregistré au registre du conseil privé.

Autre devise :

Et quiconque se résigne à Dieu, et compte sur sa protection.

Son Serviteur,

Chah Kouly.

Traduit par François Pétis de la Croix [1] secrétaire-interprète du roi, conseiller-lecteur, professeur de Sa Majesté au Collège royal de France à Paris. Ce 8 mars 1710.

N° 2.

1708. Septembre. Traduction d'un commandement du roi de Perse en faveur des Français [2].

Dieu soit glorifié, le royaume est à Dieu ; O Mahomet ! O Aly ! L'esclave du roi de la sainteté Hussein.

Le commandement royal a été honorablement expédié à ce que les beglerbeys, gouverneurs des provinces, les illustres commandants, les vizirs pleins de sagesse et autres officiers pleins de capacité, les capi-

---

1. Pétis de la Croix (François), 1653-1713. Professeur d'arabe au Collège de France (1692). Il fit un long séjour dans le Levant (1670-80) et fut pendant trente ans l'intermédiaire actif de toutes les relations de la France avec les peuples orientaux.
Il a traduit en persan l'*Histoire de la campagne de Louis XIV en Hollande* et l'*Histoire de Louis XIV par les médailles*, présentée en *1708* au roi de Perse ; du persan en français, les *Mille et un jours* (1710-12) etc...
2. A. E. Perse, t. 2, f° 43.

taines des ports de tout le royaume de Perse, les dérogas ou lieutenants de police, les gardes des chemins et grands voyers des terres de l'obéissance de l'empereur, tous ceux qui ont inspection sur les affaires du Divan, et tous, en général, habitants des villes et places du vaste empire de Perse, sachant que ci-devant un commandement (image du destin), de la part du roi conquérant, séant dans le paradis, chah Abbas, dont Dieu élève le rang dans la vie éternelle, en date du mois de Rhamadan 1014, aurait été honorablement expédié ; dont l'équitable teneur était que d'autant qu'entre Sa Majesté Impériale, souveraine, toujours auguste, et les empereurs chrétiens et rois européens, il y a une parfaite union et amitié qui appert par les allées et venues des ambassadeurs et envoyés des deux parts ; et Sa Majesté souveraine ayant une inclination et une bonté particulière pour la nation chrétienne et comblant d'honneurs et de bons traitements tous ceux d'icelle qui viennent à sa cour impériale ; il faut que quiconque d'entre les chrétiens européens viendra en ce pays, les illustres commandants, les dérogas, les vizirs, gouverneurs et officiers, et tous les habitants sujets de notre auguste Majesté, leur rendent toutes sortes d'honneurs et n'omettent pas une seule minute de considération pour eux, et qu'aucun homme, de quelque qualité et condition qu'il puisse être, ne les moleste ni inquiète en aucune manière et ne leur donne aucun sujet de mécontentement ; mais qu'ils permettent que tous lesdits chrétiens aillent et viennent par quelque côté que bon leur semblera dans tous les pays et provinces de notre obéissance royale, sans que personne se mêle des biens et effets de marchands de ladite nation ; et si quelqu'un commet à leur préjudice quelque désobéissance à cet ordre, il en sera châtié et grièvement puni. C'est là le contenu du commandement dudit empereur.

A présent, l'empereur couronné du soleil, le plus grand des équitables rois de l'Europe, l'empereur Louis XIV, souverain des villes et pays de Paris, Normandie, Bretagne, Aquitaine, Gascogne, Poitou, Saintonge, Limousin, Bordeaux, Grenoble, Provence, Périgord, Angoulême, Toulouse, Anjou, le Maine, Touraine, Chartres et pays chartrain, Nivernais, Lyonnais, Picardie, Calais, Champagne, Dunkerque et autres lieux, désirant renouveler les canons de l'ancienne union et amitié avec notre auguste et souveraine Majesté, aurait fait passer auprès de nous ledit sieur Michel en qualité de son envoyé extraordinaire revêtu de ses pouvoirs, et chargé de lettres de créance et d'amitié pour ce trône orné comme celui de l'empire, par lesquelles il demande que les voies d'allée et venue et l'ouverture des chemins du commerce des marchands honnêtes gens soient ouverts afin de fortifier la bonne intelligence et union entre nos deux illustres empires, et la perception des utilités qui en doivent revenir aux sujets des deux puissants et anciens États. Ayant donné pouvoir audit envoyé de faire tout ce qui est nécessaire pour que cette affaire ait un heureux succès, et recommandé d'ajouter foi et de donner créance à tout ce qu'il proposait aux officiers de notre trône, semblable au ciel, en conséquence de quoi les ministres de ce puissant et magnifique trône ont établi les fondements d'un accord, pacte et convention avec lui, dans un traité particulier et des capitulations pour appuyer, secourir, protéger et bien traiter les honnêtes marchands des pays de France, il a requis qu'il soit expédié un ordre sacré, en confirmation dudit traité. C'est pourquoi, conformément à son désir, nous approuvons, confirmons et ratifions par ces présentes le contenu du susdit traité et capitulations à eux accordés et scellés de notre sceau impérial ; et nous donnons à ladite nation notre royale permission, ordonnant qu'en toute confiance, sûreté et tranquillité de cœur ils aillent et viennent librement dans tous les pays de notre vaste empire, et qu'à l'honneur de la vue et lecture de cet auguste commandement, semblable à la splendeur de la lune, non seulement on ne donne aucun empêchement à ceux de cette nation et qu'on les laisse aller et venir à leur volonté, en quelque part qu'ils désirent, dans les pays de l'obéissance de notre empire, mais aussi dans toutes les affaires on exécute ce qui est porté par ce commandement sacré de notre Majesté dominatrice du monde, et dans les capitulations auxquelles il doit être obéi ; et que, regardant ces ordres comme indispensablement enjoints, on soit en obligation de les exécuter, et quand cet illustre commandement sera orné et paré de notre sceau impérial, auguste, sacré, noble, magnifique et redoutable, on y ait sans difficulté foi et créance entière. Donné au mois de septembre 1708.

N° 3.

1708. Septembre. Traduction d'un autre commandement du roi de Perse, en faveur des marchands français, de la même date que le précédent [1].

Dieu soit glorifié. Le royaume est à Dieu, ô Mahomet ! O Aly ! L'esclave du roi de la sainteté Hussein !

Le commandement royal et honorable a été expédié à ce que les capitaines et les honnêtes marchands de la nation française, qui espèrent avec confiance être comblés des grâces sans réserves impériales, sachent que ci-devant un ordre ayant les effets de la prédestination de la part de l'empereur maître de la terre, dont le nid est le paradis, son magnifique trisaïeul de triomphante mémoire, dont le tombeau soit agréable, a été honorablement expédié, en date du mois de Sefer 1058 [2], portant que les nobles marchands, les sages évêques et religieux des européens de France, ayant envoyé dans ces temps-là une requête au trône, soutien du monde, par laquelle ils requièrent que nous leur permettions, comme nous avons fait aux Anglais, aux Hollandais et Portugais, d'aller, venir et trafiquer dans les pays de notre empire, gardé de Dieu, afin qu'ils y viennent aussi par le même motif; cette requête étant parvenue à notre vue, qui a la vertu de la pierre des philosophes, sa teneur a été parfaitement connue

---

1. A. E. Perse, t. 2, f°s 44-46.
2. Février 1648.

à notre Majesté; c'est pourquoi a été expédié un commandement royal, très noble, afin que les commandants des ports, non seulement ne les refusent et ne les détournent, mais qu'ils leur permettent, tout de même qu'aux autres nations chrétiennes, d'aller et venir, et qu'il les traitent avec honneur et respect. Et d'autant que par la grâce et faveur de Dieu, et par sa bonté infinie, les terres bien gardées de notre empire sont des lieux de sûreté aux marchands, aux trafiquants et aux voyageurs, il faut qu'en toute confiance et tranquillité d'esprit ils apportent toutes les sortes de denrées et de marchandises qu'ils ont, et qu'ils vendent et débitent leurs effets, à l'exemple de cet ancien commandement.

A présent que l'empereur du grand renom des pays et villes... (Voir, pour l'énonciation des différentes villes et provinces, le commandement précédent)... Louis XIV, empereur, pour resserrer les nœuds de l'ancienne amitié, et de la ferme paix, avec notre auguste et puissante Majesté, a envoyé une lettre pleine d'amitié à notre magnifique trône dont Saturne est l'esclave, par les mains du sieur Michel, son envoyé extraordinaire, dont il fait cas et en qui il a confiance, par laquelle il témoigne le désir que les portes du commerce soient de nouveau ouvertes, ce qui procurera l'utilité et le profit des deux empires; et ayant donné des pleins pouvoirs audit envoyé, et recommandé que créance soit donnée et foi ajoutée à ce qu'il représentera à ce tribunal de justice et d'équité, et après que cet envoyé a donné à connaître le désir de cet empereur de haute dignité, et que l'on est convenu de plusieurs points particuliers qui regardent les marchands conformément aux capitulations, il a requis qu'un commandement, faisant obéir le monde, pour confirmer lesdites capitulations qui ont le pouvoir de la prédestination, soit honorablement expédié, afin que les négociants aillent et viennent faire leur commerce dans les vastes pays et provinces de Perse.

Ce que considéré, nous ratifions et confirmons lesdites capitulations sacrées et nous permettons auxdits négociants d'aller et de venir en tous les lieux de notre empire, trafiquer et commercer en toute confiance et sûreté ; leur promettant la protection entière et les bons traitements de la part de notre Majesté Impériale, afin qu'en ce qui regarde la faveur, la considération et les égards envers lesdits honnêtes négociants, il n'arrive aucun manquement de la part de qui que ce soit, et ils seront comblés des bienfaits et des grâces de notre Majesté qui est l'ombre de Dieu dans le monde.

Donné au mois de Redjeb, l'an 1120 (c'est-à-dire au mois de septembre 1708).

N° 4.

Itinéraires de Perse [1].

d'après Oléarius [2], *Tavernier, le chevalier Chardin, l'abbé Gaudereau et les cartes de Delisle* [3].

On peut faire le voyage de Perse par cinq chemins différents : par la Moscovie, par Constantinople, par

1. Ces itinéraires sont extraits du *Journal historique du voyage et des aventures singulières de l'ambassadeur de Perse en France*. Paris, mars 1715.
2. Adam Oelschlager, dit Oléarius, écrivain allemand (1603-1671). Il se joignit, avec le poète Fleming, à l'ambassade envoyée en Perse (1635-1639) par le duc Frédéric de Holstein-Gottorp. Il en publia la relation en 1647.
3. Delisle (Guillaume), 1675-1726. Membre de l'académie des

Alexandrette, par la mer Rouge, par le cap de Bonne-Espérance.

1° Chemin de Perse par la Moscovie.

De Paris à Bruxelles : 70 lieues communes de France.
De Bruxelles à Munster : 60.
De Munster à Hambourg : 60.
De Hambourg à Stettin : 80.
De Stettin à Dantzig : 60.
De Dantzig à Vilna : 100.
De Vilna à Smolensk : 120.
De Smolensk à Moscou : 100.
De Moscou à Saratoff sur Volga : 170.
De Saratoff à Sariza et de Sariza à Astrakhan en suivant le Volga : 150.
D'Astrakhan (sur la mer Caspienne) à Derbent : 130.
De Derbent à Tauris : 14 journées à 8 ou 9 lieues françaises.
De Tauris à Casbin : 8 journées.
De Casbin à Kaschan : 8 journées.
De Kaschan à Ispahan : 5 journées.
Ce qui fait en tout environ 1.500 lieues communes de France de Paris à Ispahan, par la Moscovie.

2° Chemin de Perse par Constantinople.

On peut aller à Constantinople par deux routes : par mer ou par terre.

---

sciences (1702), enseigna la géographie à Louis XV enfant, et reçut en 1718 le titre de *premier géographe* du roi. Ce fut le premier cartographe qui sut donner aux grands continents du globe leurs vraies proportions et les représenter à leur véritable place.

Chemin de Constantinople par terre.

De Paris à Strasbourg : 90 lieues communes de France.
De Strasbourg à Ratisbonne : 80.
De Ratisbonne à Vienne : 90.
De Vienne à Buda-Pesth : 60.
De Buda-Pesth à Belgrade : 80.
De Belgrade à Sophia : 100.
De Sophia à Andrinople : 100.
D'Andrinople à Constantinople : 50.

Chemin de Constantinople par mer.

De Paris à Lyon : 100 lieues communes de France.
De Lyon à Marseille : 70.
De Marseille, sur la Méditerranée, à Malte : 300.
De Malte à la pointe de Morée : 200.
De la pointe de Morée aux Dardanelles : 140.
Des Dardanelles à Constantinople : 60.
Ainsi par terre, il y a environ 600 lieues et par mer environ 880.
On peut de Constantinople tenir deux routes différentes pour aller en Perse : la route de la Mingrélie et la route de l'Anatolie.

Chemin par la Mingrélie.

De Constantinople à Caffa, sur la mer Noire : 200 lieues.
De Caffa à Alcassa-Bander : 130.
D'Alcassa-Bander à Tiflis : 150.
De Tiflis à Érivan : 12 journées à 8 ou 9 lieues communes de France.
D'Érivan à Tauris : 10 journées.

De Tauris à Casbin : 8 journées
De Casbin à Kaschan : 8 journées.
De Kaschan à Ispahan : 5 journées.
Ce qui fait en tout environ 850 lieues communes de France.

Le chemin de Paris à Ispahan par terre jusqu'à Constantinople se trouve donc comprendre près de 1.500 lieues. Il est de plus de 1.700 lieues si le voyage de Paris à Constantinople est fait par mer.

Chemin par l'Anatolie.

De Constantinople à Brousse : 58 lieues communes de France.
De Brousse à Angora : 80.
D'Angora à Amasie : 80.
D'Amasie à Erzeroum : 110.
D'Erzeroum à Érivan : 80.
D'Érivan à Tauris : 10 journées à 8 ou 9 lieues.
De Tauris à Casbin : 8 journées.
De Casbin à Kaschan : 8 journées.
De Kaschan à Ispahan : 5 journées.
Ce qui fait en tout depuis Constantinople 670 lieues environ, et de Paris, par terre, 1.300 lieues, et par mer, 1.550 lieues.

3° Chemin de Perse par Alexandrette.

De Paris à Lyon, Marseille, Malte et la pointe de Morée : 670.
De la pointe de Morée à l'île de Rhodes : 120.
De Rhodes à Alexandrette : 200.
D'Alexandrette à Alep : 50.
D'Alep à Bagdad : 20 journées à 8 ou 9 lieues.

De Bagdad à Souster : 15 journées.
De Souster à Ispahan : 6 journées.
Ce qui fait environ 1.400 lieues.

4° Chemin de Perse par la mer Rouge.

De Paris à Malte, par Marseille : 470 lieues.
De Malte à l'île de Candie (Crète) : 180.
De l'île de Crète à Damiette : 150.
De Damiette à Suez : 50.
De Suez à Djeddah : 320.
De Djeddah au détroit de Bab-el-Mandeb : 300.
Du détroit de Bab-el-Mandeb à la hauteur de Sokotora : 200.
De Sokotora au cap de Rosalgate : 320.
Du cap de Rosalgate à Bender-Abbas : 160.
De Bender-Abbas à Lar : 5 journées à 8 ou 9 lieues.
De Lar à Chiraz : 9 journées.
De Chiraz à Ispahan : 12 journées.
Ce qui fait en tout 2.500 lieues.

5° Chemin de Perse par le cap de Bonne-Espérance.

De Paris à La Rochelle : 100 lieues.
De La Rochelle, sur l'Océan, au cap Finistère : 180.
Du cap Finistère aux Canaries : 450.
Des îles Canaries au cap Vert : 360.
Du cap Vert à l'île de l'Ascension : 450.
De l'île de l'Ascension à l'île Sainte-Hélène : 250.
De Sainte-Hélène au cap de Bonne-Espérance : 560.
Du cap de Bonne-Espérance à Mozambique : 800.
De Mozambique au cap Guardafui : 800.
Du cap Guardafui au cap Rosalgate : 350.
Du cap Rosalgate, par Bender-Abbaz, Lar, Chiraz, à Ispahan comme itinéraire n° 4.
Ce qui fait en tout 4.700 lieues environ.

N° 5.

Lettre de Mehemet Riza Beg au marquis de Torcy [1].

(Traduction de Dipy).

Décembre 1714.

Vous qui faites l'excellence de la grandeur et l'appui de la dignité de ministre et de la prospérité; vous qui êtes la colonne de la splendeur et de la bonté et le soutien de la valeur et de la libéralité, vous qui êtes la gloire des seigneurs de l'empire, très parfait et honorable ministre d'État et grand vizir du plus puissant et du plus glorieux empereur qui est le soleil de la couronne de France, M. Colbert de Torcy, que le Seigneur perpétue votre gloire.

Je souhaite que l'honneur soit toujours votre soutien et que la dignité de premier ministre soit continuellement à votre illustre personne. Après avoir présenté à Votre Excellence les marques d'une amitié très sincère et très parfaite, et après lui avoir témoigné le grand désir et empressement indicible que nous avons de la voir, elle saura que dès le moment que nous avons mis le pied en France, nous avons reçu toutes les marques d'amitié et d'honneur possibles, tant de la part des officiers et de ceux qui sont constitués en dignité, que des subalternes et des sujets dudit empereur de France, et que tout ce que nous avons entendu dire de la grandeur, justice, puissance et gloire de ce même empire dans le bien gardé pays de Perse, et qui

---

1. A. E. Perse, t. 4, f° 197.

s emblait être fabuleux, je l'ai bien vu, en effet, de mes propres yeux ; et ce qui m'a fait encore bien plus de plaisir ce sont les grands témoignages d'amitié et d'honneurs que l'on m'a faits dans tous les endroits où j'ai passé, et que l'on a mis bien à exécution tout ce qui a été ordonné par Sa Majesté : Votre Excellence ne saurait assez comprendre le grand empressement que j'ai de rendre mes devoirs à Sa Majesté dont j'ai reçu tant de faveurs et de lui remettre la lettre du roi mon maître. Des indispositions que j'ai eues successivement, de lieu en lieu, m'ont empêché de mettre à exécution ce que je désire depuis si longtemps ; je prie le Seigneur de me conserver la vie pour accomplir mes vœux et avoir l'honneur de faire la révérence au roi qui est le soleil du sublime trône. M. Richard, qui est l'élu de ses égaux, m'a rendu beaucoup de services et m'a témoigné toute l'amitié possible : par le même Richard Votre Excellence saura toute chose. Je prie le Seigneur qu'il maintienne toujours Votre Excellence dans la grandeur et la prospérité. Par la grâce de Dieu très haut et tout-puissant, nous sommes très content et satisfait de la conduite que M. de Saint-Olon tient à notre égard.

N° 6.

Lettre du roi de Perse Hussein à Louis XIV [1].

(Traduction de Padéry).

L'odeur, le lien, l'union de l'amour et de l'amitié, le zéphyr des prairies et des jardins élevés qui faites

1. A. E. Perse, t. 3, f°ˢ 451 sqq.

sur les cœurs ce qu'il fait sur les roses naissantes, très grand, très élevé et très puissant empereur de Paris, de Normandie, de Bretagne, Aquitaine, Gascogne, Poitou, Saintonge, Limousin, Bordeaux, Grenoble, Provence, Périgord, Angoulême, Toulouse, Anjou, le Maine, Touraine, Pays chartrain, Nivernais, Lyonnais, Picardie, Calais, Champagne, Dunkerque, Valence, Cambrai, Artois et autres États, que la splendeur de votre amitié et de votre sagesse rend très puissants.

Nous avons reçu dans ce temps une lettre du très sublime et éclatant empereur, remplie des fleurs de l'amour, qui nous a comblé de joie, et par l'odeur de laquelle nous avons connu qu'elle venait de sa part et combien sincère était son amitié qui en a été le pinceau.

Micael qui était venu par ordre de l'empereur en qualité d'ambassadeur, ayant reçu dans le grand et puissant empire de Perse des marques d'amitié et obtenu ce qu'il souhaitait en faveur des négociants, sujets de ce grand empereur, on leur a accordé la permission de venir en Perse et pour cela on a signé le traité de l'union et on l'a donné afin que les marchands puissent venir négocier sans difficultés et on a été d'accord que les négociants persans auront aussi la permission d'aller en France, selon ce dont on est convenu et qui doit être exécuté, le tout ayant été approuvé et ayant plu à votre esprit pur comme loi et semblable à un miroir éclatant comme le soleil.

Pour ce qui regarde les pouvoirs qu'on a donnés aux Pères francs d'instruire les Arméniens, comme il est marqué dans un article des capitulations, les prêtres et les religieux arméniens ont demandé qu'ils ne se mêlassent pas parmi eux et ainsi ont obtenu un commandement contradictoire à l'article marqué ci-dessus.

Afin que le grand empereur soit instruit de tout, il est nécessaire qu'il sache qu'il est inscrit dans le traité qu'il ne se fera rien qui soit contraire à la loi de notre Prophète, qu'à la vérité les évêques et les Pères francs pourront, dans leurs maisons, faire leurs prières à leur manière et tout ce qui est marqué dans les capitulations, mais à la condition qu'ils ne feront rien contre ce qui est écrit par les douze Imans. Le grand empereur dont l'esprit est si éclairé n'ignore pas, sans doute, que les Arméniens étant nos tributaires, sont obligés de payer à notre trésor un tribut afin de pouvoir conserver leur religion en paix sans être inquiétés. Or, l'instruction que les Pères leur font, par force, tendant à la destruction de leur religion, et cela étant contraire à la nôtre, nous qui sommes descendants de Moustafa et de Mourteza Ali dont nous produisons les fruits comme la branche fait de l'arbre, sommes obligés de la soutenir : le grand empereur ne doit pas croire que peu de chose soit capable de rompre une amitié soutenue sur quatre colonnes inébranlables, et il doit être, au contraire, persuadé que tant qu'il ne commencera point de son côté, nous ne le ferons jamais du nôtre. Il y a longtemps que Micael est retourné près du miroir éclatant de la bonté même pour faire ratifier les conventions.

Puisqu'il n'y a plus aucun empêchement et que les chemins sont ouverts, l'empereur étant si puissant, notre esprit éclairé comme la chimie faisant réflexion sur ce que les négociants ont retardé jusqu'à présent à se rendre à notre glorieuse Porte, a pensé que Votre Majesté n'était pas informée de ce qui se passait. C'est pourquoi nous avons ordonné au beglerbeg, ou gouverneur de Choukourissat, de choisir une personne de confiance qui pût apporter sûrement la lettre d'amitié selon nos ordres, qui pût aussi faire augmenter cette amitié et accomplir tout ce qui est marqué ci-dessus. Nous nous reposons sur son savoir, nous approuvons tout ce qu'il dira et nous lui avons commandé de faire tout ce qui convient à la grandeur des deux empereurs et de le conclure. Nous serons content de tout ce qu'il aura fait et tout ce qu'il aura fait sera bien fait. Après que cette personne se sera acquittée de tout ce qui lui a été ordonné elle s'en retournera à notre heureuse Porte. Si on marquait ce que l'amitié inspire d'écrire dans la sincérité on ne finirait jamais surtout entre les empereurs.

Que le Seigneur Dieu conserve toujours votre empire et votre gloire, et qu'il les augmente aussi bien que vos jours et, selon son bon plaisir, vous donne une fin heureuse.

N° 7.

Lettre du khan d'Érivan au marquis de Torcy[1].

Vous dont l'esprit est un or pur, très élevé dans votre ministère, le levain de la bonté même, le miroir éclatant, très renommé vizir azam ou grand vizir, l'appui de la dignité la plus qualifiée de tous les ministres de l'Europe, chargé des affaires de l'empereur, vizir azam ou grand vizir, qui aimez la grandeur de votre empereur, que Dieu vous donne une fin heureuse.

Micael, nommé en français Michel, vint il y a quelques années ici par ordre de l'empereur et fut notre hôte avec le nom d'ambassadeur. Étant arrivé à la Porte heureuse, élevée jusqu'aux cieux, et de laquelle

---

1. A. E. Perse, t. 4, f° 193.

tout le monde désire s'approcher, la sublime Porte, l'échelle des cieux, il a apporté une lettre et représenté qu'il avait les pouvoirs de traiter par rapport au commerce qu'on peut faire en étoffes, et aussi en or et en argent et autres marchandises curieuses de son pays en Perse, que Dieu conserve. Selon les intentions de l'empereur de France, éclatant comme le soleil, dont il a présenté la lettre à cette dite Porte de l'empereur des rois dont les armes sont formidables, on lui a fait toutes les faveurs et rendu tous les honneurs, et il a obtenu les commandements tels qu'il a souhaités, que les ministres, vizirs et juges de Perse sont obligés d'observer. On lui a remis de plus le traité et une lettre pour l'empereur en réponse à la lettre qu'il avait apportée, et on l'a renvoyé en France. Des lettres et des ambassadeurs sont venus ensuite, de la part de l'empereur, à notre sublime Porte, auxquels on a répondu comme auparavant et on les a renvoyés avec honneur. Quoiqu'il se soit passé beaucoup de temps depuis cette époque, on n'a point cependant encore vu de consuls ni de marchandises, ni or ni argent, ni autre chose, seulement M. de Gallisson est venu de nouveau et nous a apporté une lettre par ordre de votre empereur au nôtre, qui regarde le traité.

C'est pourquoi notre empereur a voulu écrire une lettre d'amitié à votre grand empereur pour demander pourquoi les consuls et marchands et dites marchandises marqués dans les capitulations n'étaient pas encore venus. Notre empereur, porté par une grande amitié, a désiré envoyer son ambassadeur, mais craignant que sa mission fût sue en Turquie et qu'on ne le laissât pas passer où on ne laisse point les ambassadeurs.

Comme cette affaire regarde les deux empereurs et le bien public, il a ordonné qu'on apportât la lettre et les présents de l'empereur à moi qui suis, par la grâce de Dieu, l'esclave de sa Porte, et qui suis présentement gouverneur de Choukourissat Érivan, seigneur des seigneurs.

Ledit empereur m'a ordonné de faire en sorte qu'on ne s'en aperçoive point et de choisir une personne de qualité de ladite ville et la charger de l'ambassade ou elchigué et lui remettre la lettre et les présents pour le grand empereur. C'est pourquoi nous avons choisi le très illustre seigneur, élevé en dignité, très grand parmi les seigneurs et par les qualités, le né Mehemet Riza Beg, elchy ou ambassadeur, et nous lui avons confié cette lettre odoriférante comme l'ambre et les présents, et pour cela nous avons cru que nous devions vous en donner avis, espérant qu'on donnera à cet ambassadeur, après son arrivée, des marques de l'amitié que nous avons les uns pour les autres, et que vous le présenterez à votre grand empereur, le soutien de la gloire, resplendissant comme le soleil ; que vous verrez tout ce qui le regarde, que vous le renverrez avec les consuls, les marchands, les marchandises, l'or et l'argent et autres choses curieuses qu'on trouve dans votre pays, selon les capitulations.

Si vous nous recommandez quelque chose nous sommes toujours prêt à vous faire connaître l'amitié que nous avons pour vous et que la volonté de Dieu soit accomplie.

Mehemet Kenly Khan.

N° 8.

Pleins pouvoirs des trois commissaires désignés par Louis XIV pour traiter avec l'ambassadeur de Perse [1].

Versailles, le 12 août 1715.

Louis, par la grâce de Dieu, Empereur et Roi Très Chrétien de France et de Navarre, à tous ceux qui ces présentes lettres verront, salut. Le désir que nous avons toujours eu de contribuer au bien et à l'avantage de nos sujets nous a porté à rechercher, en toutes occasions, les moyens d'étendre leur commerce, et ayant été informés il y a quelques années des dispositions où se trouvait aussi l'empereur de Perse d'entrer dans les mêmes mesures à cet égard, nous fîmes alors passer auprès de lui l'un de nos sujets en qualité de notre envoyé qui conclut, au mois de septembre 1708, un traité de commerce pour être exécuté après la conclusion de la paix que nous avons glorieusement faite, et comme l'empereur de Perse aurait, depuis, fait passer auprès de nous un ambassadeur pour demander l'exécution dudit traité et aplanir les difficultés capables d'en retarder, même d'en empêcher le parfait accomplissement, voulant aussi de notre part y contribuer pour l'utilité de nos sujets, nous confiant entièrement en la capacité, expérience, zèle et fidélité pour notre service de notre très aimé et féal, le sieur Jean-Baptiste Colbert, chevalier, marquis de Torcy, Croissy, Sablé, Boisdauphin et autres lieux, conseiller en tous nos

---

1. A. E. Perse, t. 4, f° 224.

conseils, ministre et secrétaire d'État, commandeur, chancelier et garde des sceaux de nos ordres, de notre amé et féal, le sieur Jérosme Phelypeaux, chevalier, comte de Pontchartrain et de Palluau, marquis de Chefbretonne et de Châteauneuf-sur-Cher, baron des îles de Boing et de Rhé, conseiller en tous nos conseils, secrétaire d'État et de nos commandements, commandeur de nos ordres, et de notre amé et féal le sieur Nicolas Desmarets, chevalier, marquis de Maillebois et de Bourbonne, conseiller en tous nos conseils, ministre d'État, contrôleur général de nos finances, commandeur de nos ordres. Pour ces causes et autres bonnes considérations à ce nous mouvant, nous avons commis, ordonné et député, et par ces présentes signées de notre main, commettons, ordonnons et députons lesdits marquis de Torcy, comte de Pontchartrain et Desmarets, et leur avons donné et donnons plein pouvoir, commission et mandement spécial de conférer, négocier et traiter avec Mehemet Riza Beg, ambassadeur de l'empereur de Perse auprès de nous, revêtu de pouvoirs en bonne forme, arrêter conclure et signer tels traités de commerce articles et conventions qu'ils aviseront être bons pour l'utilité réciproque de nos sujets et de ceux de l'empereur de Perse. Promettant en foi et parole d'empereur et de roi d'avoir agréable et tenir ferme et stable à toujours accomplir et exécuter ponctuellement tout ce que lesdits sieurs marquis de Torcy, comte de Pontchartrain et Desmarets auront promis et signé en vertu du présent pouvoir, sans jamais y contrevenir, ni permettre qu'il y soit contrevenu pour quelque cause ou sous quelque prétexte que ce puisse être, comme aussi d'en faire expédier nos lettres de ratification en bonne forme dans le temps dont il sera convenu par le traité à faire. Car tel est notre plaisir. En témoin de quoi nous avons fait mettre notre scel à ces présentes. Donné en notre château impérial de Versailles le 12e jour d'août l'an de grâce 1715 et de notre règne le 73e.

Signé : Louis.

N° 9.

Traité d'amitié et de commerce signé à Versailles, le 13 août 1715, entre la France et la Perse [1].

Comme le traité conclu en 1708 entre très haut, très puissant et très excellent prince Louis XIV, Empereur, Roi Très Chrétien de France et de Navarre, etc., etc., n'a été suivi d'aucun effet, l'Empereur de Perse a envoyé vers Sa Majesté Impériale et Très Chrétienne, le noble et magnifique seigneur Mehemet Riza Beg, son ambassadeur extraordinaire, pour l'instruire des difficultés qui en avaient jusqu'à présent empêché l'exécution et pour les aplanir ; l'une des principales, causée par la guerre, a été levée par la paix glorieuse rétablie par les derniers traités, qu'il restait seulement à expliquer quelques articles dudit traité de l'année 1708, et à y ajouter d'autres indispensablement nécessaires pour parvenir à la vue qu'on s'est proposée pour l'utilité réciproque des sujets de l'un et de l'autre empire ; Sa Majesté voulant y contribuer de sa part, aurait commis les sieurs Jean Baptiste Colbert, chevalier, marquis de Torcy, Croissy, Sablé, Bois-Dauphin et autres lieux, conseiller du roi en tous ses conseils,

---

1. A. E. Perse, t. 4, fos 235-243.

ministre et secrétaire d'État, commandeur et chancelier, garde des sceaux de ses ordres ; Jérosme, comte de Pontchartrain, de Palluau, marquis de Chef-Boutonne et de Châteauneuf-sur-Cher, baron des îles de Bouin et de Ré, conseiller du roi en tous ses conseils, secrétaire d'État et des commandements de Sa Majesté, commandeur de ses ordres, et Nicolas Desmarets, chevalier et marquis de Maillebois et de Bourbonne, conseiller du roi en tous ses conseils, ministre d'État, contrôleur général des finances, commandeur des ordres de Sa Majesté, pour négocier, traiter, convenir, conclure et signer tels traités, articles et conventions qui seraient jugés nécessaires à cet effet, avec ledit Mehemet Riza Beg, lesquels en vertu de leurs pleins pouvoirs, sont convenus des articles dont la teneur s'ensuit.

ARTICLE PREMIER. — Le traité de 1708 subsistera et sera exécuté dans tout ce qui ne s'y trouve point être contraire aux nouveaux articles ci-après; et à l'égard de ce qui s'y trouve être contraire auxdits articles, il demeurera nul et de nul effet.

ART. 2. — Les Français ou autres qui feront le commerce de Perse avec passeport et sous la bannière de France, pourront porter, soit par mer ou par terre, dans tous les États de la domination du roi de Perse, et en rapporter en telle quantité que bon leur semblera, toutes sortes de marchandises tant des Indes que d'Europe, sans payer aucun droit d'entrée ni de sortie, ni généralement aucuns autres droits, soit au roi de Perse, soit aux gouverneurs des provinces et places, seigneurs persans et communautés qui sont en possession de lever des droits sur les autres nations.

ART. 3. — En cas que lesdits négociants ne trouvassent pas en Perse des marchandises convenables à leur commerce, ils pourront échanger leurs matières d'or et d'argent en sequins ou autres monnaies, qu'il leur sera permis de remporter où ils jugeront à propos, sans payer aucuns droits, et sans qu'ils puissent être contraints de porter lesdites matières à la monnoye.

Art. 4. — Le roi de Perse fera fournir aux négociants français, tant dans la capitale que dans les ports du Sein Persique et sur les frontières de Turquie et de Géorgie, des maisons convenables pour leur logement, pour le consul de la nation française, et pour leur servir de comptoirs et de magasins, sans qu'ils soient tenus de rien payer, ni de faire pour cela aucuns présents, et ils pourront y arborer le pavillon de France.

Art. 5. — L'ambassadeur de S. M. T. C. aura les premiers honneurs et la préséance à la cour du roi de Perse sur tous les autres ambassadeurs, et les consuls, agents ou facteurs desdits négociants, auront pareillement la préséance sur tous ceux des autres nations.

Art. 6. — L'exemption de la capitation, du droit de carage et tous autres tributs et droits, accordée aux Français par l'article 2 du traité de 1708, aura lieu pour tous les Français généralement et pour tous les domestiques, sans aucune limitation.

Art. 7. — Les matières et marchandises qu'ils porteront ou rapporteront ne seront sujettes à aucune visite ; et les voituriers d'icelles, étant munis de factures certifiées du consul de la nation française, pourront librement les faire entrer dans les États de la domination du roi de Perse, les en faire sortir, et les transporter d'un lieu à un autre, sans pouvoir être troublés ni empêchés par les gardes des chemins, et sans qu'ils puissent en exiger aucuns droits ni présents sous peine de la vie.

Art. 8. — S'il est exigé quelques présents des marchands français ou autres munis de passeports de S. M. T. C. pour quelque cause ou sous quelque prétexte que ce puisse être, le roi de Perse les leur fera rendre ; et s'il leur est enlevé quelque chose dans les maisons ou en voyageant, les officiers du lieu, établis pour la sûreté publique, seront tenus de faire rendre aux Français ce qui leur aura été volé, sinon la valeur leur en sera payée des deniers du domaine du roi de Perse.

Art. 9. — Les Français pourront acheter des chevaux entiers et des juments dans les États du roi de Perse en tel nombre qu'il leur conviendra, et il leur sera permis de les emmener dans leur pays ou dans les Indes, après néanmoins qu'ils auront été passés en revue devant le grand écuyer, si c'est à Ispahan, ou devant le gouverneur de la ville ou du pays, si c'est dans un autre lieu, et à condition encore que ce ne sera pas des chevaux de l'écurie du roi de Perse, ni de ses haras ; et ils ne pourront pour ce être contraints de faire aucuns présents.

Art. 10. — Les différends qui surviendront entre des Français et des gens d'une autre nation, tant au civil qu'au criminel, seront instruits et décidés par les officiers de la justice musulmane, en sorte néanmoins que l'affaire ne pourra être instruite qu'avec le consul de la nation française, ni jugée qu'en sa présence, ou de telle autre personne qu'il voudra commettre, au cas qu'il ne puisse y assister lui-même ; et à l'égard des autres différends qui pourraient pareillement survenir entre le consul même ou l'interprète de la nation française et quelques personnes d'une autre nation, le roi de Perse les décidera par lui-même, sans que les juges du lieu puissent en connaître, ni dans aucuns cas opposer le scellé dans les maisons où seront logés les Français.

Art. 11. — Outre les immunités, franchises et privilèges accordés aux Français, tant par ledit traité de 1708, que par les articles ci-dessus, il a été convenu qu'ils jouiront de tous les autres privilèges, immunités, franchises et exemptions qui ont été, ou qui pourraient ci-après être accordés aux autres nations pour quelque cause que ce soit.

En foi de quoi nous, ministres et commissaires de S. M. T. C. et ambassadeur extraordinaire de l'empereur de Perse, en vertu de nos pouvoirs respectifs, avons ès dits noms, signé ces présents articles de nos seings ordinaires, et à ces présents fait apposer les cachets de nos armes.

Fait à Versailles, le 13 août 1715.

Mehemet Riza Beg.

Colbert dé Torcy, Phelypeaux de
Pontchartrain, Desmarets.

Moi Mehemet Riza Beg, ambassadeur de Perse auprès du très puissant empereur de France couronné du soleil, je déclare que, ci-devant le sieur Michel, envoyé du susdit empereur couronné du soleil, étant arrivé à la bienheureuse Porte où abondent toutes les délices du monde, aurait présenté aux esclaves aussi brillants que les étoiles, une lettre par laquelle il paraissait qu'il était revêtu de tous les pouvoirs nécessaires pour faire un traité de commerce par lequel il fût permis aux négociants français d'apporter en Perse de l'or, de l'argent et autres marchandises, et les susdits esclaves qui se sacrifient aussi bien que moi cent mille fois aux ongles du cheval du grand roi, l'ayant écouté, ont conclu le traité, et ont envoyé ledit Michel avec magnificence. Mais cinq ou six ans s'étant écoulés sans que le susdit traité ait été mis en exécution, le grand roi m'a envoyé, moi qui fus le dernier de ses esclaves, en ambassade, pour savoir si le susdit Michel, et les autres tant religieux que séculiers qui ont porté depuis quelques années des lettres en Perse, avaient été envoyés par le très puissant empereur, couronné du soleil, ou bien s'ils étaient venus sans ses ordres et pour tromper le grand roi. C'est pourquoi étant arrivé à la ville royale, et ayant déclaré le sujet de mon ambassade, il m'a été répondu que le susdit Michel et les autres, tant religieux que séculiers, avaient été envoyés par le très puissant empereur, couronné du soleil, et qu'ils étaient allés en Perse pour obéir à ses ordres et à ses commandements. Mais les marchands ayant appris que le grand roi m'avait envoyé au sujet du traité fait avec le sieur Michel, ils se sont assemblés, et ont présenté requête au très puissant empereur, couronné du soleil, par laquelle ils se sont plaints que les articles du susdit traité leur étaient préjudiciables, et que si Sa Majesté voulait qu'ils allassent négocier en Perse, il était nécessaire de le réformer; à quoi ayant répondu que je ne pouvais toucher à un traité signé par les deux empereurs, les nobles et illustres vizirs m'ont demandé d'y ajouter lesdits articles suivants; et ayant reconnu que telle était aussi la volonté du très puissant empereur couronné du soleil, j'y ai consenti et donné aux marchands français qui négocieront en Perse, tous les privilèges contenus dans les onze articles ci-dessus, et je leur ai promis que, Dieu aidant, à mon retour à la ville royale d'Ispahan, j'en obtiendrais du grand roi la confirmation, selon leur désir et leur volonté. Et en outre, lesdits ministres et commissaires de Sa Majesté Impériale et Très Chrétienne, en vertu de leurs pleins pouvoirs susdits, sont convenus, en faveur des marchands persans, des articles qui suivent.

Article premier. — Les marchands persans venant véritablement des États du roi de Perse dans le port de Marseille, jouiront des mêmes privilèges et exemptions que les autres marchands sujets de S. M. T. C., à condition néanmoins qu'ils ne pourront apporter en France aucunes marchandises dont l'entrée en est défendue ; que pour les transports des marchandises permises qu'ils y apporteront, ils se seront servis de vaisseaux français, et que ce seront toutes marchandises du cru des États du roi de Perse, ce qu'ils justifieront par un certificat qu'ils auront eu soin de prendre du consul de la nation française.

Art. 2. — Ils pourront avoir à Marseille un consul de leur nation, auquel le roi fera donner une maison pour son logement, et ledit consul jouira de l'exemption de la taille.

Art. 3. — Ledit consul aura seul le droit de décider tous les différends que les marchands persans pourront avoir entre eux ; et à l'égard des différends qui pourront survenir entre les Persans et les sujets de S. M. T. C., ou gens d'une autre nation, la connaissance et la décision en appartiendront aux juges du lieu établis par S. M. T. C., et s'il arrive qu'un marchand français, débiteur d'un persan, vienne à faire faillite, les droits du persan lui seront conservés, et il les pourra exercer contre la personne et sur les biens du débiteur, de la même manière que les sujets de Sa Majesté, et conformément aux règles établies dans le royaume pour ces sortes de cas.

Art. 4. — Si un marchand persan vient à décéder en France où il serait venu faire commerce, ses biens et effets seront remis au consul de sa nation pour être conservés aux héritiers du défunt ; et cependant, s'il y a preuve qu'il soit mort débiteur de quelques sommes envers un Français ou gens d'une autre nation, le créancier sera payé de sa dette sur les biens et effets, avant que le consul de Perse puisse en disposer.

En foi de quoi, nous ministres et commissaires de S. M. T. C., en vertu de nos pouvoirs respectifs, avons signé ces présents articles de nos seings ordinaires, et à ces présentes fait apposer les cachets de nos armes.

Fait à Versailles, le 13 août 1715.

MEHEMET RIZA BEG.

COLBERT DE TORCY, PHELYPEAUX DE PONTCHARTRAIN, N. DESMARETS.

N° 10.

Lettre de Louis XIV au roi de Perse.

Versailles, 22 août 1715.

Très haut, très excellent, très magnanime et invincible Prince, mon très cher et bon ami, Dieu veuille augmenter votre gloire avec fin heureuse.

Comme nous désirons sincèrement d'affermir les liaisons établies entre notre empire et le vôtre, et d'en faire réciproquement ressentir les effets à nos sujets et aux vôtres, rien ne pouvait nous donner une satisfaction plus parfaite que d'apprendre que Votre Majesté avait voulu nous donner les mêmes assurances. Nous les avons reçues avec beaucoup de plaisir et en même temps que Mehemet Riza Beg, son ambassadeur auprès de nous, nous a remis la lettre qu'Elle nous a écrite, il n'a rien oublié pour nous faire connaître le désir que vous avez aussi de cimenter avec nous une amitié solide et il a éprouvé par les distinctions singu-

1. A. E. Perse, t. 4, f°s 288 sqq.

lières qu'il a reçues dans notre empire, combien la gloire de votre nom et celle de votre trône nous sont connues. Nous ne doutons pas aussi qu'il n'en rende un compte fidèle à Votre Majesté, et comme il est instruit des raisons indispensables qui nous ont engagé à lui faire proposer les articles qui ont été réglés avec lui pour lever les difficultés qui s'opposaient encore à l'exécution du traité signé par le sieur Michel en 1708 et que nous avons ratifié depuis, nous nous remettons au compte qu'il vous en rendra, persuadé que vous approuverez ces articles, puisqu'ils ont uniquement pour objet l'accomplissement du traité et l'utilité réciproque de nos sujets et des vôtres ; nous assurerons en même temps Votre Majesté que son ambassadeur n'a pas moins fait paraître de lumière et de zèle pour son service dans le séjour qu'il a fait auprès de nous qu'il avait témoigné de prudence et de courage pour surmonter les obstacles qui s'opposaient à son passage. Ainsi nous ne doutons pas qu'étant de retour auprès d'Elle, il ne reçoive les marques de satisfaction qu'il a méritées, et afin de mieux faire connaître à Votre Majesté le désir que nous avons d'accomplir les engagements que nous avons pris avec Elle, nous envoyons avec son ambassadeur un consul instruit et capable en attendant que nous en fassions passer d'autres encore dans les lieux de votre empire où nos sujets feront leur commerce, et nous n'oublierons rien pour les porter à le fortifier de plus en plus lorsque l'établissement en sera fait. Nous avons aussi permis aux ingénieurs et architectes qui voudront suivre votre ambassadeur de faire avec lui le voyage de Perse. Il nous a fait d'autres propositions dont il vous rendra compte, et comme il est nécessaire, pour les exécuter, d'avoir une parfaite connaissance et des moyens qu'il faut employer et du pays, que la prudence ne permet pas de s'engager dans aucune entreprise dont on ne puisse sortir avec honneur, nous voulons avant toutes choses être informé des mesures qu'il nous conviendra de prendre pour réussir suivant le désir et l'intérêt de Votre Majesté, notre gloire et la sienne. Nous chargerons donc l'ambassadeur que nous enverrons auprès d'Elle de nous rapporter un détail exact de tout ce que nous voulons savoir pour notre parfait éclaircissement.

Au reste nous sommes persuadé que Votre Majesté sera d'autant plus disposée à protéger comme Elle nous l'a promis les missionnaires établis dans son empire et ceux qui y passeront encore, que nous pouvons l'assurer que la doctrine sainte qu'ils enseignent obligent ceux qui la reçoivent à l'obéissance et à la fidélité la plus parfaite envers leurs souverains. Ainsi nous nous assurons aussi que vous leur accorderez toute la faveur qu'ils peuvent attendre de notre puissante recommandation. Nous souhaitons que le règne de Votre Majesté soit long et heureux, nous intéressant sensiblement à ses prospérités et priant Dieu qu'il veuille augmenter sa gloire avec fin bien heureuse.

Écrit en notre Palais impérial de Versailles,
le 22 août 1715.

Signé : Louis.

N° 11.

Deuxième lettre de Louis XIV au roi de Perse[1].

Versailles, le 22 août 1715.

Très haut, très excellent, très puissant, très magnanime et invincible Prince, mon très cher et bon ami,

---

1. A. E. Perse, t. 4, f° 205.

Dieu veuille augmenter votre gloire avec fin heureuse.

Comme nous avions déjà été instruit des instances que le sieur Cogia Aronthion faisait pour obtenir la délivrance des effets qu'il vient réclamer dans notre empire, nous avions aussi donné nos ordres pour lui faire rendre justice lorsque la lettre que Votre Majesté nous a écrite en sa faveur nous a été remise par Mehemet Riza Beg et nous les avons renouvelés depuis, voulant marquer en toute occasion les égards que nous avons à ce qu'Elle peut désirer de notre part aussi bien que notre attention à procurer aux étrangers la même justice que nous faisons rendre à nos sujets, et Votre Majesté doit être persuadée qu'ayant pour Elle la haute estime qu'Elle mérite, ceux qu'Elle honorera de sa protection auprès de nous en ressentiront toujours les effets. Prions Dieu qu'il veuille augmenter Votre Grandeur avec fin heureuse.

N° 12.

Le ttr marquis de Torcy au khan d'Érivan [1].

Versailles, 22 août 1715.

Très illustre, excellent et magnanime Seigneur, la lettre que Votre Excellence m'a écrite et qui m'a été remise par Mehemet Riza Beg, ambassadeur de l'empereur de Perse, fait connaître combien elle est digne par sa sagesse et sa prudence de l'estime et de la confiance d'un aussi grand prince. Le choix que vous avez fait par son ordre a parfaitement répondu à votre attente

---

1. A. E. Perse, t. 4, f°s 283 sqq.

et le sieur Mehemet Riza Beg a fait paraître autant de zèle que de lumière dans l'exécution des ordres dont il était chargé auprès de l'Empereur Roi Très Chrétien de France et de Navarre, mon maître. Il a aussi éprouvé dans le traitement distingué qu'il a reçu pendant son séjour dans cet empire, combien Sa Majesté Impériale désire d'affermir et de fortifier les liaisons établies entre Elle et l'empereur votre maître et de contribuer au bien et aux avantages réciproques de leurs sujets. Il a connu la nécessité d'ajouter pour cet effet quelques articles à ceux qui sont contenus dans le traité signé par le sieur Michel. Votre Excellence en sera plus particulièrement instruite par le compte qu'il lui rendra du succès de son ambassade, et quoique je sois persuadé que connaissant particulièrement son mérite et ses qualités personnelles vous serez disposé à lui rendre auprès de l'empereur de Perse tous les bons offices qu'il peut justement attendre et de l'amitié dont vous l'honorez et de son attention à répondre aux marques que vous lui avez déjà données de votre estime. Je dois encore vous assurer qu'il est digne que Votre Excellence lui en accorde la continuation et elle doit être persuadée aussi que nous apprendrons toujours avec plaisir que sa gloire et sa prospérité répondent aux grandes qualités qui la distinguent.

TABLE ALPHABETIQUE
DES NOMS PROPRES [1].

Abbas Ier (Chah), 238, 240 *, 241.
Abbas II (Chah), 1, 138, 241 *.
Agabab, 17, 22.
Agobjan, 15, 17, 18, 20, 32, 36, 132, 153, 156, 180, 182, 301.
Alleurs (Marquis des), 11 *, 19, 20, 22, 23, 24, 25, 28, 30, 81, 83.
Amelot, 171.
Amurat III, 13.
Ancre (Maréchal d'), 134.
Andrezel (comte d'), 18.
Argenson (Marc-René d'), 120 *, 121, 129, 212, 222, 303.
Argenson (René-Louis, Marquis d'), 120, 171.
Armenonville (d'), 265.
Arnoul (Pierre), 31 * et passim.
Arnoul (Mme), 55, 58.
Aronthion, 280, 295, 301, 380.
Arquie (cardinal d'), 161.
Artagnan (Comte d'), 216 *, 218, 221.

Arvillon de Saint-Baudière, 87
Auguste II, 165.
Auguste III, 167 *.
Aumont (Duc d'), 165 *.

Bavault (Mlle), 88.
Bavière (Électeur de), 160 *, 291.
Bayane (de), 77, 78.
Beauvais (de), 35.
Beauvollier (Père Antoine de), 246 *.
Béringhen (Marquis de), 117 *.
Bernier, 238.
Bérot (Mme), 20, 21.
Berry (Duc de), 166.
Berry (Duchesse de), 133, 166 *.
Besnard (Mlle), 88.
Beuvron (Comte de), 306.
Bèze du Chollet (de), 86, 87.
Bezons (Maréchal de), 285.
Bigot, 305.
Billon de Cansevilles, 8 *, 9,

1. Courtes notices biographiques aux pages marquées d'un astérisque.

247, 259, 260, 261, 289, 290.
Blois (Mlle de), 164, 166 *.
Bodeman, 230.
Boislisle (de), 84.
Boniface, 35.
Bontemps, 154, 155 *, 159, 181, 285.
Bouillon (Duc de), 166 *.
Bourbon (Anne-Louise de), 164.
Bourbon (Duc de), 119 *, 165, 167.
Bourbon (Duchesse de), 133, 167 *.
Bourgogne (Duchesse de), 178 *.
Boze, 168, 169 *.
Brandebourg (Électeur de), 238.
Breteuil (Baron de), 93, 94 * et passim.
Brillon, 290.
Brotonne (de), 84.
Brunet, 2, 226.
Buisson (du), 191, 205.
Buvat, 292 *.

Campardon, 292.
Cartigny (de), 34, 35, 38, 41, 55.
Caumartin (de), 94.
Cellamare (Prince de), 292.
Chabenat de Bonneuil, 93, 168.
Chaise (Père de la), 244 *.
Chamillart, 75, 170.
Chardin, 9, 13, 31, 35, 36, 39, 40, 63, 69, 96, 105 *, 110, 116, 144, 183, 189, 190, 193, 194, 198, 202, 203, 240, 269, 270, 310, 356.

Charles II (d'Angleterre), 105.
Charles IV (Empereur), 167.
Charles IV (Duc de Lorraine), 168.
Charles XII (de Suède), 325.
Charolais (Comte de), 165 *.
Charrier (Mme), 79.
Chartres (Duc de), 164 *.
Chartres (Mlle de), 166.
Chéruel, 139.
Chorier, 77.
Cizette (Mlle), 54.
Colbert, 72, 166, 232, 233, 234, 235, 237, 241, 257.
Cologne (Électeur de), 11.
Condé (le grand), 164.
Condé (Mlle de), 165.
Condé (Prince Jules de), 167 *.
Condé (Princesse de), 133.
Contades (de), 206.
Conti (Armand II, Prince de), 133, 165 *, 167.
Conti (François-Louis de Bourbon, Prince de), 167.
Conti (Princesse de), 133, 167 *, 207.
Coste (de), 191.
Costou, 77.
Coypel, 168 *.
Coysevox, 158, 171.
Crèvecœur (R. de), 93.
Croix (François Pétis de la), 350 *.
Crozat, 265 *, 267, 273.

INDEX ALPHABÉTIQUE DES NOMS PROPRES 385

Cusance (Béatrix de), 168.
Cyrus, 7.

Dangeau (Marquis de), 2, 6, 12, 159, 177, 286.
Deblois, 317.
Decuges, 29, 31.
Degand, 317.
Delisle, 356 *.
Desmarets, 35, 67.
Desmarets (Nicolas), 74 *, 166, 231, 264, 265, 281, 369, 371, 374, 377.
Dionis, 92 *, 93, 98, 118, 223.
Dipy, 7, 47 *, 50, 65, 75, 92, 132, 361.
Dodun (Mlle), 54.
Dombes (Prince de), 165 *.
Dreux (Marquis de), 170 *, 285.
Dubois (abbé), 171, 292.
Dubois, 290.
Dubois (agent de change), 290.
Duclos, 2.
Dufort de Cheverny, 93.
Duhamel, 75.

Édouard (Prince), 103.
Épinay (Marquise d'), 226, 228, 282, 303, 304, 307, 308, 309, 310, 312, 314, 323, 326, 327.
Eu (Comte d'), 165 *.

Fabre (Jean-Baptiste), 10 *, 49, 248.

Fabre, 62.
Farnèse (Élisabeth), 34 *.
Fénelon, 169.
Ferdinand V, 163.
Ferrier (Père), 244.
Ferriol (de), 8, 10, 18.
Feuillade (Duc de la), 103.
Figuerroa (don Silva de), 105.
Fléchier, 41.
Fleming, 356.
Fontenu (de), 18 *, 19, 32.
Fournel, 3.
Frédéric II, 167.
Frédéric Auguste Ier, 167.
Frédéric Auguste II, 167 *.

Gabriel (Père), 240.
Gallisson (Monseigneur de), 11, 254, 366.
Gardanne (Auge de), 316 *, 327, 328.
Gardanne (Général), 316.
Gassendi, 238.
Gaudemar, 36.
Gaudereau (abbé), 7 * et passim.
Girault, 95.
Girardon, 157.
Gondi, 93, 95.
Gondrin (Marquise de), 164.
Grancey (abbé de), 226.
Grange (Marie de la), 161.
Granges (des), 170, 285.
Grignan (Comte de), 66 *, 69.

25

Guérard, 208.
Guéton, 241, 242, 256.
Guiche (Duc de), 158 *, 159, 169, 180.

Harling (de), 230.
Haye-Béroud (de la), 214.
Hayes (des), 239.
Henri III, 163.
Henri IV, 2, 158.
Holstein-Gottorp (Duc Frédéric de), 356.
Honoré, 68, 69.
Horn, 168.
Hussein, 215, 311.
Hussein-Mirza (Chah), 1 *, et passim.

Jamin, 317.
Jean de Bologne, 157.
Jonchères (de), 242.
Joseph (Empereur), 167.
Joseph (Père), 239 *, 240.
Juste (Père de Beauvais), 240.

Koempfer, 183.
Kouly (Chah), 349, 350.
Krabbe, 315.

Laboulaye-Legourd (de), 203, 241, 242.
Lacroix, 77.
La Fontaine, 328.
Lajoue, 311, 316, 319, 320, 322, 323, 327.

Lalain (de), 203, 241, 242, 256
Landivisiau (de), 265 *, 267, 269, 270, 271, 273, 279, 294.
Landry, 192.
Lange (Marquis de), 161 *.
Langlès, 10.
Langlois, 78.
Laporte, 291.
La Rochefoucauld (Duc de), 166 *.
Lavisse (E.), 52, 58, 233.
Law, 265.
Leber, 95.
Le Bret, 70 *.
Le Brun, 171.
Leczynski (Stanislas), 167.
Lefeuvre, 291.
Lemaire (Marguerite), 18.
Le Roi (A.), 155.
Leroy (G.), 87.
Letellier (Père), 244.
Le Vau, 169.
Lhomme, 291. 29', 301, 302.
Ligne (Prince de), 265.
Lionne (de), 107 *.
Longeau (Père), 245, 246.
Lorraine (Charles Ier de), 117.
Lorraine (Henri de), 117.
Lorraine (Louis de), 117 *.
Lorraine (François, Joseph de), 284 *.
Louis XI, 171.
Louis XIII, 157, 215, 240, 241, 243.

INDEX ALPHABÉTIQUE DES NOMS PROPRES

Louis XV, 135, 163, 164, 265, 357.
Louvine (de), 35.
Louvois (Marquis de), 166.
Lusace (Comte de), 167.

Madame (Duchesse d'Orléans), 2, 6, 133, 164, 166, 226, 230.
Mahmoud, 1.
Maillebois (Marquis de), 166*.
Maine (Duc du), 133, 164 *, 165.
Maintenon (Mme de), 171, 262, 286.
Maisonneuve (de), 317.
Mancini (Mlle), 166.
Mantoue (Duc de), 238.
Mariage, 241, 242.
Marie-Thérèse (Reine), 162.
Marie-Thérèse (Impératrice), 167.
Marigny (Marquis de), 135.
Marivaux, 41.
Marolles (de), 311, 313, 314, 316, 317, 318.
Marsy, 157.
Masson, 235, 237, 259.
Mathieu (Père), 243.
Matignon (Maréchal de), 102 * et passim.
Maulde de la Clavière, 10, 248.
Maupertuis, 216.
Mazarin, 166, 235.

Mehemet aga, 37.
Mehemet Kenly Khan, 326, 367.
Meliand, 83.
Merlin du Chélas, 95 *, 96, 131, 156, 170, 180.
Meynier, 211, 212.
Michel, 10 *, 184, 233, 248, 249, 250, 252, 253, 256. 265, 271, 294, 333, 334, 352, 355, 365, 374, 375, 378, 381.
Michel Auge, 157.
Michelet, 4, 286.
Mirza Ahmet, 9, 10
Mirza Sadek, 13, 14.
Moligny, 210, 212, 213.
Montespan (Mme de), 164, 165, 166.
Montesquieu, 3.
Montesquiou (Joseph de), 216*.
Moreau, 213.
Moreau (Pierre), 266 *, 267, 273.
Morel, 41 * et passim.
Mortemart (Duc de), 165 *.
Moustafa, 364.
Mourteza (Ali), 364.

Nadir (Chah), 13.
Nivernais (Duc de), 134.
Noailles (Cardinal de), 298 *.
Noailles (Duc de), 171 * 172.
Normand (Mlle de), 94.

Oléarius, 356 *.
Orange (Prince d'), 168.

Orléans (Duc d'), 133, 164 *, 166, 179, 207, 317.
Orléans (Duchesse d'), 166 *.
Othon, 291.
Oursot, 290.

Pacifique de Provins (P.), 240 *, 241, 243.
Padéry, 19 * et passim.
Palatinat (Louise, Raugrave de), 6.
Parme (Duc de), 34.
Parmentier, 86.
Pératé, 157, 158.
Petit (Marie), 10, 14, 248, 256.
Philippe V, 34.
Piquet (François), 244 *, 245, 256.
Pompadour (Marquise de), 135.
Ponchartrain (Comte de), 2 *, 74, 121, 148, 180, 184, 212, 231, 232, 257, 258, 259, 262, 264, 265, 266, 279, 281, 283, 369, 371, 374, 377.
Potier (Père), 245, 246.
Poussin, 324.
Pradier-Fodéré, 115.
Prie (Louise de), 163.

Quarente, 291.

Rakoczi Ier, 168.
Rakoczi II, 10, 11, 168 *, 291.
Rambaud, 109.

Rancé (de), 51, 53, 60.
Regnard, 41.
Richard (abbé), 11 et passim.
Richelieu, 234, 239.
Riondel, 77.
Rochechouart (de), 165.
Rouillie (abbé de), 290.
Roujaut, 307 *.
Rousset (Marquise de, 76.
Roussy (Mme de), 226, 227, 282, 307.
Rustan, 3.

Saïd, 308.
Sainctot, 168 *, 285, 285, 286.
Sainctot (Nicolas), 168.
Saint-Olon (François Pidou de), 42 * et passim.
Saint-Olon (Louis-Marie-Pidou de), 42, 246 *
Saint-Simon (Duc de), 2, 6, 41, 139, 162, 164, 168, 177, 232, 284.
Sani (Père Antoine-François), 243.
Sanson (Père), 10.
Savoie (Marie-Adelaïde de), 178.
Scanderberg, 161.
Séfi II Suléiman (Chah), 242 *, 243.
Seignelay (Marquis de), 91.
Sévigné (Marquise de), 66.
Souvré (Marquis de), 165 *.
Surugue, 169.

Tadée (Père Jean), 240.
Tallemant des Réaux, 117.
Tassin, 317.
Tavernier, 238 *, 356.
Tesseire, 32.
Titon de Villegenou, 120, 128, 129, 130.
Toulouse (Comte de), 133 164 *.
Tournelle (la), 291.
Torcy (Marquis de), 46 * et passim.
Trémoïlle (Duc de la), 165 *.
Tresmes (Duc de), 135 *, 165.
Tubi, 158.

Usbeck, 3.

Vaudémont (Prince de), 168 *.
Vendôme (Duc de), 265.
Vendôme (Duchesse de), 133.
Ventadour (Duc de), 163.
Ventadour (Duchesse de), 163*, 179.
Villeras (de), 95.
Villeroi (Duc de), 285 *.
Voltaire, 115.
Voysin, 286 *.

Zrinyi (Hélène), 168.

TABLE DES GRAVURES

			Pages
Pl.	I.	Mehemet Riza Beg, ambassadeur du chah de Perse Hussein auprès de Louis XIV	frontispice.
Pl.	II.	Portrait de l'ambassadeur.	32
Pl.	III.	Les repas de l'ambassadeur	60
Pl.	IV.	Entrée de l'ambassadeur à Paris.	114
Pl.	V.	L'ambassadeur se rendant à l'audience royale	138
Pl.	VI.	Même sujet.	154
Pl.	VII.	Réception de l'ambassadeur de Perse par Louis XIV (d'après Coypel).	160
Pl.	VIII.	Même sujet.	172
Pl.	IX.	Même sujet (d'après une estampe allemande)	184
Pl.	X.	L'ambassadeur au bain.	192
Pl.	XI.	Les plaisirs de l'ambassadeur : la pipe	204
Pl.	XII.	Les plaisirs de l'ambassadeur : le djeryd-bâz	210
Pl.	XIII.	L'ambassadeur aux Gobelins.	230

TABLE DES MATIÈRES

Pages

Introduction.

Un problème historique. — Les doutes des contemporains. — Opinion de Madame, duchesse d'Orléans, de Saint-Simon, de Montesquieu. — Les *Lettres persanes* . . .   1

Chapitre Premier. — **L'ambassadeur et l'ambassade.**

Portrait de Mehemet Riza Beg. — Son caractère. — Jugement des contemporains. — Origines de l'ambassade persane en France. — Mission projetée par le chah Hussein en 1699. — Reprise du projet en 1704. — Fabre, la demoiselle M. Petit et Michel en Perse. — Le chah pense de nouveau à envoyer en France un ambassadeur. — Difficultés qu'il rencontre. — Intervention de l'abbé Richard. — Rôle du khan d'Érivan. — Désignation de Mehemet Riza Beg comme ambassadeur du sophy. — Préparatifs de voyage. — Composition de l'ambassade. — Agobjan.   5

Chapitre II. — **Aventures de Mehemet Riza Beg en territoire ottoman.**

Départ de Mehemet Riza Beg (mars 1714). — Arrivée à Kars. — Premiers incidents. — Entrée à Erzeroum. — Mehemet Riza Beg à Smyrne. — Arrestation d'Agobjan. — Voyage vers Constantinople. — M. des Alleurs et Padéry. — Installation de l'ambassadeur à Orta Keuï. — Son arrestation et son internement par les autorités turques. — Intervention habile et nécessaire de Padéry. — Mise en liberté de Mehemet Riza Beg. — Le pèlerin malgré lui. — En route vers La Mecque. — Embarquement d'une partie des Persans à bord de la *Vierge de Grâce*. — Stratagème de Mehemet Riza Beg pour échapper à ses surveillants à Payas. — Fuite de l'ambassadeur. — Mise à la voile de la *Vierge de Grâce*. 16

Chapitre III. — **D'Alexandrette à Marseille.**

Escale dans la rade de la Fenigo. — Poursuite de navires turcs. — Relâches à Modon, Malte, Porto-Conte. — Arrivée à Marseille le 23 octobre 1714. — Mehemet Riza Beg aux Infirmeries. — Premier accès de colère. — La maison de M. de Cartigny. — Entrée solennelle à Marseille (28 octobre 1714). — Les présents du sophy. — Entretien orageux avec un Turc. — Distractions de l'ambassadeur. — Fêtes et réjouissances. — La Cour est informée du débarquement du Persan. — Envoi de M. de Saint-Olon muni d'instructions royales. — Lettre de Saint-Olon à l'ambassadeur. — Départ de Saint-Olon, de Morel et de Dipy. — Premier contact entre Saint-Olon et Mehemet Riza Beg. — Les projets de Saint-Olon. — Mehemet Riza Beg à l'Opéra. — Visite aux consuls. — L'ambassadeur à l'Arsenal. — *La Réale*. — L'ambassadeur au bain. — Fête à l'Intendance. — Les toasts. — Adieux à Marseille. — Départ pour Paris. 30

Chapitre IV. — **De Marseille à Charenton.**

Urgence du départ pour Paris. — Questions d'argent. — Prétentions protocolaires de l'ambassadeur pour le voyage. — Accès de colère. — Inquiétudes de Saint-Olon. — Sortie de Marseille. — L'ambassadeur à Aix. — Lambez. — Avignon. — Instructions inapplicables du marquis de Torcy. — Orange. — Montélimar. — Valence. — Lyon. — Retards dans le voyage. — Impatience éprouvée à Versailles. — Menus incidents de route. — Moulins. — Nevers. — Melun. — Lettre du marquis de Torcy à l'ambassadeur. — Arrivée à Charenton (26 janvier 1715). 61

TABLE DES MATIÈRES 395

Chapitre V. — L'ambassadeur à Charenton.

La maison du sieur Dionis. — Le baron de Breteuil, introducteur des ambassadeurs. — Les scrupules d'un introducteur. — Fâcheuses nouvelles de la politesse de l'ambassadeur. — Breteuil à Charenton. — Son entrevue avec Mehemet Riza Beg et l'impression qu'il en garda. — Intérêt porté par Louis XIV à l'ambassade persane. — Mauvaise humeur de Mehemet Riza Beg. — Nouvelle entrevue avec Breteuil. — Les résultats de quatre heures de conférence avec un « ours mal léché ». — Prétentions insoutenables de l'ambassadeur. — La question de la « conduite ». — La question de l'entrée à Paris. — La question du jour de l'entrée. — Ultimatum du baron de Breteuil. — Fin de la résistance de l'ambassadeur **92**

Chapitre VI. — Entrée à Paris de l'ambassadeur persan.

Les entrées à Paris des ambassadeurs — Curiosité des Parisiens à l'égard des Persans. — Curiosité plus grande encore du roi. — Entretien de Louis XIV avec Breteuil. — Dispositions prises sur son ordre. — Questions graves à trancher par l'introducteur. — La journée du 7 février 1715 — Incident tragi-comique de Charenton. — Les fureurs de l'ambassadeur. — Le triomphe de l'étiquette. — Le relai du Faubourg Saint-Antoine. — Affluence de spectateurs. — Le cortège. — Arrivée à l'hôtel des ambassadeurs. — L'hôtel de la rue de Tournon. — Son aménagement spécial **114**

Chapitre VII. — L'audience royale du 19 février 1715.

Solennité voulue de l'audience royale. — Sentiments qui guidèrent le roi en cette circonstance. — Changement survenu dans les dispositions de Louis XIV. — Choix de la date de l'audience. — Résistance de Mehemet Riza Beg. — Visite du marquis de Torcy à l'ambassadeur. — Le roi consent à reculer l'audience et la fixe au 19 février. — Soumission du Persan. — Conférence avec Breteuil pour le cérémonial de l'audience. — Visite du comte de Pontchartrain. — Derniers ordres du roi. — Préparatifs au château de Versailles. — Les dames admises comme « bayeuses ». — Une alerte à l'hôtel des ambassadeurs. — Démêlés au sujet du maréchal de Matignon. — Départ pour Versailles. — Incidents de route. — L'arrêt chez Bontemps. — Composition du cortège. — Empressement des badauds. — Le roi au balcon de sa chambre. — Arrivée de l'ambassadeur au château. — Louis XIV dans la grande galerie. — Les conséquences d'une trop grande presse. — Manquements au cérémonial. — Le roi sur son trône. — Les princes. — Les princesses. — Les invités. — Entrée de l'ambassadeur. — Sa suite. — Dérogation aux usages de la Cour. — Dialogue de l'ambassadeur et du roi. — Une question de chapeaux. — Prétendu discours de Mehemet Riza Beg. — Texte authentique des paroles du Persan. — Impression ressentie par l'ambassadeur. — Audience chez le dauphin. — Collation offerte aux Persans. — Visites au marquis de Torcy et au comte de Pontchartrain. — Retour à Paris. — Satisfaction de Mehemet Riza Beg. — Les présents du sophy pour Louis XIV. — Leur valeur médiocre. — Fâcheux effet qu'ils produisent. — Déception à la Cour **138**

Chapitre VIII. — **L'ambassadeur persan à Paris.**

Durée probable du séjour de l'ambassadeur à Paris. — Comment les espérances furent trompées. — Vie de Mehemet Riza Beg. — Changements effectués à l'hôtel des ambassadeurs. — Les bains de l'ambassadeur. — Voracité apparente de l'ambassadeur et de ses gens. — L'apparence et la réalité. — Les cuisiniers persans et leurs procédés. — Les menus de l'ambassadeur. — Manière de manger. — La prière chez les musulmans. — Comment Mehemet Riza Beg priait Allah. — Sa dévotion. — Son absence de curiosité, partagée d'ailleurs par les Persans en général. — Les promenades et excursions de l'ambassadeur. — Visite à l'Opéra, aux Invalides, au Louvre. — Mehemet Riza Beg à Saint-Cloud. — Versailles — Plaisirs réels de l'ambassadeur: le *djerydbâz*. — Affaire Moligny. — Scène tragi-comique aux Champs-Élysées. — Intervention du roi. — Les réceptions à l'hôtel de la rue de Tournon. — Distractions intimes — Scandale causé par la présence de l'abbé Richard à l'hôtel des ambassadeurs. — La favorite de l'ambassadeur. — Histoire de Mme d'Épinay. — Les gazettes et l'ambassadeur. — L'ambassadeur passe de mode. 186

Chapitre IX. — **Le traité franco-persan de 1715.**

Indifférence des historiens à l'égard de Mehemet Riza Beg. — Les conséquences de l'ambassade. — Leur caractère plus commercial que politique. — Efforts tentés pour ouvrir des débouchés au commerce français. — L'œuvre de Colbert. — Sa conception de la grandeur de la France. — Le commerce du Levant au xviie siècle. — Concurrence des Anglais et des Hollandais. — Importance et prétentions du port de Marseille. — Les compagnies commerciales. — Relations antérieures avec la Perse — Bernier, Tavernier, des Hayes. — Mission du P. Pacifique. — Guéton, Mariage, de Lalain, de Laboulaye-Legourd, de Jonchères. — Missions religieuses françaises en Perse. — Dominicains, jésuites. — P. P. Sani, Mathieu, Potier, Longeau, Beauvollier. — Piquet et Saint-Olon. — Action du roi de France dans les affaires religieuses, ses résultats. — Voyage à Ispahan de Billon de Cansevilles (1703). — Fabre (1705). — Michel (1706-1708). — Le traité de 1708 — La question de Mascate. — But poursuivi par le chah Hussein en envoyant en France un ambassadeur. — Lettre du chah à Louis XIV. — Lettre du khan d'Érivan au marquis de Torcy — Les pouvoirs de Mehemet Riza Beg. — Le point de vue persan. — Le point de vue français. — Conceptions du comte de Pontchartrain. — Effets du traité d'Utrecht. — Mémoires et conseils de collaborateurs bénévoles. — Intervention de la Chambre de commerce de Marseille. — Désignation des plénipotentiaires français. — Lenteur des négociations avec Mehemet Riza Beg. — Choix de commissaires pour hâter les pourparlers. — Premier projet de traité en vingt articles. — Objections de l'ambassadeur. — Deuxième projet réduit à dix articles. — Les demandes reconventionnelles de Mehemet Riza Beg. — Efforts accomplis pour les réduire. — Entente définitive. — Le nouveau traité et les intérêts français. 231

Chapitre X. — **Fin de Mission.**

Impatience des ministres de Louis XIV de renvoyer en Perse Mehemet Riza Beg. — Fermeté du marquis de Torcy. — Docilité subite de l'ambassadeur. — Retour du roi à Versailles. — L'audience de congé du 13 août 1715. — Contraste avec la réception du 19 février. — Signature du traité franco-persan. — Présents offerts à l'ambassadeur. — Mehemet Riza Beg doit quitter l'hôtel de la rue de Tournon. — Difficulté de lui trouver une installation provisoire. — État de l'hôtel des ambassadeurs. — Déménagement de l'ambassade. — Demande de Mehemet Riza Beg. — Lettres qui lui sont remises pour le chah Hussein et pour le khan d'Érivan. — Intrigue du curé de Saint-Sulpice contre l'abbé Gaudereau. — Plan de voyage de Mehemet Riza Beg. — Préparatifs faits pour le conduire au Havre et à Rouen. — Enlèvement de Mme d'Épinay. — Départ de l'ambassade persane. — Passage à Rouen. — Mort de Louis XIV. — Condoléances de Mehemet Riza Beg. — Mme d'Épinay dans une caisse à trous. — Doléances de sa mère. — Embarquement au Hâvre sur l'*Astrée*. — L'*Astrée* quitte le port le 13 septembre. — La police bernée. 282

Épilogue. — **Dernières aventures de Mehemet Riza Beg.**

Un départ « en beauté ». — Les désagréments d'une traversée. — Projets de débarquement. — Arrivée à Copenhague. — Démêlés de l'ambassadeur avec Padéry. — Ses plaintes au régent. — Continuation du voyage par voie de terre. — Séjour à Hambourg. — A Berlin. A Dantzig. — Vicissitudes de l'ambassadeur et de ses compagnons. — Rentrée à Érivan (mai 1717). — Evenements survenus en Perse. — Les craintes de Mehemet Riza Beg. — Son suicide. — Ce qu'il advint de Mme d'Épinay. — Efforts infructueux de Gardanne pour obtenir la ratification du traité du 13 août 1715. — Padéry y parvient (1722). — Jugement sur l'ambassade de Mehemet Riza Beg. **313**

PIÈCES JUSTIFICATIVES **331**

N° 1. — Capitulation entre la France et la Perse (1708). **333**

N° 2. — Commandement du roi de Perse en faveur des Français (1708). **350**

N° 3. — Commandement du roi de Perse en faveur des marchands français (1708). **354**

N° 4. — Itinéraires de Perse **356**

N° 5. — Lettre de Mehemet Riza Beg au marquis de Torcy **361**

N° 6. — Lettre du roi de Perse Hussein à Louis XIV. . **362**

N° 7. — Lettre du khan d'Érivan au marquis de Torcy. **365**

N° 8. — Pleins pouvoirs des trois commissaires français chargés de négocier et traiter avec Mehemet Riza Beg. **368**

N° 9. — Traité du 13 août 1715 . . . . **370**

N° 10. — Lettre de Louis XIV au roi de Perse . . . **377**

N° 11. — Deuxième lettre de Louis XIV au roi de Perse. **379**

N° 12. — Lettre du marquis de Torcy au khan d'Érivan. **380**

MAYENNE, IMPRIMERIE CH. COLIN